JN208784

他力の自由

他力の自由

浄土門仏教論集成

柳 宗悦 著

書肆心水

他力の自由　**目次**

凡例

一、本書は柳宗悦の他力門（浄土門）仏教関係の文章のうち単行本『南無阿弥陀仏』『妙好人因幡の源左』以外の随筆文を集めたものである。部分的に重複する話題もあるが、他力門関係の文章の集成を企図したものであるので、省かずに収録し、発表された順に配列した。書肆心水既刊『柳宗悦セレクション　仏教美学の提唱』との重複収録はない。底本には筑摩書房版柳宗悦全集を使用した。

一、新仮名遣い、新漢字標準字体で表記した（一部の人名などを除く）。「廿」「卅」など一部の漢字を通用する現今一般的なものに置き換えて表記した。

一、現今平仮名表記の方が一般的なものは平仮名で表記した。

一、送り仮名を現代風に加減した。

一、踊り字は「々」のみを使用した。

一、鍵括弧の用法は『　』の形式で統一した。

一、「いちに」「にさん」と読む「一二」「二三」などに読点を補った。

一、本書刊行所による補註は〔　〕で示した。

一、傍点の形状は統一し、傍線は傍点に置き換えた。

他力の自由

浄土門仏教論集成

徳川時代の仏教を想う

塔の下に常念仏寺がある。私は今出雲国宇賀庄清水寺にいた時の事を思い廻らしている。常念仏寺はその境内にある庵の一つである。私はわけてもその庵に心が惹かれた。山影の静かな位置や、美しい茅葺屋根や、国宝の三尊仏や、住職も無く一人の老婆に淋しく守られているその風情が、旅の者の心を誘うた。だが私が人気のないこの小さな庵を好んで訪ねたのは、寺の前の広場に沿うて、山寄りに佇んでいる数多くの石塔のためであった。時代は様々であるが、何れも苔に古りて、二百、三百の年を昔に数えている。刻んである文面を見ると、何れも「南無阿弥陀仏何万何千日回向」と記してある。千日回向の碑であることが分る。三年毎に、刻む文字に千日を加えて建ててゆくのである。有縁無縁の菩提のために、村人がかかさずに回向するそのしるしである。建てる者も建てられる者も今は名もない人達である。建てる者はやがて建てられる身となって、その霊を石に納めてゆく。人は変わるが、変わらないのは信心である。幾年かを貫いて今もその心が石に活きている。

私はその習わしをゆかしく思う。そこには信心が活きているからである。その信心が誰もの心に守られているからである。無学な村人にさえしかと握られているからである。信仰が庶民の肉となり血となっているのである。こんな驚くべき風習をもった篤心な時代がかつてあったろうか。それほどまでにあの仏教が、あの深奥な仏教が人々の心に泌み渡った時代が日本の歴史にあったろうか。信仰と民衆とがこうまで厚く結び会った時代が果して他にあったろうか。私はそれ等の石碑を見ては、そぞろに徳川時代の仏教を想う者の一人である。

東大寺の大伽藍は天平の盛代を紀念するかも知れぬ。だがそれは何よりも宮廷の仏教ではなかったろうか。流れに臨む平等院の風物は、藤原時代の繁栄を物語るかも知れぬ。だがそれは貴族達の仏教ではなかったろうか。五山の諸刹は鎌倉期の隆盛を告げるかも知れぬ。だがそれは武家の仏教ではなかったろうか。どの時代に信仰が民衆の血にまで泌み込んだであろう。私は仏教を想う毎に等閑《なおざ》りにされがちな徳川三百年の時期を想わないわけにゆかない。そこでは少数の学僧のみが仏教を省みたのではない。ましてわずかの富貴な人々のみがそれに携わっていたのではない。下賤な人々までが教えに信じ入ったのである。あの難渋な仏典を淀みなく読み得た者は稀だったかも知れぬ。だが仏典は仮名でさえ用意されたのである。南無阿弥陀仏の名号は愚かなものでさえ口ずさめたのである。

それは昔のように金銅の仏を螺鈿の仏壇に捧げ得なかったかもしれぬ。だが小さな祠にすら木仏を入れ得たではないか。貧しい大津絵や摺仏の数々をどの家の内仏にも納め得たではないか、それは豪奢なものではないかもしれぬ。だが仏は限なく家々にゆき渡ったではないか。

それは学識の時代ではなかったかも知れぬ。それは宗祖の時代ではなかったかも知れぬ。また建築の時代でも、美術の時代でもなかったかもしれぬ。だが篤信の時代であったではないか。仏教が普く人々のものに成り切った時代であったではないか。それはキリスト教での中世紀と趣きを同じくする。誰もが仏陀を父とし観世音を母と慕った時代である。無学な人々でさえ堅い信心をもち得た時代を、他のどこに捜したらいいか。もし篤い信仰の時代を仏教の時代と云い得るなら、なぜ徳川時代をその時代と云い得ないのであるか。もしも衆生の済度を仏意であるとするなら、その時代よりもっと仏意を充たし得た時代があったろうか。貴族の仏教よりも、武家の仏教よりも、町民や農民の仏教をこそ讃えていいではないか。信心が普く広がらずば、それを仏教の時代とは云い難いであろう。どんな時代でも徳川時代ほど仏教の時代ではあり得なかったのである。

仏教の時代をあの伽藍で描くことは間違っている。あの学僧の教養で判じることも間違っている。宗教と云うからには信心で測らねばならぬ。その篤心の前に学問が何の力をもとうや。その篤信な時代を省みるなら私達は徳川時代に帰らねばならぬ。信仰は道場を越えて町に入ったからである。経典は学僧の書物ではなかったからである。仏教の王国が実現せられたのは正にその時代だと云っていい。

試みに王城には遠い田舎道を歩かれよ。逝いた篤心な人々の行跡が今も数々残されている。読者はとりわけ淋しい個所に筆太く「馬頭観世音」と刻んだ碑を度々見たであろう。旅人はそれで安らけさを得たのである。忿怒のこの観世音は邪悪に対して、旅人を守護し給うからである。読者は辻々に六地蔵を見かけたことがあるであろう。道俗相寄り巡歴した風習は今も残されている。わけても私はあの「三界万霊塔」に心が惹かれる。それはしばしば人里離れた道ばたに建たれてある。無縁の一切の有情のために、冥福を祈ろうとて建てられたのである。その頃は誰も彼も仏土において、同じ血を分けた兄弟や姉妹であることが信じ合えたのである。知る者も知らざる者も仏においては一如である。だがそれは誰が建てたのであるか。王侯でもなく武家でもなくまた高僧でもない。村人達の信心が建てた供養の塔なのである。信心の現れとしてこれほどゆかしい風習があろうか。

村々には数限りなく仏をまつる祠や堂が立てられたのである。観世音や薬師如来や大日菩薩や、それ等の祠があの多くの小絵馬で埋まる有様を、迷信とのみ云い棄て得ようや。民間に活きる力がかくはさせたのである。溯る時代でも幾許かその風習はあったであろう。だが日本のどの村にも町にもかくまでに仏の住家となった時代は他にないであろう。

読者は七月二十四日、京の地蔵盆に廻り逢われたことがあろうか。平常は気附かずに過ぎるかもしれぬが、その日になると京の街々に住む石地蔵は一切に美しい衣を着せられ、花に飾られ、子供達は家々から出てその周りで戯れ遊ぶ。夕ぐれに御詠歌の響きが流れる頃は、供えられた菓子や果物が子供達の手にかかえられる。嬉しそうなその時の光景を見れば、地蔵が子供か、子供が地蔵か、活きた浄土が誰もの眼に映る。私達はそもそも幾万の地蔵菩薩がこの町に住むのかに驚くであろう。どの辻へ入ってもこの場面が見られるからである。徳川時代のこの習慣は、今も旧都では変わることなく反復される。かくまでに信心が町に入り得た時代が他にあるであろうか。古りた五山版の書物に学僧を忍ぶことも吾々の誇りではあろう。だが街々に活きる素朴なそれ等の信心をなお誇り得ないであろうか。

私は旅を好むが、いつも感慨深く眺め入るのは廻国の碑である。それは一地方のものではない。ところが東であろうと西であろうと、または北に行こうが南に行こうが、どんな片田舎にもその碑をもたない所とてはない。その数は無慮何十万に達するであろう。或いは四国八十八ヶ所や西国三十三ヶ所や、霊仏霊社に詣でては札を打ったその供養の塔である。

順礼の風習は遠く源を平安朝に見出せるであろう。だが日本のほとんど凡ての人々を挙げて順礼の姿に化せしめたのは徳川時代であると云わねばならぬ。今も四国ではこの風習が根強く残る。春の頃桜の花が咲き乱れる時、花に交って白衣の姿が数珠の如く打ちつらなって道を縫う場面は見ものである。幾千万の善男善女がこの行を勤めたであろう。凡ての女はこの旅に出でずば嫁がなかったと云われる。家にいる者は路傍に品々を整えて接待に多忙である。一年の働きはこの供養をするためであるとさえ云われる。日本のほとんど凡ての者が一度は巡礼の衣を纏うたとは、異常な出来事ではないか。徳川時代ほど信仰が全土を風靡したことはない。もしも信仰が仏教の中枢であるなら、この時こそ正に仏教の黄金時代であったと云っていい。歴史を信仰の篤さで測るなら、また普く行き渡った能化の力で判ずるなら、私はこの時代の深さを想わないわけにゆかぬ。信仰が衰えて学問のみ栄えてゆく現代の仏教とは好個の対比ではないか。今は仏教は学問的興味である。信仰の無い学徒が大学において道を講ずる時代である。思うに徳川時代の仏教が等閑にされるのは、今の学徒が信仰に縁が薄いからであろう。

しかし篤信なことにおいてのみではない。仏教が純日本の仏教として栄えたのはこの時代であると云わねばならない。既往に溯れば何れも支那朝鮮の風に負う所余り多く独特の個所に乏しい。だが降って徳川時代に至れば、その教えも行いもまた信心も日本のものに成り切っている。人はその時代の鎖国の風を呪うが、これによって日本が模倣の桎梏から脱れたことも知らねばなるまい。日本の花はこの時期に咲き乱れている。文学における近松や西鶴や芭蕉や、青丹における光悦や宗達や、私達はそこに日本の日本を見るではないか。工芸と云えば天平や藤原を想うかも知れぬが、それはまだ支那や朝鮮の羈絆から脱し得たものではない。まして一般の器物にまで日本の美が開かれていたのではない。諸々の工芸が純日本のものとして鬱然と起ったのは徳川時代においてである。民器に如何に見るべきものが多いかを人はいつか悟るであろう。工芸の一般化を想いみれば、私達は徳川時代を第一に押さねばならぬ。あの浮世絵において絵画の一般化が見られるのも同じである。信仰が下賤な庶民にすら立派に保たれたのは徳川時代である。法然や親鸞の教えが真に実ったのもこの時代である。難行道たる禅宗が、教えを通しまたあの茶道を通し、日本化され普遍化されたのもこの時代であろう。信仰の仏教に来る時、その信仰が普く光り輝いた仏教に来る時、徳川時代を第一に押すことを忘れてはなるまい。信仰の仏教の価値は、学問の仏教の価値より常に本質的だと云うことを忘れてはならない。私は徳川時代の仏教を想う者の一人である。

〔一九三三年一月発表〕

堪忍の教え——道徳と宗教

上

過日鳥取に赴いた時、思いがけなくも一人の老人から訪問をうけた。号を寒楼と呼ぶ俳人で、話するなりその異彩ある風格に打たれた。この老人のことは何れ誰かが記録することと思うが、その日老人が話してくれた物語に私達は思わずも感嘆の声を放った。物語というのはこうなのである。死んでからもう十年程も過ぎるであろうか。村では「因幡の源左」と呼んでいた老人があった。真宗の篤信な信者で界隈ではよく知られた妙好人であった。

ある日のこと鳥取市で西田天香氏の講演会があった。かねがねその令名を耳にしていた老人は、有名なその天香氏の教えが聞きたく村を出て、町に急いだ。しかし生憎にも所用が出来て、時間に間に合わず、会場に着いたころは講演はもう終るころであった。

残念に思ったのは老人である。止むなく宿まで天香氏を追うて行った。この源左老人は他人の肩をもむのが好きだったそうであるが、お疲れであろうと、天香氏の肩をもみながら話しかけた、「実は今日貴方の御講演を伺いに村から出て参ったのでありますが、所用のため後れて、お聞きすることが出来ませなんだ。誠に相すみませぬが、今日どういうお話をなされましたか、ひと言お聞かせ希《ねが》えますまいか」。天香氏が答えていうには、

「今日はなあ、ならぬ堪忍するが堪忍ということをお話し致したのじゃ、皆が堪忍し合うてなごやかにこの世を暮らそうということを」。

これを聞いていた源左老人は、頭をかしげてこうつぶやいた、「貴方はそうお教えなされましたか。私には堪忍して下さるお方があるで、する堪忍がない」。天香氏は黙してしまった。

老人は前にも述べた通り、真宗の信者で阿弥陀如来へ帰依している人である。堪忍して下さるのは阿弥陀様だ。私などになし得る堪忍はない、これがこの老人の心境である。いかに天香氏と源左との間にその立場が違うことか。一方は現世の道徳を述べているのである。一方は現世を超えた宗教の心を語っているのである。道徳と宗教との相違が、いかにもくっきりと浮び出てくるではないか。

道徳の方は自力の行である。自分が堪忍しようというのである。宗教の方は他力の行である。何も仏に任せた身である。自分の力など何の便りになろう。凡ては仏仕事であってみれば自分がする堪忍などは残らぬ。堪忍しようとも、する堪忍がない。こうなると何か一つ次元が高いのを感じる。

下

私は何も堪忍の徳が低いものだとは考えない。木喰《もくじき》上人は歌った。「長たびや心の鬼はせむるとも只堪忍が路銭なりけり。」路銭は旅費のことである。もともと僧とは忍辱の僧という意味がある。この世に温かさやなごやかさや平和を約束するものは、堪忍の徳である。だから現世に住む限りお互にこの徳を守ることこそ肝要である。これが行われたらどんなにこの世は住みやすいか分らぬ。

だがこの堪忍の教えは、最も高い道であろうか。これ以上の教えはないものであろうか。堪忍は一つの努力である。努力である限りそれを行う自分があり、相手の他人があろう。行いは善悪二つの間の競いである。もともと忿怒の世界があるので堪忍の道徳が入用なのである。二元の世に彷徨《さまよ》うので、堪忍の努力が要るのである。この努力は自分がせねばならぬ。自分の心に迷いが残る故、堪忍の徳でそれを清めようというのである。凡てのこれらの事実は、自力の道徳が未だ相対の世界に在ることを示すではないか。

宗教の立場に入ると大変に違う。特に他力門に活きると考え方がまるで違う。不思議なことにここでは、堪忍の徳すら消え去って了う。必要でなくなるからである。自分をもともと捨てて了ってあるから、自分の行う堪忍がない。堪忍など自分の力ではとても出来ない。堪忍が出来るような身分ではない。煩悩から離れられない地獄必定の身である。だがそのためにこそ弥陀が悲願を立てたのではないか。どうあっても救おうと誓われたのである。堪忍は仏仕事なのである。それに打ち任せた身であるから、自分にはする堪忍がないのである。堪忍などする必要がどこに起きようか。もともと堪忍せねばならぬような出来事が、てんでこの世に起って来ないのである。たとえ起っていても、仏の堪忍の中で起っているに過ぎない。こうなるとそこまで信を得た妙好人に対しては忿怒も何も歯が立たない。堪忍が要る生活よりも、堪忍すら要らぬ生活の方が一段上ではないか。宗教の有難みはここにある。

或る日のこと、源左は婆さんから甘藷を掘って来てくれと頼まれた。鍬をかついで畑に行ってみると、丁度見知らぬ男がいて甘藷を盗んでいる最中である。源左はこれを見てそのまま家へ戻って来た。甘藷はどうしたかと尋ねられると、「今日はわしの掘る番ではなかった」とあっさり答えた。彼は堪忍さえ要らぬ暮らしをしていたのである。甘藷はなければないままに満足した生活があったのである。彼は何事にも無礙であった。

〔一九四九年一月発表〕

『妙好人才市の歌㈠』序

一

妙好人は何も学識ある人ではない。従って教学の上では重要な位を占めないであろうが、その行いや言葉を顧ると、複雑多岐な宗義も、皆そこに結晶されていて、それ以上には出ぬとさえ想われる。浄土三部経の万語も、皆ここに事実となって現れているように覚える。こういう信者に会うと、学問などいとも迂遠な路のようにさえ感じる。信仰の髄が端的に示し出されているからである。学僧の価値もさることながら、妙好人の存在は、とても有難いものに想われてならぬ。

特に真宗は在家の宗教を標榜するし、宗祖親鸞上人は非僧非俗を名のり、沙弥教信を鑑とされたというが、もしそうなら無学な民衆の間にこそ最も厚くその宗門が建てられてよい。またかかる民衆であってこそ握られる信仰がなければならない。真宗が妙好人を持つことは、世襲の法主を持つことよりももっと意味が深い。真宗本来の性質として、在家の同行《どうぎょう》達こそ支えの柱である。そういう信者のうち、最も篤信な者達が、妙好人として敬われ慕われるのは当然である。

考えると真宗は妙好人あるが故の真宗だとさえ云える。真宗の真宗たる所以は、どこまでも居士を中心とすることにあると思われる。宗門が大きくなると寺院が出来、そこに定住する僧侶が出来るのも当然な成り行きかも知れぬが、それは真宗にとってむしろ変則的なことではないであろうか。僧侶として偉い人も大勢出たであろうが、それは天台、華厳、禅、その他の宗派においても見ることで、何も特別なことではあるまい。然るに真宗からは妙好人が出るのである。代々出るのである。今も出るのである。ここが何と云っても真宗の有難さで、他の宗派では容易に見ることが出来ぬ。

聖道門は自力の道と云われるが、それは民間の信者には誠に難路である。智慧学問も琢《みが》かねばならず、精進持戒も堅固に努めねばならぬ。そんなことは下根の凡夫がよく堪え得るところではない。

これに比べ浄土門の教えるところは、わずか六字の名号だけなのである。しかも一文不知の輩になって、一向に称名せよと教えるのである。有難くも只の民衆であることが、信仰にとって却って幸いなめぐり合せだということを語るのである。学問も位置も財宝も何も持たずとも、また罪業が深くとも、そのままでよいと教えているのである。そういう者達をこそ目あてに弥陀は悲願を起したのだと告げる。罪不罪を問わず、信不信を選ばず、文不文を云わず、ただ名号にさえ任せれば、はや往生は決定していると教えるのである。

誠にこの真理に、つゆほども疑いなきことを立証してくれるのが妙好人である。もし妙好人がいないとしたら、真宗は嘘を述べていることになろう。妙好人が出るばかりに、真宗は真実の宗教だと云える。この宗派の存在する値打ちは、大きな伽藍や立派な学僧やまた高い教学にあるよりも、ひとえに妙好人を生むからによるとも云える。そこに在家宗教の大きな意義や使命を見ないわけにゆかぬ。もともと真宗に寺院は要らないのである。道場さえあれば充分なのである。もともと僧侶が現れるのがおかしいのである。妙好人があれば、それで満ち足りるのである。愚禿と呼んだ親鸞は、そうあれかしと希ったと思われてならぬ。

二

人間の凡ての思想は、それが宗教であれ哲学であれ道徳であれ、結局は一点を目指して集注される。それは絶対なるもの、不変なるもの、永遠なるもの、不二なるもの、これを追い求めているのである。これが何であるかを問い、これにどう活きるかを省みる。万巻の経文や哲理の書、凡ては意向をこの一事にかける。梵、独、一、即、如、玄、空、無、中など、ことごとくが究竟なものを伝えんための最後の言葉である。人間の思索や生活の深さは、この至上なものを、どれだけ身近につかみ得ているかにかかる。

この無上なるものに就いて、念仏門が教えるところは、「南無阿弥陀仏」の六字のほかにはない。明けても六字、暮れても六字、生きるも六字、死ぬるも六字、山も六字、河も六字、何もかも六字以外に以上に以下にない。ただこの名号だけを説くのが念仏一門の宗旨である。民衆のことを想えば、この至純な教えのほかに、何をか必要としよう。一切のことがこの六字に懸り、一切のことがこの六字で解ける。一旦は不思議に思われようが、妙好人はそこに真実の真理があることを、まざまざと見せてくれる。この真理に就いてのくどくしき理由など何も知らないままに、名号の不可思議を丸彫にして見せてくれる。白木念仏などという言葉があるが、妙好人は端的に名号の暮らしを、彩りをも待たずに見せてくれる。ここに阿弥陀経が目の前に活きて現れ、ここに平生業成の教えが形をとって示される。もし妙好人がいなければ、名号執持の一文も夢となり、「教行信証」もただの理窟に落ちるであろう。

ここに輯録せられた才市の詩は、またしても浄土に開く芬陀利華である。読んでみると、ただ〻名号である。ありとあらゆることが皆名号一つに摂取される。名号をおいては物も事もありはしない。何もかも名号あってのこと、起きるも名号、臥するも名号、語るも名号、黙するも名号である、この世界に名号の届かぬ域とてはない。真実に在るものはただ名号だけである。深いもの大きいもの美しいもの、皆名号の働きならざるはなしである。こうなると名号の一人舞台である。その妙技に才市はうっとりと見入っているのである。かくして才市自らが名号に溶け込んで了う。だから才市が名号を聞くのでなくて、名号が名号を聞くに至る。その刹那の歓喜、その折の驚嘆を、なけなしの言葉で綴ったのがこの詩歌である。あやしげな文字でも文章でも、皆尊い名号に抱かれているのである。彼の智慧は狭く貧しくとも、名号が深く大きいのであるから、何の憚りがあろう。読んでみると、人間はこれ以上の真理をこれ以上には語れぬと思われるものがある。名号をこんなにも自由自在に活かし切ることこそ妙好人の不思議さである。こういう信者を生むために、親鸞上人は世に現れたのだとも云える。片田舎に名もない才市一人が出ただけで、またまた真宗の重みが、こんなに加わるとは。

だがこの本は何も宗門だけの本ではない。真実の真理に触れている限り、宗教そのものの言葉なのである。読者は自らの宗派が何であろうと、また何の宗派に属さなくとも、これを仏に活きる人間の声として、耳を傾けねばならぬ。だから私は誰に会おうと、この本を座右に置くことを勧める。仏教もこれほどの詩を生むので、その教えは永劫に死なない。また日本もこんな信仰を生んでいる故に、光にあふれる。

編者楠君はこの有難い仕事を克明に果してくれた。そうして長い間の忘却からこの詩集を救ってくれた。もし同君の熱意がなかったら、或いは世に現れる機縁がなかったかも知れぬ。言々句々、皆霊の糧であるから、道を求める者の間にいち早く広まるであろう。そうして誰もその中の幾つかの詩を、きっと想い出しては、生涯の師とし友とするであろう。

柳　宗悦

〔一九四九年十月発表〕

才市の歌

才市の歌は誠に珍しい発見だと云わねばならない。ほとんど仮名より書けない無学な人が、約二十年間に渡って、夜な夜な書きつけたもので、全部残っているとしたら、少なくとも八千首近くになるのであろう。それがまた一切南無阿弥陀仏の一句を中心とする歌なのだから驚く。ところが皆同じようでいて同じでない。年代を辿れば、ほぼ思想の推移が分るであろうが、何としても、こんなに宗教的に深い歌はめったにないと思われる。

スピノザは靴やだったし、ローレンスは料理人だったと云うが、才市は下駄やであった。それも極めて小さな店をもつ下駄作りであった。才市の長い生涯は極めて簡単なもののようで、朝お寺参りと、昼下駄作りと、夜歌を書きつけること、これに始終した。歌は六十歳頃から始めたというが、その前、つまり十八、九歳頃から苦悶し始め六十四歳頃で信心を頂くまで、驚くなかれ四十五ヶ年間も後世《ごせ》の問題で苦労をし、紆余曲折を経て遂に握るものを握った。その悦びをなけなしの言葉で綴り始めた。想い当ると下駄の削り残りに書きとって、夜それを清書した。その時また新しい歌が浮かぶと、これに加えて行った。夜二時三時にもなった。いわゆる「夜の味やひ」よろこびに浸って書いた。小学校の生徒のつかう綴方の帳面に書き上げ、それがたまりたまって恐らく八十冊近くにもなったであろう。それを別に誰に見せるでもなかった。寺本氏が借りたいと云った時、「人に見せるようなものではない」と云ったが、「自分が法味をしらせてもらうためだ」と聞いてやっと納得し、その折六十冊程渡したという。内三十冊は戦災の犠牲になって了った。別に二冊は藤氏の本で世に紹介され、それをもとにして鈴木大拙博士が見事な註釈を書かれた。

ところが有難いことには、今日まで約四十数冊が現れ、皆楠君の手で編纂される事になった。こんな単純なまた深遠な宗教詩が、こんなに沢山数書き残された例は、仏教の歴史あって以来のことではあるまいか。否、世界でも例が少ないのではあるまいか。

その詩の宗教的な深さに就いては、多くの人がこれから書くであろう。仏教界には寒山詩始め、蘇東坡の詩とか、日本では五山の文学とか、和讃では親鸞のものとか、和歌では明慧のものとか、無難のものとか色々あって、蘭菊の美を競うであろうが、それ等は、皆学僧のもので、教養あり、詩才あっての仕事である。ところが才市はろくに学問もない下駄やの親爺で、漢字はほとんどしらず、使えば大概は当て字であるし、真宗の術語は耳で覚えたものを、さしこんだに過ぎない。誤字脱字、仮名遣いの間違い等々色々目につく。それにも拘らず将来彼の歌は必ずや高い位置を歴史に与えられるであろう。歌と云っても三十一文字ではない。それかと云って七五調の新体詩でもない、そうかと云って自由詩を標榜したものではない。そんなものを知らないから、一切そんなものから自由なのである。それに目につくのは方言まる出しである。それも方言の方がよいからと云って方言にわざとしたのではない。それ以外に持ち合せがないのである。それに自問自答の歌が沢山出てくる。これがまた素晴らしい。自分を離してものを客観的に歌うと云うことがほとんどない。心そのままを吐き出したものである。

こう云う詩を見ると、生まれつき宗教的天分があり、詩の才能があったと云う風に見ることも出来るが、真実にはそうでないであろう。平凡のままにただ出したのが、非凡なのである。その非凡の背後には、あたりまえのものがあるのである。普通の詩人は、あたりまえを嫌い、だから何かの作為が加わる。詩藻を練ったり句調を改めたり、技術を磨いたり古歌を調べたりする。才市の場合は、そんなものの持ち合せがなく、あたり前のままに自分をさらけ出したのである。それもそうする方がよいとの計画ではない。そのままを出せる人を天才と云って了えばそれまでだが、しかし、うまく書く拙く書くの分れが表れない前に出来て了う詩である。だから美しいとか拙いとかの判断の対象にはならぬ。一個の特別な天才が書いたと見るより、人間そのもののじかの声に近い。彼に才能があって出たというより、彼以上のものが支えて出てくるのである。彼は才能からも解放されていたのである。

私は美しい民芸品を妙好品と見るが、逆に才市のような人の詩は民芸品の代表的なものである。彫刻の木喰五行明満上人の作も、彫刻での民芸品であると呼んでよいが、それと近いものがある。それで人間が、形式やら習慣やら学問やらから自由になると、誰でもそのままで民芸的な美を現すのである。才市も天才と見るより、凡人のままで本来に帰った人と見る方が至当であろう。えらくなって、あの詩が出来たのではなく、えらくないままに、救われてあの詩を生んだと見る方がよくはないか。

才市の歌を見ると、なるほど才市という一人格があっての詩ではあるが、それを個人の力に帰すのはどうか。背後には安心を得て本当の道を歩いてきた幾多の篤心な人達があって合唱しているのである。溯れば蓮如も親鸞も法然すらも、一緒に唱いたい歌なのである。

私は才市の歌をよんだあとで、或る信者の七五調の歌を読んだが、おかしい程調子に窮屈さを感じた。そうかと云って、自由を標榜する俳人の作を見て、これまたおかしいほど不自由なのを感じた。才市には自由も不自由もないのである。そこが本当の自由さなのではあるまいか。才市の歌の美しさは、こう云う自由によろう。それに、平語、俗語、俚語、その連続で、何だかくつろいで読める。とかく詩人は句を練るが、そうして形容詞沢山になるが、それもそれで価値があるとしても、才市のような人の詩の方が、ずっとすぐにまたじかに近づき得、親しめ得て有難い。

人間の作品がこういうようになったら気が楽だろう。自らいやなものが出来なくなるだろう。ここには遠慮もないし、また不遠慮もない。気取りもないし、またやぼもない。そんな気持ちが分れる以前にもう生まれて了うのである。不生の作なのである。これが何とも美しく輝くのである。もっとも美しいと云っても、いわゆる美辞麗句の美しさとは違う。そんなものに引っかかっていない所から来る美しさなのである。だから天才の作というより、凡夫にも許された作と受け取る方が正しいであろう。実は誰にでも出来る道なのである。それが出来ないのは色々これを妨げるものを自分で作って了うからである。何をどう唱えても、そのままで美しくなる道があるはずなのである。詩人にならなくても詩人になれる道があるはずである。学問がなくても、凡ての真理を包むほどのものが握れるはずなのである。才市のような境地で仕事が出来たら、どんなに人間は解放されるであろう。

才があって作ったと云うより、才なきままでも、自由の世界に入ると才なきままで、才でさえも容易に出来ぬほどの仕事を見せる。才市はそうであったと云えよう。

〔生前未発表〕

宗教的自由

このごろは自由々々と誰も叫ぶ、全く自由の安売りである。言論の自由、出版の自由、人権の自由等々、それ等が圧迫されていた時代に住んだ者にとっては、そういう自由の主張こそは当然な権利だと思われよう。しかしそんな程度の自由は相対的で、高が知れた自由だともいえる。例えば何を書いてもよい自由があったとて、誰でも自由に書けるものではあるまい。多くの人は文章一つ自由には書けまい。いわんや思想の自由などなかなか持てまい。何々主義などにすぐ囚われてしまう。自由々々と叫んでいる人達に、実はどれだけ自由が握られていようか。なるほど出版の自由がないのはこまるが、しかし本当は心の自由がない方がもっとこまろう。一般にいう自由は外的な好条件を意味したり、自分にとって都合のよい環境を指したりすることが多い。例えば民主主義が封建制度よりよいという場合、それが人間に更に多くの自由行動を許すからともいえる。しかしそれは環境の改善で、何も人間自己の改善ではない。民主主義になったとて、どれだけ本当の自由人がいるか。元来自由というのは、自分にとって自由な場合ではなく、むしろ自分から開放される時の自由である。

それゆえに自由というのは宗教的自由のほかには全くないものである。ここで宗教的自由というのは、何も宗派的な信仰の自由を指すのではない。人間が精神的に宗教的な深さで自由を獲得することである。坊さんの偉さは実にそういう自由を体得したことによる。悟りを開いたとか、正覚を得たとかいう人は、外界がどうであろうと、心において無碍なのである。だから逆境においても十分感謝があるのである。暗黒にいても光明が見えるのである。普通の自由の主張は光明が見えるように事情をよくしてくれといっているに過ぎない。それは心が不自由でいる告白だともいえる。もし心が無碍ならどんな事情にもこだわりはない。人間を一番不自由にさせているのは自我への執着である。

信者吉兵衛に或る人が「貴方はなぜ腹が立たぬのか」と聞いたら「おれも腹は立つが、根が切ってあるので実らぬのだ」と答えたという。徹した信心が吉兵衛にこの自由を与えたのである。こういう自由を私は宗教的自由と呼び、また自由と呼びたい。実はこれ以上の、これ以外の全き自由はない。自由を外界の条件に求めている間は、まだ全き自由は握られていない、自由が相対的な間はまだ真実の自由ではない。

妙好人源左がかつて自分の豆畑に見知らぬ馬子が馬を入れて食べさせているのを見た。源左は「馬子さんや、もっと先によいのがあるから、食べさせてやんなされ」といった。馬子は逃げて行った。源左は忿怒からも堪忍からも自由に解放されていた。かつて彼は過って落ちて手を血だらけにした。ところが「ようこそようこそ」といって感謝している。村の人が「何だい、怪我して有難いとは」と詰ると「いや、一本手を折っても仕方がないのに」といった。彼はどんな境遇に落ちても、境遇に煩わされない自由を得ていた。だから生活は感謝の続きとなった。「念仏は無碍の一道なり」と親鸞上人はいったが、信仰の生活の尊いのは、この無碍の一道に入れるからである。こういう無碍の世界以外に真の自由のあるはずはない。たとえあったとて高の知れた自由である。

世の中には色々と美しいものがある。しかし何で美しいのか、何がものを美しくさせているのか、特に芸術のようなものを想うと、美しさとは畢竟「自由の美しさ」だということが判る。無碍の域に達した表現で美しいのである。だからイズムの芸術というようなものは案外生命が短い。イズムに囚われて不自由さに落ちてしまうからである。芸術では創造を尋ぶが、創造とは不自由を打破することである。固定する束縛からの離脱だともいえる。例えば茶器の如きを例に引いてもよい。よく奔放の美などを賛えるが、それは何なのか、畢竟無碍なこだわりのない境地を示すからである。だが茶器などで注意してよいことは、この奔放に執着すると、新たな不自由に縛られることである。自由をねらった自由は、自由に縛られた自由に過ぎぬ。無碍とは自由、不自由の二元から解脱したものをいう。この二元からの解脱を宗教的自由と呼ぶのである。これ以上に全き自由はない。

〔一九五〇年九月発表〕

因幡の源左

源左は本名を足利喜三郎と云い、因幡国気高郡日置村山根の人でありました。今から二十年前の昭和五年に八十九歳でなくなった世にも有難い妙好人でありました。妙好人と申しますのは、念仏宗とりわけ浄土真宗で用いる言葉でありまして、安心をよく握った篤信な同行を指すのであります。大概は田舎の無学な人達でありますが、源左もその一人でありました。妙好とはもともと蓮華のことで、つまり俗に在って浄らかな念仏の一生を送った人を敬ってかく呼ぶのであります。源左は山根にある本派願正寺の檀徒でありました。

源左が信心を求めるようになりましたのは、十八歳の時父善助が急に死に無常を感じ始めたのが動機であります。父が死ぬる時「おらが死んだら親様をたのめ」と申しました。この時源左は二つの問題につき当りました。一つは死ぬるとはどういうことなのか、親様とはどういうお方なのか、この謎が解きたくて真剣に道を求め始めました。寺に通い説教を聞き、人を訪ね法義を聞き、疑い迷い苦しみ悩むこと、かくして十有五年で、彼がようやく信心を受けたのは三十四、五歳の頃でありました。さて何をどう悟ったのでありましょうか。入信の物語を源左自身から聞いた人々の言葉に依りますと、ある朝牛をつれて山に入り、草を刈って、これを牛に背負わせたその刹那、ふっと分らせてもろうたと云います。

この場合、草を人間の業、牛を阿弥陀如来に譬えますと、源左の負いきれぬ業を背負って下さる阿弥陀。そうして不思議にもその背負う草が牛を牛にする糧である如く、背負う業は如来が如来となるためなのであります。源左ははたとこの事に思い当り、ここが他力の教えかと気附かせてもらうに至りました。

源左が信じた他力宗とは何を指すのでありましょうか。小さな舟で大海原をよぎる時、自らの力で櫓を漕ぐ者もありましょう。しかしその力がない者は、自然と吹く風に帆を孕ませて進むより道がないでありましょう。自らの小ささ、弱さ、汚なさを気附く時、即ち自らの力で自らを救い得ないことに気附く時、即ちやくざな自分を捨て切る時、自らを超えた力に包まれているのを気附きます。凡夫はかかる慈悲に身を打ちまかすより道はありませぬ。この道を教えるのが念仏宗で、この大悲を阿弥陀如来と申します。南無阿弥陀仏とは、その阿弥陀に帰依し奉るの意であります。南無阿弥陀仏を名号と申します。それ故念仏即ち称名となります。源左の一生はかくして南無阿弥陀仏の六字の中に包まれて了いました。源左があって活きているのではなく、南無阿弥陀仏があって源左が在るのであります。ここで暮らしが何もかも一変して了いました。

普通は人間が主人なのが、今度は如来がいつも主人となります。そのため普通の人の暮らしには現れない行いや言葉が現れて来ます。その実例を直接源左に聞きましょう。かつて西田天香氏の講演があって源左は聞きたく思って出かけましたが途中所用が起きて時間におくれました。宿を訪ねて、天香氏に「すまぬが、今日何を話されたかひと言聞かせて下され」と頼みますと、天香氏は「ならぬ堪忍するが堪忍ということを話した」と語りました。つまりお互に堪忍しあって暮らそうという教えであります。これを聞いた源左はすぐこう答えました。「ごもっともではありますが、源左には堪忍して下さるお方があるで自分にはする堪忍がない」と申しました。天香氏のは自力的な道徳の教えでありますが、源左のは他力的な宗教の心を示します。

先日私はこういう話を聞きました。田圃の畔に、もぐらが穴を開けますと、そこから水が洩れて田が干上ります。源左はそれを見つけると誰の田であろうが、ふさいでいました。しかし決して、自分が塞いだことを田の持ち主に話したことがありませんでした。或る時、なぜ話さないのかと人から尋ねられた時源左はこう答えたと云います。「もしも話せば先方は私に礼を云う。そうなると五分五分になって了う。しかし穴を自分が塞いだのではなく、塞がせてもらったのだから、お礼をうける資格は自分にはない」と云ったそうであります。彼は礼をもらわずとも、充分有難い暮らしをしていました。

長男が死に、引き続いて次男が死に、災厄が続いた時、寺の和尚さんが源左に「お爺さん、仏のお慈悲に不足が起りはせんか」と尋ねました。すると源左は「何をお仰います。源左はこれでも往生出来んかこれでも出来んかとの、親様からの御催促でございます。有難い仕合でございます」、こう答えました。

源左が五十代の頃、火事に逢うて丸焼けになりました。寺の和尚さんが「お爺さん、ひどいめに逢うたのう、こんどはガメたろうな」と云いますと、慰められた源左は「なんのなんの、これで前世の借銭を戻してもらい、重荷がおり、肩が軽うなりました。ちっとも案じて下さいますな」と答えました。源左の言葉は、誰のとも違っていたと多くの人々が述懐しておりますが、本当に普通の人とは反対でありました。

源左は非常に早起きでしたが、寒い真冬でも火を用いませんでした。寒くないかと聞かれた時、「親さんはなあ、幾万劫も氷の中で此奴にかかって下さってなあ、寒いとは云っても、仕事にかかれば、ほっこりほっこりするがなあ」と云いました。これは法蔵菩薩が、人間のために氷につかって苦行されたことを云い、此奴にかってとは源左のために苦しまれたと云うのであります。なぜ炬燵にあたらぬかと云われた時も源左はこう答えました。「とにかくにお慈悲の力はぬくいでなあ、炬燵にあたれば前よりぬくくならんけ。」お慈悲とは、もとより阿弥陀如来のことで、その温かさにぬくまれている我が身の幸いを述べるのであります。

源左の信仰は二つのことから成ります。一つは自身よりつまらぬ人間はないという切々たる実感、一つはかかる自分を目あてに慈悲をふり注ぐ如来の行い。それ故救いは自分の側にあるのでなく偏えに如来の計らいであるとの信仰、それで凡ての出来事が、もはや自分の力に依るのではなくなります。どんなことも如来の光で肯定されて来ます。源左はかつてこう云いました。「信心の暮らしを頂くと、たった一つ変わることがある。世界のことが皆本当になる。もし人が源左は鬼のような人間だと云われれば、これほど本当のことはない。同時に源左は仏のような人だと云われればこれも本当だ。お慈悲のお蔭でいつか仏にして下さるから。」こう云う見方でありますから、何ものも肯定されます。或る人が「源左さんは極楽行きだが、わしは地獄行きだ」と申しますと源左は答えました。「地獄行きだからこそよい。そういう者をこそ目あてに親様は助けてやると御仰っているのだ」と云いました。或る人が「自分はお寺では念仏を称えるが、家に帰ると念仏せんから、にせ同行だ」と云いますと、源左はこれに答えて、「にせでこそええ、にせになったらもうええ、中々にせになれんでのう」と云いました。

源左はかつて人の悪口を云ったことがなかったと申します。それというのも自分より悪い者はないのを省みていたからであります。また怒ったことがありませんでした。これも自分の方がいつも足りないのだと考えていたからであります。或る人が源左に「お前はいつも腹を立てんでよいなあ」と云いますと「いや私は腹を立てることが出来ないほど甲斐性がない者なのだ」と云いました。彼の親孝行や隠徳はよく聞こえて、お上から賞状をうけること四回に及びました。

源左は一生を百姓として暮らし、疲れを知らぬほど働き、病む事がなかったと云います。彼の思想は全く真宗の正統な教えを守るもので、別にこれとして新しいものはないかも知れませぬが、それがただの思想に止らず、一つ一つの行いに現れる点において、誠に稀有な信者であったと思います。彼のその時々の言葉は、前にも申した通り、彼の言葉ではなく、背後に在る者の言葉でありました。それ故彼が云ったのではなく、彼が聞いていたのです。恐らく誰よりも彼自身に聞かせている言葉でありました。

因幡の国は幾多の人材を政治に武術に芸術に産んだかも知れませんが、恐らくこの妙好人源左ほどの深さ温さ浄さを持った人は、決してなかったと思います。誠に因幡の源左と誇ってよく、否、日本の源左として記憶される日は来るに違いありません。特に今日のような暗い時代に、源左こそ新しい光であると云えないでありましょうか。源左は今も活き、永えに活くる源左であります。

〔一九五〇年十月発表〕

妙好人の話

一

妙好人についてお話する御依頼を受けましたが、恐らく多くの方々には、この言葉は耳慣れないものかと存じます。それで先ずその語義から申し上げることに致しましょう。妙好人の妙は女扁に少ないという字で、妙《たえな》ると読ませ、微妙とか幽妙とかの妙であります。妙好人の好は女扁に子供、即ち好むとか好《よ》しとか読ませる字。人《にん》は人であります。「つまり妙なる好き人」の意であります。この妙好人という言葉は元来仏教の経文に出ているのでありまして、梵語のプンダリカの訳語の由で、白い蓮華を意味します。つまり泥の中から生まれ、泥に汚されず浄い花を開く蓮華のことで、浄い心を持った人をそれに譬え、讃えて妙好人と呼ぶのであります。

しかしこの言葉は主として念仏宗で用いられて来たのであります。ここに念仏宗と申しますのは南無阿弥陀仏の六字を称える宗門のことで、その宗門で用いる経文の一つの「観無量寿経」にこの言葉が出て参ります。つまり尊い念仏の行者を賞め讃えて、妙好人と呼ぶのであります。そういう人達の言行を集めた本にも「妙好人伝」と題したものが古くからあって、念仏宗の人達には耳慣れた言葉であります。もっとも念仏宗にも色々ありますが、今日一般にこの言葉を用いているのは、主に浄土真宗で、御存じの通り親鸞上人を宗祖と仰ぐ宗派であります。

真宗は在家の仏教と云われ、最も広くまた深く民衆に交っている宗派であります。それで妙好人の特色は、一つは在俗の者、特に田舎の人達に見出せることであります。第二は片田舎の人達のことと て学問もなく、中には文字すら読めない人もあり、知識的な教養の乏しい人達が多いのであります。第三には多くは百姓で、社会的位置も低く、大概は貧乏であります。忍苦の一生を送らねばならない人達が多いのであります。

ところで片田舎の人であるとか、無学な農民であるとか、貧しい暮らしをする人達とか申すと、如何にも人間として程度が低く、どんな値打ちがそこにあるかと疑う方もありましょうが、実はそういう性質が却って信仰と深い縁を結びやすいのであります。何故なら、華やかな都会の生活は、とかく吾々の心を濁らしますし、学問や知識は吾々を高慢にさせますし、富による贅沢は、しばしば吾々の心を堕落させます。何れにも誘惑が多いからであります。その反対に田舎の人達は純朴な心を保ち易く、無学な人達は懐疑に迷わず、貧乏は質素の徳に誘うとも云えましょう。つまりこれ等の人々は信心を素直に受け容れる準備があるとも云えるのでありますます。ずっと端的に宗教の世界に入り得る状態にあるのであります。法然上人は人々に勧めて、「智者の振舞いをなさず、一文不知の愚鈍の身に帰り、無智の輩に同じくなって、信心の一生を送れ」と申されました。

社会的には位置の低いそれ等の人々の中に、去来幾多の偉い信者が現れておりますが、実は今も現れ、これからも現れるでありましょう。彼等の浄い一生や、驚くべき言行は誠に不信心な現代の人々にとって、師表とも仰ぐべきものが多々あるのであります。私はこれから色々実例を挙げてお話し致したく思いますが、その前にざっと念仏宗の教えの特色をお話しておく方が、これからの物語を理解して頂く上に役立つかと思われます。

仏教には二大門がありまして、一つを自力宗と呼び、一つを他力宗と申します。自らの大を信ずる道は自力門で、自らの小を省みる道は他力門であります。禅宗の如きは自力宗の典型的なものであります、これに対し真宗の如きは他力宗を代表するものと云われます。一般の民衆は、力量ある天才ではなく、平凡な人間仲間であります。しかしそういう人達にも救いが果されねばなりません。自分に力のないそれ等の人達は、他の力に救いを委ねるよりほかに道がないでありましょう。ここで他力宗の必要が起ります。この道を日本で深く説いた人達は法然上人や親鸞上人や一遍上人等でありました。それ等の偉い上人達が何故「南無阿弥陀仏」を勧めたかと申しますと、この言葉は慈悲の権化たる阿弥陀仏に帰依し奉るという意味で、絶大な他力に身を全く任せることを意味するからであります。自分の力で歩くのではなく、風を帆に孕ませて行くのと同じなので、これを易行道とも申します。平凡な無学な大衆のために用意されたのが念仏宗であります。先程も述べましたように、どうして真宗が特に民衆を相手にするか、どうしてそれが在家仏教を以て任じるか、それは全く他力門に立つ易行の宗教だからであります。それ故、どの念仏宗も「凡夫成仏」の道だと申さねばなりません。これからお話し致す妙好人は凡て、凡夫の立場にある人達であります。無学や不徳の世界から脱れられない下根の人達が、阿弥陀に凡てを任せたその暮らしについてこれからお話し致そうと思います。

　昔三河国に田原おそのという信者がありました。或る日京都の御本山に参り、お寺の前で仲間同志で熱心に信仰話をしておりました。偶々そこを通りかかった坊さんが、彼女の肩をたたき「お前は何をそんなに、おしゃべりしているのか。今にも無情の風が吹いて来て、死んだらどうするつもりか。油断をするな」とたしなめました。すると、おそのはその坊さんの方へ振り向いてから答えました、「親様に御油断があろうかなあ」と。この答えに坊さんは大変感心したと申します。つまり「下根の自分は油断だらけでも、救って下さる阿弥陀様には決して御油断はないはずだ」と云うのであります。他力に任せた安心し切った心がよく示されております。

　このおそのと云う信者は、よほど偉かったと見え、感化が方々に及びました。中には嫉む者もあって、悪口を本山に告げました。本山でもほっておけず、彼女の信仰が正しいか間違っているかを試験することになりました。坊さんはおそのを呼んで、こう尋問しました。「お前の信心を述べて見ろ」と。その時、おそのはこう答えたと申します。「私はこんな所に参りたくはありませぬ。しかしお呼び出しになったので参らせて頂きました。これが私の領解でございます。」これを聞いて坊さんはすっかり感心されたと申します。この物語に多少の註釈を加えますと次のようになるでありましょう。「私の様な間違った根生の者は浄土などには参る心もございません。しかし阿弥陀様が是非来いとお招きになるので、参らせて頂きます」と云うのであります。これも弥陀の大きな慈悲に任せきった信仰の生活をよく示しております。

近頃有名になりました浅原才市の歌に

わしが阿弥陀になるじゃない
阿弥陀の方からわしになる
なむあみ陀仏

わたしゃあなたに眼の玉もろて
あなた見る玉
なむあみ陀仏

という句があります。この才市は昭和始め頃死んだ人で、余程えらい詩人であります。

四国の讃岐に幕末頃、庄松と呼んだ偉い信者がおりました。彼は目に一字もない無学な貧乏人でありましたが、まるで禅坊さんのような、すばらしい問答を幾つも残している人であります。或る日旅先で庄松が病気をしましたので、知り合いの者が心配しやっと家につれて帰り、これで安心だからゆっくり養生してくれと云いますと、庄松は一言「どこにいても、いる所が極楽の次の間だ」と答えました。どんな境遇にいてもいるその場所が極楽につながっている、そういう暮らしの出来た信者でありました。彼は常に大安心の生活にいたのであります。そういう人を妙好人と讃えているのであります。

或る日寺の本堂で庄松は横になって寝ておりました。或る人が咎めて、ここをどこだと思うのかと云うと庄松は、「なに親さんの所じゃ、遠慮はいらぬ。そういうお前は義子《ままこ》か」と。弥陀と彼との親子としての親しい暮らしの味わいが、よく出ている物語と思います。

或る坊さんが文字のよめない庄松をこまらせようとしまして、「無量寿経」を開きここを読んで見ろと云いました。庄松はすぐ「この所は庄松を助くるぞよ庄松を助くるぞよと書いてある」と答えました。その経文は全くその事を説こうとしているのであります。

二

引きつづき妙好人物語を致します。

御存じの通り足利時代に蓮如上人という有名な坊さんがおられました。そのお弟子の一人に道宗という者がいて、越中の山奥の五ヶ山が彼の故郷でありました。道宗は大変に蓮如上人を慕いあがめ、もし上人に枇杷湖を埋めろと云われたら、今すぐ埋め始めると申したほどの純心な信者でありました。かつて村の人が、彼の信心を験そうと思って、或る日道宗が草刈をしている時、後から行っていきなり蹴とばしました。道宗はころびましたが、だまってまた草刈を始めますので、二度彼を蹴とばしました。それでも怒りません。村の人は不思議がって「お前はなぜ怒らぬのか」と尋ねますと、道宗が答えて云うには、「わしのような前世に沢山罪を犯して来た者が、こうやって蹴っていじめて下さると、それで少しは罪も償われるので、冥加に余ることなのであります」と申して有難く感謝致しました。もう一つ似たお話を致しましょう。

昔豊前に新蔵と呼ぶ貧乏な信者がおりました。或る日汚い着物を着たまま相撲見物をしておりますと、どうしたことかその時怪我人が出ました。これは必定見物人にけがらわしい人間がいるためだと云う者が出て、気の毒にも新蔵は皆から袋たたきにされました。ところが彼は家に帰るなり妻に云うには、「今日は実に有難い教えを頂いた。一つ聞いてくれ」と云って話し出しました。「わしは汚い心を持っているのに、うかうか暮らして来たが、今日は汚い人間だということを、よくよく知らせてもろうた。何と皆のお陰ではないか」、そう云って夫婦で悦びあったと云います。

こういう信者達の暮らし方を見ていますと、吾々のと大変違うのに気附きます。蹴られたりぶたれたりしても人を怨まず、それが直ちに感謝に変わるのであります。それ故争いというものが起りません。これはどういうことでしょうか。或る人はこう評するでしょう。人を蹴ったり打ったりする人間に感謝していては、正義が保たれず却って悪人がはびこるだけだろう。しかし事実はどうでしょうか。更に一つの例を引きましょう。

近年因幡の国に源左という偉い妙好人が出ました。一字も読めない百姓でありましたが、彼の行いには大したものがありました。或る日彼が植え附けた豆畑に来てみると、見知らぬ一人の馬子が馬を畑の中に入れて、豆を食べさせています。これを見た源左は、馬子にこう云いました。「そこら辺の豆は赤くやけているから、もっと先の方のよいのを食べさせてやんなされ。」馬子はこれを聞いて、こそこそとにげて行きました。源左は何も皮肉を云ったのではありません。忿るどころか親切にしてやりました。馬が豆を充分たべて太るなら、それは有難いことだったのです。しかし思いもかけぬ源左の言葉に、彼は恥じました。この場合怒ってどなられたら、そんなに恥じなかったでありましょう。

この源左は大変陰徳のあった人で、色々村のため人のために尽しました。田圃を歩いていて、もぐらが穴をあけたのを見ると、誰の田圃であろうが、「水が洩れては」と云って丁寧に塞いでやったと云います。しかし一度としてそのことを田の持ち主に話したことがありません。或る人が不思議に思って「なぜ話さないのか」と訊ねますと、源左が云うには「もし話せばお礼を云われるにきまっている。しかし穴を塞ぐのではなく、塞がせてもらっているので、この上御礼を云われてはすまぬ」と答えたそうであります。

こういう信者の特色は、何事かを自分の力でするという考えが全くないことであります。凡ては恵みのもとで、させてもらっているという感謝があるのであります。それ故不服とか不平とかいうものが、この世から全く消え去ります。

吉兵衛という信者がありました。或る人が「お前のようになったらもう腹が立たぬだろうなあ」と云いました。彼が云うには、「凡夫だから、腹は立つが、根を切ってもらってあるので、実らぬのや」と答えました。この煩悩の根が切ってある暮らし方をする所に、信者の大した特色があると申さねばなりません。キリスト教でも右の頬を打たれたら左の頬を向けよと云います。この言葉はずいぶん色々の批評を受けていますが、要するに怒りの根を切ってある世界に住むことの幸いを宗教は教えようとするのであります。

源左が或る時草刈をしていると、蜂が飛んできて源左の額を刺しました。その時、こう一人言を云ったといいます。「お前にも人を刺す針があったのか、さてもさても、ようこそようこそ」とそう云って草刈をつづけたと申します。源左は人を害する蜂の行いを通して、自分も同じ罪深い人間であることをまたも省みさせてもらい、感謝の心にあふれていたのであります。

或る日この源左の家に牛の崎形児が生まれ、二子で、胴が一つにつながっていたと云います。それは農家にとっては大きな損でありました。或る人がこの牛を見て悔みを云うと、源左はこう述べました。「いやいや心配して下さるな、足が四本あろうと手が四本あろうと、家内中、腹さ一つにして暮せとの如来様の教えを頂いたのでありますから、少しも心配して下さるな」と申しました。どんな苦しい出来事も、感謝に変わる所に、信心の生活の不思議があると申さねばなりません。

或る人が源左に向って、「お前のようなのは本当の信者だが、わしはにせ同行に過ぎない」と申しました。その時源左は即座にこう答えました。「にせならそれでええ。中々にせになれんでのう」と。この答えは全く真宗の教えを端的に示したものと云えましょう。自分が本当ににせの人間だということが分れば、もう救われているのであります。にせのくせに中々にせと分らぬところに、吾々の生活の不幸、不安、不明があるのであります。
終りにもう一つお話を添えましょう。先に引きました田原おそのという信者に、或る女の人が、どうしたら信心の身になれるのかと相談致しました。おそのはその時、その女の人にこう頼みました。「これから毎日毎時、想い出す毎に『御注文なし御差し支えなし』と云うことを繰り返し繰り返し云ってみて下さらぬか」と。その女の人は、そんなわけないことで信心が得られるなら有難いとて、何辺も何辺も「御注文なしお差し支えなし」と称えました。しかしいつまでたっても安心が得られません。仕方なくまたおそのの処に来て訴えました。「何辺も称えたがもと通りで、安心がどうしても得られない」と。その時おそのは、すかさず「お差し支えなし御注文なし」と云いました。それを聞いて、その女の人は始めて信心を握ったと申します。この物語は多少お解りにくい点もあるかと思い蛇足を添えることに致しましょう。真宗の教えでは、決して偉くなって助かれとは申しません、偉くなれないのが凡夫の身の上、そこに慈悲をふりそそいで、どうしても助けようと悲願を起されたのが阿弥陀仏であります。それ故、どんな人も、そのままで差し支えない、別に注文はせぬと云われるのであります。御注文なしお差し支えなしというのは易しい言葉のうちに深い教えを込めてあります。それで素直なありのままの心で、弥陀の慈悲を受け取る時に、安心が得られる事を教えているのであります。妙好人は端的にこういう教えを深く受け取っている人達なのであります。信者の信者とも云うべき姿が、それ等の人々の言葉や行いに現れております。それ故吾々に絶大な意味をもたらします。私は多くの方々に妙好人伝を繙かれることをお勧めしたく思います。

幸いにも真宗の教えに培われたそれ等の篤信な人達は、今日もなおあとを絶ってはおりません。こういう人達の言葉や行いは、別に学問的な体系を持ってはおりませんが、しかし一切の教学的な真理は、そういう妙好人の言行に、最も端的に具体化されているのでありまして、親鸞上人の深い色々な教え、例えば悪人正機と申しまして、悪人こそ弥陀の住む浄土のお正客であるというような思想は、妙好人の一生の中に最もはっきりと形となって現われているのであります。なぜならそれ等の人々は自分ほどこの世に罪深い下根の人間はないということを深く省みている人だからであります。先にも申しましたように、念仏宗は自己の小を省る人達の宗教でありまして、他力の恩沢に浴して浄い信心の生活を送る人々がこの宗門に沢山あらわれます。その中で最も敬うべき信者を妙好人と申しているわけであります。

〔一九五一年四月録音〕

妙好人の存在

一

禅門をくぐるのと、浄土門をくぐるのとは、東と西とに分れるように云われているが、至り尽す所は同じなのではないか。自力他力、難行易行、聖道浄土と、はっきり分けはするが、それは道筋の違いというまでで、何れも頂きを目指せば、一処に会うのだと思われてならぬ。それ故この二つの道は一直線を右と左とに別れて進むのではなく、円の上を一つは右に、一つは左にと歩いて行くに過ぎまい。ただ道筋が異るから、おのずから現れる風景も異る。ただ人々の性質や環境や、もろもろの縁に従って、その何れかを選ぶと云うに過ぎまい。何れがよいとか、一方でなければならぬとかいう窮屈な考えを持つ要はあるまい。但しその何れかを進む要は大いにある。ただ途中で止まれば、何れを選ぶとも意味は浅い。

概して云うなら「禅」は知の門であり、「浄土」は情の門である。知の方は教養のない者は中々近づけぬ。浄土の道が大衆によく交り得るのは、知を表通りにしないからである。禅僧の問答など読むと、しばしば火花を散らすが如く、或いは目前に鋒をつきつける如き観がある。そこにはいつも鋭さや気魄が目だつ。だから問答は間髪を容れぬ。一刀両断の閃きが冴え、ただの一句で、もう事が決まってしまう。油断などしていられぬ。こちらに躇いでもあれば遠く突き離されて了う。中々人を近づかしめぬ。

これに比べると、浄土の信徒妙好人の会話は、大概はもの柔らかく温い。朴訥で卒直である。だから人を断ち切るような趣きよりも、人と和して心に直かに訴えてくるものがある。情が表に出るためである。妙好人は多くは無学で田舎者だが、その体験の深さは、優に禅僧と肩を並べる。誠に妙好人の言葉や行いからは、計り知れぬものをもらう。彼等はとくに浄土門の信徒たちではあるが、むしろ彼等が現れるので、浄土門の教えの真実が保障されると云ってよい。学問に依らぬだけに、法がまむきに、直かに、裸で現れる。考えると経文や説法の千言万語も、結局はこういう人達に見られる安心の境地を、何とか描き出して、人々に知らせようとの親切によろう。

それでは妙好人は、どんな道を徹した人々なのか。ここでは道筋は禅者などと対蹠的なところがある。伝説では釈迦牟尼が降誕するや、右指は高く天をさし、左指は低く地を指し、「天上天下、唯我独尊」と唱えたといわれる。この言葉は禅僧によって好んで用いられ、ここに禅の極致がひそむことがしばしば説かれた。百千の禅語も要するにこの言葉の解明だと云ってもよい。またこれが最も端的に禅境地を示したもので、一切の問答は、詮ずるにこの言葉の意味を捕えるにある。

だが妙好人などに示される浄土門の極意は、いたく姿が違う。前の「唯我独尊」の言い方にあやかって云えば、妙好人は「天上天下、唯我独悪」を深く体験している人々だと云ってよい。「唯我独悪」というのは、この世に自分ほど悪い者はおらぬという自覚である。誰よりも自分が悪人だというのみならず、真実には悪人は自分一人なのだとまで気附かせてもらうことである。禅における「唯我独尊」の自覚と正に対蹠的であるが、しかし実は同じ境地を見つめているのである。一方は表から一方は裏からと云ってもよい。なぜなら自分の無限小を感じるその刹那こそは、自己を越えた無限大に触れ合うその瞬間である。自己の無限悪とは、自己の無限否定、即ち放棄を意味する。これが懺悔である。自己が残るなら懺悔とは云えぬ。この懺悔に身を棄てきる刹那が、救いの手に支えられているその時である。それ故これを他力の救いとは呼ぶのである。妙好人はこの経験を身を以て味わう人々である。「慚愧が歓喜」と歌われる所以である。

それ故次のように短く説いてもよい。自力の一門は自己の大を覚る道、他力の一門は自己の小を省みる道である。自力に立つ者は、その知を徹して一切の二相を打ち破ろうとするのである。この「二相」が、知から情に移される時「罪」と呼ばれる。それ故、「罪」こそは、知に乏しい民衆にとって、最もまざまざとした問題である。この悩みに答えようとするのが浄土門の教えである。だから罪の悩みに徹した妙好人が、多くは浄土門の世界に現れるのは当然である。妙好人とは詮ずるに、誰よりも罪に泣く者を指すのである。だから彼等には「唯我独悪」の厳しい体験が伴わぬ時はない。

この体験が彼等を阿弥陀仏に真向《まむ》かしめる。阿弥陀仏は救世《ぐぜ》の仏である。わけても下品下生《げぼんげしょう》の者を救わんがために、大願を立てた仏である。わずか六字の名号を口ずさむことで、浄土への往生がかなうと契ったその仏である。この六字に一切を任せきったのが妙好人の安心である。偉くならないまたなれないままで、安心を得させてもらったこれ等の人々を妙好人とは云うのである。彼等の功徳によらず、一切が仏の功徳によるから、他力が彼等を歩かせてくれるのである。彼等が歩くのではなく、歩けないままに、歩かせてもらっているのである。六字の生活がこの不思議を現わしてくれる。「南無阿弥陀仏」と口ずさむが、南無は帰命である。命を投げだすことである。ここで新たな生活が始まる。何もかも六字あっての事である。自他も生死も、凡ての二相が皆この中に吸い取られて了う。凡て仏法は、宗派の如何を問わず「不二」を説くが、妙好人は六字で「不二の生活」に入ったその人々なのである。それ故たとえ無学でも田舎者でも、仏法の体を身につけている信徒である。その行いや言葉に無量の値打ちがあるのはそのためである。学問のある者、主義のある者には、とかく知識の滓が残り、概念のために不自由にされる。妙好人にはこの汚れがなく、もっと端的で至純で、信心がまるまると現れている。ここがとても有難く、無量の教えを吾々に垂れる所以である。

二

元来ならこれ等の妙好人は、どの宗派にも現れてよいはずであるが、どうも浄土系の仏教に多いのは注意されてよい。それには色々の理由があろう。聖道門の諸宗は、知に訴えるところが大きく、相当の学識がないと中々近づけぬ。最後には知識を超脱するとしても、それに迫るには知的内省が必須になる。それ故この道は一般の無学な民衆とは交りが薄くなる。これが他の宗門から妙好人を得難い一つの理由だと云えよう。

然るに浄土系の仏教は、何よりも民衆を相手にする。本尊と仰ぐ阿弥陀仏が、他のもろもろの仏と異る所以は、十方の衆生を済度せんとする大願を発した点であり、なかんずく下品下生の者達を救う契いを立て、称名の易行を準備したそのことにある。それ故弥陀の大願の焦点は、実に下輩の済度に集注されているのである。このことを説いているのが浄土三部経であり、この教えを明らかにしたのが善導大師であり、これを一宗に深めたのが法然上人であった。それ故浄土宗は何をおいても民衆を相手とする仏教であり、その精神は「一枚起請文」などによく示されてある。一文不知の輩こそは、弥陀の大悲を残りなく受け得る者達なのである。これを事実として現わしているのが妙好人である。

然るに今日まで、また今日もなお妙好人が数多く現れるのは浄土宗ではなくして真宗である。もとより真宗は浄土真宗と称する如く、浄土宗を離れた真宗ではなく、真実な浄土宗の意味であるから、浄土宗と全く別なものということは出来ぬ。真宗の祖である親鸞は、どこまでも法然を師とし、その崇仰の念には真に篤いものがあった。彼自身は恐らく、別に一宗を建てるが如き意向はなく、ただただ師法然の真の法脈を栄えしめたいとの希願があったであろう。しかし彼の体験にはただならぬものがあって、浄土宗を一段と深く民衆の宗教に熟さしめた。事実真宗が別に一門として栄えるに及んで、益々民衆との接触を深めた。現状を見ると、真宗と民衆との交りは、浄土宗や時宗の場合とは甚しい差異が見える。その顕著な例は説教を重んずることである。

真宗においては今もそれが旺盛であって、かかる場面は他宗門では容易に見られぬ。在家さえもまた、自宅に説教師を招く習慣が濃く、真に民衆の仏法として今も活躍しているのは、ひとりこの宗派だと云ってよい。それも切々と情に訴える説法である。今も民間に、妙好人の歴史を見るのは、真宗の誇りとすべきところであって、このことは宗風が未だ衰えていない証拠である。これに比べるなら浄土宗、時宗は、民衆との接触において、遠く遅れて了った観がある。これは教えそのものに不備があるというより、僧侶の自覚の不足とその活動の微弱とに帰すべきものであろう。

しかし考えると、浄土の法門の存在理由は、在家に幾多の妙好人を出すことにあるのではないか。妙好人の存在こそは、浄土の法門を価値づけるものであって、もし彼等が現れなかったら、三部経も、祖師の説法も、学僧の教学も、何か架空なことを述べていることになろう。だがそれ等の一切が真実だということの何よりの証文が、妙好人によって示されているのである。この意味で妙好人の輩出こそは、一切の浄土系仏法に、ゆるぎなき基礎を与えるものと云えよう。こういう人達を産むことが出来なくなったら、やがて宗風の衰えを語るものと云ってよい。何しても信仰は、学説ではなく、活きた人間の生活に体現されねばなるまい。法然、親鸞、一遍の如き上人達の値打ちは、民衆に妙好人を打ち出す力を備えていたことにある。浄土宗も時宗も、もっと民衆との接触を密にしたら、妙好人史は更に数多くの輝かしい例を増すことであろう。

三

昔の妙好人の物語は、幾つかの「往生伝」に記録されているが、極めて断片的で、その信仰の生涯を審かにすることが出来ぬ。『妙好人伝』と題して上下四編の書物が編まれたのは、江戸時代も末で、天保安政の頃であるからそう古くはない。明治三十二年になって更に『新妙好人伝』二巻が追加された。これ等のものは、妙好人を紹介したまとまった書物であり、貴重な記録ではあるが、惜しい哉、各々の記述は余りにも短く、かつ通俗を旨とした説教風な収録であるため、信仰の生涯の生い立ちの跡などはよく分らぬ。

妙好人の生活がやや詳しく記録され広く流布され始めたのは『庄松ありのままの記』（明治二十二年活字版）で、次のは『清九郎実伝』（明治二十四年）、つづいて『貞信尼物語』（大正五年）、三田老人『信者めぐり』（大正十年）、『信者吉兵衛言行録』（大正十五年）などが刊行され、妙好人の深さをやや詳しく世に伝えた。何れも多くの読者を得て版を重ねるに至った。

しかし、妙好人を宗教哲理の面から考察した恐らく最初のものは鈴木大拙博士の『日本的霊性』（昭和十九年刊）の中にある二章で、つづいて単行本『妙好人』（昭和二十三年）が刊行された。その日まで不思議なことであるが、宗門の教学者達が、妙好人を主題として、宗教的真理を考察したものをほとんど見ない。恐らく妙好人達が民間の無学な人々であるため、その言葉や行いにとり立てて云うべき内容もないと考えられたのであろう。この事情は、丁度美学者や美術史家達が、今日まで民衆的作品、即ち民芸品を何等考察の対象としなかったのとよく類似する。しかし美が最も端的に自由にそれ等の民芸品に表現されているのと同じく、仏法の深い真理が、具体的姿をとり、いとも卒直に濁りなく妙好人達の言葉や行いに現れていることは、疑う余地がない。鈴木博士によって、これが鮮かに取り上げられ、一書を成して世に出たことは、誠に記念すべきことと云わねばならぬ。特に禅修行の人としての博士から、この一書を得たことに一段の意味があると思われてならぬ。

キリスト教内にも、妙好人に類する人は定めてあるであろう。私の知っている範囲では、ブラザー・ローレンスの如き人は妙好人と云ってよいであろう。彼は一介の料理人で一生を送った信者である。しかし妙好人の物語は特に日本仏教の特色ある一面を示すものであって、これが正当に海外に紹介せられたら、世界の人々の注意を集めるに違いない。それほど宗教的体験の人として驚嘆すべき性質を示している。将来日本は幾つかの文化財を通して、外国に寄与するところがなければならぬ。私はその文化財のうち最も大なるものを仏教に見るが、その仏教中、日本で特別の発達を見た浄土思想と、その具体化としての妙好人の存在とを高く評価しないわけにはゆかぬ。

〔一九五二年一月発表〕

『一遍聖絵　六条縁起』序

一

インドに発して、支那や朝鮮を経て、大乗仏教が日本に渡来してから、凡そ千五百年の歳月を経るが、その間に日本で最も円熟した仏教の流れが幾つかある。その中でも特に日本的だと思われるのは浄土系の思想である。平安朝の源信で蕾となったが、花として開いたのは鎌倉期で、誰も知る通り源空が出づるに及んで、遂に独立した一宗となり、名づけて浄土宗と呼ばれた。彼の学徳はよほど高かったと見えて、彼ぐらい優れた多くの弟子達を持った上人は他になかった。聖光、善慧、隆寛、聖覚、信空、明遍、長西、幸西、親鸞その他、皆消えることのない名を歴史に遺した。善慧の孫弟子に智真一遍が出た。爾来凡そ七百五十年、今日もなお命脈を続ける日本浄土系の仏教は三派を数える。一つは浄土宗で、これは鎮西派と西山派とがある。二つには浄土真宗、三つには時宗である。云うまでもなく法然上人と、親鸞上人と一遍上人とが、その各々の開祖である。

これ等の三宗は何れも三部経を所依の経文とすることにおいては同じであるし、また「無量寿経」に記してある第十八願を中心として、念仏往生を説くことにおいても一致する。それに何れも支那の善導、日本の源空を法祖として仰ぐ心においても一つである。しかし鎌倉時代の始めに現れたのが法然であり、中頃に居たのが親鸞であり、末に出たのが一遍である。この時代的推移は、やがて思想的発展をも示した。浄土思想は、法然において確かな根を下ろし親鸞において、見事な樹に育ち、一遍において立派な実を結んだということが出来る。

二

智真一遍の思想は前述の如く、善慧を出発とした西山派の流れを汲むものであるが、別に一宗の独立を見るに至ったほど、独自の性格を示した。想うに法然から親鸞へと、浄土思想は益々深まって行ったが、この思想は一遍に来たって遂に至る所まで至った観がある。彼はこれ以上には行けぬ所まで他力の道を徹底せしめた。そういう意味で日本で熟した浄土系の思想は、一遍において最後の仕上げを成したと云える。何が仕上げであったか。彼は一切のものを撰捨して、ただ六字だけを残した。彼には「選択集」もなく、「教行信証」もないのである。何か書いたと思われるが、死ぬるに臨み一切を焼き棄て、ただ六字の名号だけを残した。誠に執持名号を説く「阿弥陀経」の言葉をそのままに実践に移した。ここが彼の最も偉大なる所以であって、彼は法然の如く寺に止った僧でもなく、親鸞の如く非僧非俗でもなく、一切を捨てた聖（ひじり）として、その全生活を遍歴遊行に送った。そうして彼は彼の宗教思想の最後として名号の独一を説いた。どんな浄土思想もこれ以上には出られぬ。今日、宗風が衰えたために、一遍の偉大を説く者が少ないが、彼は鎌倉時代に現れた浄土宗教の最後の帰趣を示す者として、絶大な尊敬を受けるべきだと思える。

三

彼において他力の法門が徹せられたということは、彼において始めて他力門が自力門に邂逅したことをも意味する。ここがまた彼の思想の大なる重みであって、彼において自他二門が渾然としてくるのである。しかし彼の価値は、始めから自他二門の和を観念的に説いたというのではなく、どこまでも他力一道を徹することにおいて自力の帰趨に触れ合ったという点にあろう。彼は云う、「自力他力は初門の事なり」「自力他力を打ち捨てて唯一念仏になるを他力とはいうなり」、「自力他力を絶し、機法を絶する所を、南無阿弥陀仏といえり」。これ等の言葉は、彼の身自ら体得した宗教経験に由来するのである。

聖道浄土、自力他力、難行易行と分けはするが、それは都に達するまでの道筋の差違で、丁度山に登るのに右の道と、左の道とあるようなものである。各々の道は異り、見る光景も異り、里程も異るであろうが、しかし登り尽せば同じ頂きに達する。この頂きまで他力の道を徹したのが一遍上人であった。かかる意味で上人の宗教思想は、他の浄土思想家と違って、一つの異彩を放つものと云わねばならぬ。彼の言葉に禅的なものが現れるのは極めて自然である。「六字無生頌」というのがある。「六字の中、もと生死なし、一声の間、即ち無生を証す」とか、また「もと一物なし、今何事をか得ん」と云うが如き、禅僧の句とも云えよう。それが他力一道を徹しての句であるところに千鈞の重みがある。法灯国師との間に交された有名な和歌の如き、よくその趣きを語ろう。他力門の人々はとかく自力門を誇り、また自力門の人々は、とかく他力門を罵るが、これ等の問題の一切は、一遍上人において解決されているではないか。

四

時宗には名号のみあって、本典とすべき文書を欠くし、原則として遊行を専行とするのであるから、聖典中心寺院中心の仏教たるを許さぬ。この厳しさが却って今日時宗の衰微を来たしたとも云えるが、しかしその初期においては著しい感化を示して、真宗の如きは全くその比でなかった。恐らく市井に深く入って道を説いた一遍上人の人格的魅力に依るものであり、また第二祖他阿弥陀仏の長い努力に負うものであろう。それがためか、鎌倉時代に現れた幾多の浄土宗祖達の中で、その伝記の比較的詳かにされているのは、法然上人をのぞいては一遍上人だと云えよう。親鸞上人の如き、この点では史実に甚だ乏しい。

一遍上人は幸いなことに三人の弟子達によって異なる伝記が記され、そのうちの二つが現存する。一つは京都の歓喜光寺に伝わるいわゆる「六条縁起」で、一遍の弟であり弟子であり、遊行を共にした聖戒の筆になるもので、十二巻の絵巻からなる。これが上人滅後わずか十一年にして成ったのであるから、信頼のおける行状記であるのは言うをまたぬ。次のは宗俊の筆によるもので、「絵詞伝」と云われるもの、十巻からなり、うち最初の四巻が上人伝である。残る六巻は二祖の伝。完成したのは上人の十三年回忌の頃だと推定される。宗俊は二祖真教の門弟であるが、一遍上人にも面授した者であろう。大体「六条縁起」に依ったものと思われるが、多少の新しい材料を加えてある。第三のは第二祖真教の筆になり、十巻の絵巻となって、熊野権現に奉納せられた。だが不幸にしていつか失われ、今はただその「奉納縁起記」一巻だけが残る。この絵巻の喪失は誠に惜しみてもなお余りあるものと云わねばならぬ。

しかし以上のうち右の二種が現存することは、上人の一生を知る上に絶大な歴史的価値を有する。特に上人に関してはその思想文献が僅少であるから、これ等の伝記の存在は一層貴重さを増すと云えよう。

五

本書は実に右の二書を編纂したものであって、上人を想い、時宗を省みる人々にとっては、座右に欠くことの出来ぬ文献である。しかも本書は学術的良心を以て編まれ、本文の正確を期し、かつ困難なる字句には、一々丁寧な註釈を加えてあって、この種の本としては典型的な良著と云える。著者は時宗の宗門に育ち、僧籍に身を置かれているから、これ以上の適任者はない。私もこの一書に負う所が甚だ大きい。然るに長く版を絶ち、容易に得ることが出来ず、遺憾に思っていたのであるが、ここに補正せられた新版が出るに至り、長い間の渇きが充たされ、真に感謝に堪えぬ。これが機縁となり、一般の人々に一遍上人に対する関心が高まるならこの上ない悦びである。

希くはこの著者の如き有為の学僧によって、更に「時宗聖典」が新しく編まれ、また「一遍上人語録」が改め編まれることを望んで止まぬ。上人の大を想う毎に、私の如き宗門の外に在る者も、じっとしてはおられぬ気持である。親鸞上人に対しては、あれほど数多くの書物を見るのに、この捨聖に対しては、誠に寥々たる有様ではないか。この片手落ちは早く改められねばならぬ。別しても宗門の人達の責任は重い。

〔一九五二年八月発表〕

心ひかれる時宗

私は若いころ、東洋のもの日本のものが何でも古くさく思われ、西洋のものこそ新鮮で私を活かしてくれるものだと考えました。それで儒教だとか仏教だとかの教えはすべて過去のもので、新しい東洋には役立たぬと考え、ひとえに西洋の思想を省み、キリスト教を学び、教会にも通いました。聖書にはたくさんの赤線が引かれ、神学の著書なども好んで読みました。ちょうど絵画といえばルネサンス期とか印象派とかの作が最上で、東洋にどんな絵画があるのか別に振り向きもしなかった、と同じでした。

ところがだんだんキリスト教の思想を追求して行くうちに、その最も深いものは中世紀の神秘思想であるということが感づかれ、特にエックハルトの深さに動かされるにいたりました。カトリックの立場からは異端視もされましたが、彼は大した思索者だということに気づきました。ところがだんだんそれがわかってくると、そのうちに「無」というような思想がたびたび現われてきます。そうしてこういう思索こそは、私をしらずしらず東洋にもどしてくれました。「無名」とか「無為」とか「不」とか「空」とかいうなら老子も既に説き、仏典も早くから教えていることではないか。

こう気がつけば、一途に古いといって棄てていた東洋思想が、新しい心の糧になって来るのは必然でした。私は新たな気持ちで東洋の古典を読み始め、自分の今までの不敏を愧じました。しかし考えますと、私のキリスト教的準備は仏教を味わい直すのに大いに役立ったのですから、強ちむだな回り道であったのではなく、かえって仏教への見方に新しい立場を与えてくれたかと思われます。ともかく私は必然に東洋人に帰り、東洋に私の故郷を再び見出したのでありました。また東洋人が、東洋的な立場を持つということには必然さもあり、また東洋人としての自信を呼びさます根拠にもなりました。

東洋には儒教もあり、道教もあり、いずれも浅からぬものでありますが、何といっても最高なのは大乗仏教であります。大まかないい方ではありますが、その仏教は三方向に熟しました。思索としては華厳や天台の教義が最上であり、また直観的行為としては禅に過ぐるものなく、情的信仰としては浄土系の仏教が最も浄らかなものと思います。しかし前二者は知的な要素が濃いので、選ばれた個人の仏教であり、第三のものは民衆的なもので、「凡夫成仏」の教えであります。それ故前二つが自力宗となり第三のが他力宗と呼ばれるのは申すまでもありません。

私はそのいずれにも限りない敬意を抱かざるを得ませんが、その中で、現在私の心を一番引きつけているのは他力的な浄土系の仏教なのであります。理由をいろいろあげることが出来ましょうが、宗教を民衆のものとするためには、必然に他力的な道がなければなりません。大衆は充分自力に立ち得るような者ではないからであります。「衆生済度」ということを考えますと、どうしてもこの世には他力系の宗教が起り栄えねばなりません。私がこのことを強く考えるにいたったのは、一つには美の世界で民衆的なものを省みていたからにもよります。御承知の通り一切の民芸品の美は、他力的性質のものであります。

もともとこの浄土系の信仰や思想は自らの「小」を省みるところから発するのでありまして、凡夫という事実を見つめての道であります。そうして不思議ではありますが、その限りない「小」こそは限りない「大」に受けとられるその場なのであります。この宗で「南無阿弥陀仏」をいうのは、この六字に小と大との触れ合いが起るからであります。

有難いことにこの浄土系の思想は、たとえ支那で実ったものとはいえ、熟し切ったのは日本においてでありました。これを最も「日本的な仏教」と呼んでよいでありましょう。誰も知る通り、法然の浄土宗に発し、親鸞の真宗で深まり、更に一遍の時宗で清《ママ》ったのであります。

　もとよりこれらの三宗は、一つのものの、三段階に過ぎなく、歴史的に発展の跡を示すだけで、その優劣の如きを云々するのは無益だと思います。ただその中で最後の時宗は、浄土思想をぎりぎりのところまで押しつめたもので、教学も何も棄て、寺をも僧をも棄て、ただ「南無阿弥陀仏」の名号だけを残したという点で、最も徹底した他力的な立場だといってよいのであります。かかる意味で私は一遍上人の仏教を浄土系信仰の結語であると思うのであります。他力の教えは彼以上には述べる余地がもうないと思われます。

　ですが、ものの終りに達することはやがて二元からの解放で、ここで他力が自力に触れ合い、自他一如の妙境を現じます。私が時宗に最も心をひかれている所以は、この点にあるともいえるので、一遍上人が法灯国師から禅の印可を受けられたのを意味深く思うのであります。時宗はいま大変に衰えていますが、しかしこの宗派の深さはいつか識者から認められるときが必ずや来るでありましょう。日本で最も熟した仏教として、最高のものといえるのであります。

〔一九五三年五月発表〕

妙好人の入信

吾々が妙好人に就いて最も知りたいことの一つは、そういう人達が、どうして動かぬ信心を得るに至ったかの経路に就いてである。なぜなら入信に至る筋道こそは、宗教に心を寄せる人々にとって、何より切実な内容を示すからである。特に妙好人は、信者の信者とでも云ってよい人々であるから、その信心は、凡ての信心を代表するものと云ってもよい。偉い坊さん達が安心を決定するに至ったその歴史も、貴重なものであるが、しかし凡夫の庶民にとっては、妙好人の場合の方が、もっと親しみが深いとも云えよう。妙好人と呼ばれる人々は大概は無学で貧乏なのである。

しかし、今日まで彼等の事蹟を伝えた本は色々あるが、惜しいことに入信の経路を述べたものは甚だ少ない。

名を出そうなどということは夢にも考えなかった人達であるから、伝わらずに消え去った場合の方が遥かに多いであろうし、たまたま信心を物語ったとしても、筆を執る人が傍にいなかったら、そのままになって了う。それに今までは無学な信者のことなどはそう人々の注意を引かなかったのである。そのためか、妙好人の言行に就いての、多少詳しい叙述を見るのはここ百年この方である。

だが、その言行が比較的よく伝えられた『庄松ありのままの記』でも、どうして信心を得るに至ったかの経歴に就いては、何も記すところがない。もとより彼自らは文盲であった。ただ、周天と呼ぶ坊さんに目を開かせてもらったことだけが伝わっている。それでその坊さんを見る毎に「周天如来周天如来」と云って拝んだという。きっかけとなったのは、当時異安心《いあんじん》としてやかましかった「三業安心」に就いて諭されたことにあるというが、それ以上何も伝えられておらぬ。ただ後になって或る人が「三業安心」の良し悪しを尋ねたら、庄松は「三業どころか、一業もないには、こまるこまる」と答えたという。何を分らせてもらったのか。これで庄松の入信について多少の暗示は得られる。しかし、希わくはもっと詳しい事情が知りたい。

この点で、ややまとまった叙述は『吉兵衛言行録』である。彼は泉州船尾にいた魚の行商人であった。明治十三年七十八歳で世を去った。この妙好人は、余程偉かった人と思われ、その徳を慕って、「要聞庵」が建ち、そこに今も同行達が集まる。幸いにその貴重な言行が記録されて、版を重ねるに至った。

若い頃吉兵衛が聴聞して、どうも腑におちなかったのは「平常業成《へいぜいごうじょう》」の教えであった。「こうやって活きている平常の間に、浄土に往生する業因が成立する」という意である。即ち往生の因を得るのは何も臨終の時節を待たないとの教えである。吉兵衛はこの教えの実証を得たかったのである。彼は思い悩んで、妻によく承知してもらい、家を棄て果てしもない遍歴に出た。眼の当り、信心の人々に活きた仏を見たいのである。これに比べ自分の不甲斐なさを想い彼は蒲団にしがみついて男泣きに泣いた。しかとこの眼で見届けずば、死にきれぬとまで想い込んだ。どうしてもこれが分って安らかに死ねるように成りたい。彼はこの苦悶を胸に抱いて、彷徨《さまよい》の旅をつづけた。彼は真剣だったのである。「貴方は死ねるか」と人毎に尋ねた。

或る日「お前の問いに答えて下さるのは、西方寺元明様をおいてはあるまい」と教えられた。一刻の猶予も出来ぬ想いで、真夜中に旅立ち、空が白む頃住吉に着いた。そうしてその朝苦衷を訴えて、これが分らずば「私は死んで行けませせぬ」と述べた。元明師はこれを聴いて、「死なれたらよいかなあ」と独り言を云われた。そのあとで「御領解文《ごりょうげもん》通りかえ」と問われた。その刹那、はっと気附き「一遍に眼がついた」、「わしの御知識はこんな者の聞き心まで払うて下されたで」とその時を述懐した。

「安心して死ねるようにならなければどうしよう、このままでは、死んでも死にきれぬ」そう想いつめたのが吉兵衛である。ところが元明和上はただ一言「死なれたらそんなによいのか」と問い返した。霹靂の如くこの言葉は吉兵衛の胸を透した。「死ねてよく、死ねなくてまたよい」のが安心の境地ではなかったか。否々なぜ「死ねる見込みは始めからない身だ」と云い切れなかったのか。安心して死にたいなどと、どうしてそんな資格が自分にあるのか。蓮如上人の「御領解文」には、よもやそんな自力を許してはあるまい。死ねないままに、死なない命を受けるのが、他力安心ではなかったか。死ねるような資格を得てから、死のうとするのは、信心の教えに悖ろう。吉兵衛に夜明けは来た。彼は元明を慕って、その後をなおも追った。

大した入信の物語だと私には思える。吉兵衛の倦まざる求め、決して棄てなかった疑い、死を賭しての希い、想えば刻々に答えは近づいていたのである。否、むしろ答えが与えられているからこそ求めていたとも云えよう。元明の一言が、おのずとその扉を開いて見せた。蔭が暗かったのは光が強い証拠でもあった。彼の問いには、説明に多くの言葉などは要らぬ、むしろあったら邪魔になろう。ただ一言「死なれたらよいかなあ」、いとも単純なこの反語でもう充分であった。


私はまた記録を辿って三田源七の求道の物語を聞こう。彼は丹波の人で、早く父に別れ、これが縁で若くして聞法に心を傾け、遂に十九歳の時、家を棄てて遍歴の旅に身を托した。何とか信心を得たいと、ひたすらに、これのみを希った。そうしてこれを得ずば「二度とは家に帰らぬ」とかたく心に決した。彼は因縁に導かれるままに、明師から明師へ、信者から信者へと、求道の旅を続けた。有難いことに彼は異常な記憶の持ち主であった。考えられないほどに正確にまた細かく、聞き及んだ諸名師や信者達の言葉の数々を、同行に伝えた。それを筆録したものが世に出て、「信者めぐり」と題された。世にも有難い法義物語なのである。既に数版を重ねたから、知る人はよく知っていよう。その中に忘れ得ぬ入信の物語があるのである。

彼は数々の有難い妙好人に会うことが出来た。そうして数々の有難い言葉を彼等からもらった。しかし、機は中々熟してくれぬ。分ったようで分らぬものがいつも残る。何とかしてそれを払いのけたいのである。聞きたい聞きたいと彼は切なる想いに日夜をおくった。

はや極月の雪降る頃、彼の足は美濃路にさしかかった。そこの矢島村には篤信なおゆき同行がいると教えられた。「私は丹波の国の三田源七《さんだげんしち》と申す者でござりますが、一大事の後生が苦になり、この事一つが安心出来にゃ、国へ帰らぬと存じ、信者めぐりを致して、ここに参りました。」老婆《ばば》は親切にも彼を四日間も介抱してやった。だが若者の疑念はなおも解けぬ。彼は心ならずもここを辞して外に出た。おゆきは杖にすがりながら彼を雪の中に見送ったが、一、二丁ほどした時、「おおいおおい」という声がする。何かと思い踵を返すと、老婆《ばば》は若者の手をとって、こう尋ねた。

「これ兄様《にいさん》、お前は信心を得にゃ、二度と吾が家に帰らぬと云うたのう。」

「はい左様であります。」

おゆき「お前様は何処まで行かれるかは知らねども、いよいよこれで得られたというものが出来たら、御開山様と仏縁が切れたと思いなされ。元のまんまの相《すがた》で帰っておくれたら、御誓約通り故、さぞや御真影様はお悦びであろう。」

そう云うおゆきの眼には涙があった。だが源七にはその意味が分りかねた。「これが即ち、異安心という間違いものではなかろうか」とまで疑ったのである。ただその言葉は彼の胸にこびりついた。どういう意味なのであろうか。

越えて正月、彼は二十歳の春を迎えるや、三州阿知和村の松林寺に、なおも道を求めた。老院から「今まで方々を歩いて、どういうことを耳にしてきたか、聞かせよ」とのことである。ふと想い起したのはおゆき老婆の別れの言葉である。一部始終を述べ終って、「これが分りませぬ、何卒御一言お知らせ希えますまいか、分らずば二度と国元へ帰らぬ決心を致しておりますが。」

　これを聞いた和上、もろ手を打って悦ばれて云うには、「今時こんな味深い教えを聞かせてくれる者があるのか、それほどまでに聞かされているのに、なぜ俺《わし》の所などに聞きにくるのか」。和上はすぐさま使いを出されて、二人の同行を呼びにやられた。やがて急いで来た二人が「御用は何でございましょうか」と尋ねると、和上「外事《ほかごと》ではない。今、この男が、余り味好《うま》いことを聞いて来て、わしに聞かせてくれたので、一人で聞くのは惜しく、お前達を呼んだのじゃ。この男が美濃のおゆき同行に逢うて、別れのとき、かようかような御聞かせであった」と、逐一話をされた。これに聞き入った二人の同行は、踊り上って「これはしたりしたり」と悦び合っているのである。この場面を見た源七、はたと想い当るところがあり、分らぬまんまのお助け、持ったまんまの仕合せ、その姿のまんまと指された上は、もう何が外に必要となろう。源七はこの刹那に信心を頂かせてもらって、ほのぼのとした夜明けを仰ぐことが出来た。

　阿弥陀如来の無量の慈悲は、下々の凡夫に往生を果さすため、何の資格をか求めるであろう。資格あってのみ往生が出来るなら、往生の望みが誰にあろう。善導大師は「出離の縁あるなし」と言い切られたではないか。他力信心は実にこの言葉から発足する。だが不思議である、無限に小さい自己を見る時と、無限に大なる如来を見る時とは、同時である。「煩悩を断ぜずして涅槃を得」と、「正信偈」にはうたわれてある。摩訶不思議と云わざるを得ぬ。妙好人庄松は好んで子供達に「そのまま助くるぞ、助くるぞ」と云わせて、それを聞いてひとり悦んだという。或る人が、名僧の説教に感動し、独り言に「今日のお説教は実に有難かった。お蔭で、日頃の邪見の角《つの》が落ちた」と云う。庄松これを傍で聞いて「また、生えにゃよいが、角《つの》があるまんまと聞こえなんだか」と。

　真宗の教えは実にこの言葉を出ない。その教えに無量の有難味が湧く所以である。この世には様々な驚きがあろうが、凡夫が凡夫のままで成仏するということほど、不思議な仕組みはあるまい。

（因みに云う、源七は晩年西本願寺の門前に「ふでや」という旅籠屋《はたごや》を営んで同行達を泊めた。彼は昭和の始め八十何歳かで往生の素懐を遂げた。）

私は更にもう一つ入信の物語りを加えよう。それは源七と丁度同じ時代にいた源左《げんざ》の場合である。彼は因州山根の百姓で、目に一丁字もなかったが、若い頃から徳望は界隈に聞こえて、歿後彼を慕って村の人々は碑を建てた。ついわずか前、昭和五年に八十九歳を以て身罷《みまか》った妙好人である。

彼が疑いの生活に入ったのは、彼が十八歳の時、父が急死したのと、死ぬ刹那「おらが死んだら親様をたのめ」と言い遺したその言葉とが縁をなした。死とは何か、親様とは誰か。この二大疑問をひっさげて、彼は苦悶の道を辿り始めた。彼はその折のことや、遂に入信に至るまでのことをこう述懐した。

「おらあは、十八のとき親爺に別れたがやあ。死ぬる時、『おらあが死んだら親様を頼め』ちゅうたいなあ、親のないのが悲しゅうてならんで、なにをしても面白いこたあなし、おらあの心は、ようにとぼけてるってやあ。あんまり暮らしが悲しゅうて、親の遺言を思い出して、親心恋しさに親様を探し始め、昼も夜も考えたがやあ。それからずっとくやんで疑って、なんぼ親さんに背を向けたかいなあ。聞けよと教えられはするが、時には聞かん方がましだいなあと思ったことがあるだがやあ。聞けば聞くほど、むずかしゅうてなあ、寝ても起きてもむずかしゅうて分らんだいなあ。易しい道とは教えて下さるが、何で易かろうがやあ。仏さんも嘘を言われるがやあと思ったいなあ。どがあしても今度の親さんを探さにゃならいで、今度の親さんに棄てられたら、とりつく島もないだいなあ。易しい易しいと云われはするが、凡夫だによって、むずかしいだいなあ。おらあが心が邪慳でむずかしくなるだいなあ。仏には嘘がのうて、此奴《こやつ》が嘘にするのだいなあ。此奴はいけん奴だで、それを知らせてくれたのがデン（方言にて牛）であったいだいなあ。

或る日、草を刈って、幾束かをデンに負わせ、幾束かを自分でも負うたが、重うて負いきれず『おらあ負うたらと思うて負うたが、デンや、おまえ負わしてごせ』ちゅうて、荷を皆デンに着けたいなあ。その時『ふいと、ここがお他力か』とデンに知らせもらってなあ。デンは、おらあが善知識だがやあ。」

彼はこの最後の話に来る時いつも悦びを顔に泛え《ママ》、「その時夜明けさしてむらった」と云った。機は熟していたのである。刈った草を自らでは背負いきれず、牛の背に凡てを托した時、その刹那「ふいっと分らしてむらった」と彼は語る。「おらあデンめえに、ええ御縁をむらってやあ。かえりにゃ御親さんの御恩を思わしてむらいながら戻ったいなあ。勿体のうござります。ようこそようこそ。」

妙好人の日々の暮らしは、実にこの「ようこそようこそ」という言葉の中に包まれているのである。

受け難き恩を受けたる悦び、それを受くる吾が身への慚愧、この不思議なる仕組みへの讃嘆、それを許されたる恵みへの尽きぬ感謝、こういう一切の宗教的情操が、この一語に温く編み込まれているのである。それは、不定と決定との結ばれである。慚愧と歓喜との繋がりである。穢土と浄土との縁である。実にこの秘義を説くことこそ念仏の教えである。南無阿弥陀仏の六字とは何なのであろうか。とりもなおさず、凡夫と仏との結縁なのである。二と一との即入が六字の相《すがた》である。

だがこんな仕組みを、気附かせてもらうまでには、信者達に、どんなに苦しい彷徨《さまよい》があったであろう。発足は実に疑いから始まる。問うべき問いが心に起らねばならぬ。否、本来、問いに活きるのが人間なのである。人間とは省る者との謂いではないか。だから問いが切実であればあるほど人間は人間に成り切る。因縁に導かれて、或る者は早く或る者は晩く、或る者は弱く、或る者は強く、疑いの雲に被われるのである。その暗さが濃ければ濃いほど、心の動きは生き生きしてこよう。

だが信者達に見られる第二の特色は、その疑いを決して棄てないことである。弱めないことである。倦むことなく疑いを抱いたことである。だからその苦しさから逃げずまた隠れはしないのである。悩みや悲しみに堪えぬいてゆくのである。否、更になおその疑いを強めて行くのである。誤魔化すことなく、それに当面して、志を曲げないのである。

かくして第三に、光を追うことであるのは言うをまたぬ。道を求めて答えに迫るのである。易々と悟りを得ようなどとするのではない。多くの坂路を越え、波風に犯されることを厭いはしない、彼等は真剣で誠実なのである。このひたむきな求めにとって、愚も賢も、そんな差別は消える。

これを自力の行と見做す人があるかも知れぬ。だがこの行は、もっと深い人間そのものの祈りから発する。彼一人の好みとか、彼一人の気質とか、そんな浅く狭いものではない。自らの求めではなく、求めさすものが後ろにあるのである。彼が光を求めるのではなく、むしろ、光が彼を招くのだと云う方が当ろう。それ故、もっと正しく云えば、光が彼をして、光を慕わしめているのである。だから、光が光を求めることである。それ故、彼の眼が弥陀を見るというのではない。弥陀の眼が弥陀を見ているに外ならぬ。

信心とは凡てが弥陀に吸いとられることである。「ようこそようこそ」とは弥陀の妙技に見入るその刹那の讃嘆である。

だが、その讃嘆は何にもとづくのか、終りもなきみじめな自らを省ることによる。誰よりもよこしまな自分を見つめることによる。否々この世に悪しき者と呼ばれるのは、この己れ一人であることを気附くことによる。もはや、救わるべき縁さえも残らぬ。真裸で自分を投げ出すより道はない。これは自殺を意味しはしない。自殺などはまだ自分を持ち出しているに過ぎぬ。そんな甲斐性すらないのが吾が身である。

だが、何一つ力の持ち合せがないと気附く時、誰よりも罪深い身だと知らされる時、突如として世界は変る。なぜなら、こうやって生きていることは、凡て他の力にあずかっていることを示す。だから逆境とて直ちに恩寵につながる。吾が力がいとも哀れなものだと知れば知るほど、蒙るお蔭のいや多いことが知られる。念仏の教えは、何よりも吾が小を知らせる道である。なぜならこれのみが大なるものに交らしめるからである。

ある人が、源左に向って嘆いてこう云った。「全くわしゃにせ同行だいなあ。」源左「にせになったらもうえだ。中々にせになれんでのう」と、本当に自分がにせものだと分らせてもらったら、こんな大したことはない。その時のみが、本当のものに触れる時だからである。

自分の罪を省る者には、どんな出来事も身に余る恩恵ではないか。いつだとて冥加に余る暮らしなのである。ここで勿体ないとは、何を意味するのか、価なき自分にふりかかる恵みのことである。否、誰にも増して自分の上に加えられる恵みである。否々自分一人にのみ、ふり注がれる恵みなのである。

弥陀の五劫にわたるという思惟は、誰よりも小さな吾れを目当であったと分ろう。自分をおいて、どこに、弥陀の正客があろうか。

「親鸞一人がためなりけり」とのさけびほど、深く他力信心を語る言葉はない。実に凡ての妙好人は身を以てこの事実を味わった人々なのである。

〔一九五五年四月発表〕

真宗素描

一

幸いに一夏を城端《じょうはな》別院で過ごすことが出来た。これは越中砺波《となみ》郷第一の寺刹である。輪番始め五ヶ寺の方々の並々ならぬ厚誼に浴した。近くには井波の別院もあって、このあたりは門徒の故郷と呼ばれてよい。近くの五箇山は、あの信者道宗の物語で今も聞こえる。誰の口にもそれが郷土の誇りとして伝えられる。加賀、能登に隣する国とて、真宗は今もさかりである。蓮如上人の足跡が四百五十年後の今日もまだなお新しい感じである。上人が宿られたという家すら残る。国境を越えて飛騨に入るとその峠に上人が休まれたという岩が昔のままである。信者にとっては今もなつかしい思い出である。上人の手蹟を伝える寺院や道場はその数がいたく多い。妙好人も決して過去の物語ではないのである。草深い田舎の家々に人知れずしてその法灯は今もゆらいでいるのである。

家々の仏壇は眼の覚めるほど立派である。たとえ家は見すぼらしくとも、仏壇には財を傾ける。この仏壇こそは家の中心である。否、生活の中心がそこにあると云ってもよい。まばゆいばかりの金色で塗られ、綾なす彫りや、輝く扉や、光る輪灯や五具足や、よろずのものが揃う。もとより中央に高く弥陀如来がその慈眼を注ぐ。どんなに荘厳にしても、まだ浄土の美しさを現わすには足りぬとさえ云うように見える。恐らくどんな宗門もこれほどまでに仏壇をきらびやかに飾るまい。簡素な禅宗のそれとはよい対比である。灯明の光は日夜ゆらぎ、供物は高々と盛られる。朝夕の勤行には怠りがなく、どの村々も称名の声は絶えない。

新しい日本は、赤色の思想が浸み込んで行く世代に、信仰は衰えきったと思われようが、このあたりばかりは、篤信な者達が大勢いて、互に信心を語り合い、称名を相続する。主に年老いた男や女達ではあるが、若い者達も、その雰囲気の中で小さい時から育ったのである。だから、大概は「阿弥陀経」や「正信偈」ぐらいは空んじているのである。それに親しげな「お文《ふみ》」がある。経机の上にそれを入れた箱を置かない家はあるまい。

寺にはしばしば説教がかかる。別院のような大寺では一年中ほとんどそれを欠かしたことがない。時としては家庭に説教者が招きを受ける。本山からもしばしば派遣される。熱心な者は、それ等の説教を、あちらからこちらへと聴聞して歩く。それにも増して著しいのは同行の寄合いである。御示談《ごじだん》、即ち法談が彼等の間で取りかわされる。お互の信心を糺明し合うのである。時としては、烈しいまでに追求される。念仏の奥義を極めようとする熱意の現れである。それはほとんど禅堂における公案問答の類いにも等しい。話はしばしば火花を散らすほどである。これが彼等の信仰をどんなに鍛えているか分らぬ。彼等の心は、凡て南無阿弥陀仏一つに結ばれてゆく。だから篤信な者になれば、行住坐臥凡て念仏である。むしろ念仏の中に生活が浸る。彼等があって称名があるというよりも、称名の中に彼等がいるのである。また、これでこそ始めて真宗の信者ということが出来よう。

二

大体、今の真宗は、信者の真宗と云ってもよい。またここに真宗の面目があるとも云えよう。坊さんに偉い人達もいるであろうが、真宗を支えている力は、何といっても平信徒にある。実際坊さんに力のある場合はむしろ少なく、また彼等がいつも篤信な人だとは云えまい。これは何も真宗に限ったことではないが、僧侶の内容はいたく下っているのが現状である。結局は宗教的人材に乏しいのであろう。信仰に徹している人は乏しく、ただ職業的に坊さんになっている場合の方が多い。これは一つには世襲の制度から来る避け難い結果とも云える。だが有難いことに、在家の人々の中に極めて篤信な者が出るのである。その信心の純なるにおいて、遥かに坊さんを越える者がある。それ等の人々の信仰こそは、法を守り寺を守り信を守るのである。

真宗の凡ての寺院は全くそれ等の篤信な平信徒によって維持されていると云ってよい。それ故檀徒の多い寺院には、経済的不安はあり得ないのである。遠忌があれば募金は容易に運ぶのである。修繕を要せば、木材は進んで寄進される。食物は米穀から疏菜に至るまで、しばしば初ものが上進される。いざという時には村々の人達は、その手継寺を守り別院を守り更に本寺を守る。それはしばしば国税を凌ぐほどの負担であろうが、悦ばしい務めとして進んで喜捨する。寺には「勧喜所」の大札を見かける。捧げるのは主に町家の人々やお百姓達なのである。彼等は別に金持とは云えないし、中にはずいぶん貧乏な人もいるのである。それ故特に北陸のような門徒衆の盛んな所では、檀徒の多い寺の住職やその一家は、さながら王侯のような暮らしをする。実際本堂や庫裡の構えが立派で、その客間の如き宮家を凌ぐほどの豪華さである。何も北陸ばかりではなく尾州三州の如き、また芸州の如きも同じであろう。たとえ震災火災戦災に襲われても、最も復興の迅速なのは真宗である。この点では他の宗派は及びもつかぬ。戦時中幾多の梵鐘が供出に潰えたが、早くも朝夕に鐘が鳴り始めたのは真宗の寺々である。それほど信徒の熱意が寺を眠らせておかない。坊さん達の安泰な暮らしを見ると、冥加に余るという感じを受ける。これで信仰に振い立たずば、信徒に申し訳ない次第である。人間はとかく幸福な境遇には、安逸になりやすい。その温室のぬくみを徒らに貪る者が少なくない。良心があったら額に汗するであろうに、信心に精進もせぬ坊さんがどんなに沢山あることか。

凡ての貴族階級に大した変動の来た今日、なおも貴族にまさる生活が続けられるのは、本願寺始め、真宗の大きな寺々である。それは飢えを知らない。たとえ彼等が飢えるはずでも、有難いことに信徒が彼等を飢えしめない。これはそもそも誰のお蔭なのであろうか。蓮如上人の力に因ることなのか。教えを素直に受け容れる善男善女の心に依るのか、ともかく仏法僧への護持は、今も真宗が最も固い。

三

平信徒達の信心には実に徹したものがある。私の或る知人がかつて信者に向って、こう語ったことがある。「あなた方は、坊さん達に全く利用されているに過ぎまい。坊さん達は『わしの檀徒が』などと鼻であしらっているが、大概は信心もあやしいやくざな坊さん達である。寄進するお金が何に使われるのか、知れたものではない。そんなお寺に喜捨などするのは馬鹿げたことではないか。」一見無理からぬ批評だが、思いがけなくも色をなして答えたのは信徒である。「私共は仏様のお蔭で日夜を暮らしている身、坊さんがどう云うお方であろうと、説かれる仏様そのものに上下はありますまい。その仏様をお守りなさるお寺のために、少しでも尽させて頂けるのは、これまた仏様の御恵みではないでしょうか。」この答えには返す言葉がなかったと云う。批判と信心との隔りは遠い。

実際信者には、批判は二の次なのである。批判の力が乏しいためというより、批判など要らぬ信心を握っているからと考えてよい。だから、信心を持たぬと批判だけが残るのである。批判がない方がよいとは云えぬが、更に信心を持たぬ方が優るとは云えまい。信心は、批判の働きを越えた働きを現す。そこには何か無上なものが働いているものである。ここが不思議なのである。

私がいつも心を惹かれるのは、真宗のお説教である。その説き方と聞き方とである。説く方は多く節で語り、聞く方は南無阿弥陀仏で受け取る。それを馬鹿げたものだと見る人達も中々多いが私にはそうは思われぬ。真宗の学者達、特に新しい教育を受けた人達は、彼等を談義僧などと云って蔑むが、果してしきたりの説教はただ笑うべきものであろうか。

聞いていると、キリスト教、特に新教の教会などで行われる説教とは、いたく違う。何から何まで違うとさえ云える。キリスト教の牧師達は、何れも知識人であって、知識的な説教をする。そこにはしばしば哲学や倫理学や社会学や経済学も織り込まれる。一人の思想家としての説教である。だから理論が主になる。聞き手も多くは若い学生で、これも多かれ少かれ知的教養を受けている者達である。

それ故、説教から期待しているものは、宗教への知的な解明である。特に宗教哲学的な深さを要求する。学徒は知識に飢えているのである。この場合、話し手も充分に批判的たろうとするが、聞き手もまた批判して聞く。それ故、彼等の批判を満足させる説教者には、多くの聞き手が集ってくる。つまり聞き手はいつも取捨選択を自由にする。彼等は批判して聞くからである。語る方も、自己の信じる教え、考えている真理に就いて、自由に表現する。何れも個人的批判に訴えるのである。（この点で公教《カトリック》は新教と大変に違う。）聞く者は主としてその理論に感じるのである。納得するのは理論が整然たるからに依るとも云える。

四

ところがこういう場面は、真宗のお寺ではほとんど起らない。信者達は先ず批判者の立場に立たない。聞き手が多く学問もない者だし、それに年とった人が主だからとも云えるが、しかし簡単にそう説明しただけでは筋が通るまい。本当の信仰というようなものは、元来ただの批判的知識からは出ないのだと思われる。信仰は受容なのである。素直な受け取りなのである。分別が生むものではないのである。無心と結ばれない信仰はないのである。ここで無心というのはただ無意識ということではなく、謂わばものに即する心であるから、知るよりも更に多くを知るとも云える。ただの知が不充分なのは、ものから離れる様に終るからである。

それ故驚くべきことには、聴聞する身になると、説教者が誰であろうと、また説教の内容が知的でなくとも、一向に躓きにならない。その教えを通して仏の声に耳を傾ければよいのである。それ故知識を納得させる説教を聞きにゆくのではなく、有難さを受け取りにゆくのである。謂わば法悦に浸りにゆくのである。

真宗の説教者とその聞き手との態度を見ていると二つの著しい事柄に出会う。一つは話し手は誰でもよいということである。もとより話上手な人の力、また深い信心の人のは余計有難いであろうが、話し手の如何は少なくとも二次的なことに過ぎなくなる。有難い話なら、誰から聞こうと有難いのである。第二は聞き手は念仏して聞くのである。有難い言葉はいつも南無阿弥陀仏の声で受け取るのである。そのお念仏の声に、教えが呼び掛けているのだとも云える。説教が今を酣《たけなわ》になると、しばしば念仏と喜捨とが雨の如く降り注がれる。こんな法悦の様は、新教の教会などでは全く見られない。

だから或る意味では説教があって、説教者はないとも云える。有難い話なら話し手が誰であろうと、しかく関係はない。だから極端に云えば説教者が俗僧であろうが、また無学な人であろうが、そんなことはそう気にかからなくなる。説教者を批判して聞くのではないからである。

それ故、説教者は何も知識的な学者でなくともよい。否、知識が説教になると、真宗の説教にはなり難い。聞く人は知識をもらいに行くのではないからである。それ故、説教は同一のものが繰り返されても、別にかまわない。有難い話なら何度聞いても有難いわけである。実際真宗の説教者には一種か二種の話より出来ない人がいるそうである。同じことを何辺となく繰り返してそれで押し通している人がいるそうである。説教者としては正に落第であるが、これを落第させないのが信者の聞き方である。どんなに繰り返しても、聞き手は一遍一遍これを新しく受け取る。そこが素晴らしい聴聞のしかたである。話は同一でも、聞き方は新鮮である。「茶」の方で「一期一会」などいうし、禅では「日々是好日」というが、篤信な信者にはそんな趣きが見える。だから信者の受け取り方で説教が創造されてゆくと云ってもよい。南無阿弥陀仏の声はそのしるしなのである。だから前にも述べた通り、話し手の深浅にそう関係がなくなる。

こういう事情が原因となったのか、真宗では説教を節附けでやる。少なくとも話が高まると、抑揚韻律のある節に入る。これが必然な伝統となってきたのである。近頃の学僧たちは、こういう節附けをとかく蔑むが、しかし、ここに発展したのは、由って来る充分な理由があると思われる。信徒たちは有難い仏の教えを聞きにくるので、説く人の主観に接するよりも、それを越えた客観的な仏の声に接したいのである。説く個人は誰であれ、普遍なる教えに浸りたいのである。だから、話し方は個人的な色の濃いものよりも、非個人的な型の説教に入ってゆく。話が型を取る時、自ら節附けになる。節となれば、もはや個人のものではなく、万人のものに変わる。誰が説教をなそうと、型の説教であるからその話し手の如何を問わない。話はむしろ話術に托される。真宗の説教は一つの芸術だとも云える。このことは特に、無学な聞き手には有難いのである。知的理解を通さずして、直接仏の声に触れることが出来るからである。民衆仏教たる真宗が、その説教を節附けてするのは極めて必然である。

もし説教がプロテスタントの教会での場合のように知識的な理論に訴えるものであったら、恐らく門徒には退屈な感を与えるに過ぎまい。そういう人達の情操に訴える節附けの説教が、一入感銘を深くさせるのは当然である。だから面白いことに、たとえつまらぬ坊さんでも素晴らしい説教の効果を挙げることが出来る。それは偏えに客観的な型に入った説教をするお蔭である。信者達は話し手が俗僧であるかどうかを気にかけない。彼等は批判しにお寺に通うのではない。有難い教えを頂きに行くのである。掌を合せて教えを拝みにゆくのである。そこに真宗の説教の特別な性質があると云ってよい。

五

こういう話し方や聞き方は、批判時代に育つ人達、特に学問をした若い青年達には、一寸見当もつかぬことである。それどころか馬鹿気たことにさえ思われるであろう。もう過去の道だと一笑に附するであろう。実際、無批判的であるということは決して望ましいことではない。知識を受けたからには、充分それを働かす務めさえあろう。しかし問題はそう簡単ではない。批判が無いのはいけないが、同時に批判に止まるなら新たな欠陥である。その欠陥が今の知識人には多く、知識で整理さえすればそれでよいと考える。学問をした者、批判的な者は、知識を後生大事にするため、とかく概念の中だけに働いていて、それを超えることが出来ない。そのため知識的な理解はあっても、無心な信仰は握れない。持ち得るものは、せいぜい手際よく割り切った理知的了解というに過ぎまい。

しかしそれでは宗教の世界には入れない。知が直ちに信になるのではないからである。畢竟知は相対性を出ることが出来ない。信の求めるところ、また現すものは「絶対なるもの」である。知は所詮懐疑に終始するから、分別を越えることが出来ないので、「絶対なるもの」にどうしても触れることが出来ぬ。

無学な人達、むしろ無学のお蔭とでも云おうか、端的に絶対なものを受け容れることが出来る。知識を通すという遠路を選んでいない。そこが驚くべきことなのである。知識を持つ吾々は、彼等が無心に捕えるものに、容易に近づけない。この場合、吾々は彼等の無学を嗤うよりも、吾々の学問の脆さを省る方がよい。

無学な信者と云っても、思想がないわけではない。しばしば内的な反省や宗教的自覚は鋭くまた深いのである。知識人が容易に捕え得ない驚くべき思想を端的に把握する。このことはかかる把握が、知だけを通して得られるものでないことを示すであろう。真理を捕えるものは分別の力ではないことが分る。少なくとも分別だけでは不充分なことが分る。どうしても分別未分の境地に入らぬと、活きた分別が出て来ない。禅宗でいう非思量の思量がなければならない。こういう理解は真宗の妙好人などには充分に働いているのである。だから無学な彼等の言葉から、却って限りない教学を建てることすら出来よう。少なくともその信仰は、どんな学問的結論とも立ち打ちが出来るのである。これは吾々知識人には正に驚愕である。

六

城端《じょうはな》の別院はとても大きな寺であって、端から端まで廊下が一町近くも続く。こんな大きな伽藍や庫裡が、何れも信仰の力の現れなのを思うと、真宗そのものの大きさを感じる。四、五里も離れていない所に井波の別院があるが、これも同じように尨大な建物である。この界隈は雪の激しい土地である。冬になると建物を守るために、積る雪を屋根から下ろさねばならない。これが年々の一大行事である。しかし近在の村々から屈強な青年達が集ってきて、悦んで力を献げる。山門の雪を下ろすなどは、村と村との競争にすらなると聞いたが、こういう気風こそは、この大伽藍が今なお存続する所以である。

門徒達は別院にはどこまでも忠誠である。いつまでこういう信心が続くであろうか。赤色思想が入り込めば、いち早くこんな伽藍を、無用の長物だと云って、打ちつぶすかも知れぬ。しかし無信心は、信心の代りにどんな働きを見せようとするのか。北陸地方の門徒の気風は容易には斃れまいが、しかし寺々に住む坊さん達は、将来蒙るべき反動について、今のうちとくと反省があってよい。いつまでも篤信な善男善女に頼り切って、泰平を夢みることは許されまい。第一宗教的自覚が惰眠を許さぬはずである。

真宗の僧侶には今一大自覚が必要ではあるまいか。何より宗教家としての任務や使命を果すために、現状を打破する要があろう。寺が信徒によって支えられるのはよいが、僧侶もまた支えの柱でなければなるまい。果してそのことを考えまた行っているであろうか。門徒に対して、もっと自らを恥じてよくはないか、むしろ謙虚であってこそよくはないか。真宗の僧侶の多くは、果して僧侶たるの資格を持っているであろうか。このことは何も真宗に限ってのことではない。しかし篤信な門徒のことを想うと、真宗の坊さん達にこそ、とりわけこの自覚が必要であるように思われてならぬ。中には篤信なまた偉い坊さんもいるに違いない。しかし当然なこの資格を、凡てが持っているとは云えないのが、悲しい現状である。

七

大体、宗祖親鸞聖人の宗教家としての特色は、自ら標榜した如く、「非僧非俗」たることにあろう。つまり「在家仏教」をはっきりと建てたことにある。もしこの精神を受け継ぐべきが真宗人の立場であるなら、真宗に僧侶があるのがもともとおかしい。元来真宗人は沙弥であり居士であるべきではないか。僧籍に身を置くのは、宗祖の求められたことではない。一介の在家の信徒であってよくはないか。「非僧非俗」と僧とは違う。ここに真宗が他に全くない特色を示していると云ってよい。ここにこそ真宗の生命の生命があると云えないであろうか。

然るに今の真宗には僧侶があって、その位置を貪る。これが一つの矛盾であるのみならず、その上に僧としての資格を示し得ないなら二重の矛盾があろう。その多くは「僧であって、しかも俗」なのである。肉食妻帯は俗であり、法衣法位は僧である。一寸考えると「非僧非俗」と「僧而俗」とは似ているようであるが、そうではない。後者は僧のくせに俗なのである。俗のくせに僧たるのである。それは「非僧非俗」とは全く違う。実際には非僧を真似て肉食妻帯し非俗を真似て僧位についているに過ぎない。むしろ「非非僧非非俗」とも云うべきか、即ち「僧而俗」なのである。宗祖の「非僧非俗」とどんなに立場が違うことか。この明らかな撞着を、今の真宗は何と解するのであろうか。

一体、真宗はその本来の性質として寺院を持つべきではあるまい。むしろ宗祖が寺院を持つことを避けられたことにこそ、絶大な意義がありはしまいか。真宗という宗団が漸次に出来て、周囲の各宗に対立し、その威権を保つ必要上、寺院と僧侶とを持つに至ったのであろう。信仰を同じくする宗団が起った限り、仏を祭り、説教を行い、法会《ほうえ》を営む一定の場所が必要となるのは当然であろうが、それは一つの道場、一つの寄り所であってよく、何も寺院となすべき要はなかろう。

今も越中の秘境五箇山に入ると、寺院ではない「道場」が、あちらこちらに残って、法灯を守っているのを見かける。経を読み、お文《ふみ》を読み、袈裟をかけ、時に説教をするのは、その土地の百姓の一人である。彼は僧位を持たないが篤信な者なのである。この形態の方が、どんなに原始教団に近いか分らぬ。道場は在家の人々の寄所であって、これこそは「非僧非俗」に活きる精神の現れと云えよう。

寺院が出来、僧位が生まれ、制度が敷かれるようになって以来、真宗は尨大な宗団になったかも知れぬが、それだけに真宗としての純度を失い、寺院と僧侶とにまつわる諸々の制約から逃れることが出来なくなったのである。寺院を持ち僧侶を擁することに功徳もあったであろうが、その弊害は今や著しいものとなったのである。もともと寺院僧侶を持つそのことが真宗の面目を失わしめているのである。このままでは他の宗派と何も異る所がないではないか。宗祖の偉大な「非僧非俗」の立場が傷つけられているではないか。

想うに、もし真宗が寺院を放棄してそれを道場に還元するなら、一段と新たな力を輝かすであろう。そうしてこの僧侶がその位置を棄てて、平《ひら》の在家の信徒として立つなら、この宗派は著しい特色を発揮するであろう。

もしなおも僧侶として位置を守ろうとするなら、当然僧侶としての任務を果すべきであろう。僧にして俗たる如き曖昧な位置に止まるべきではあるまい。この点では一定の寺院を守らず、僧の位をも貪らず、遊行《ゆぎょう》を旨とした時宗の如きは、同じ念仏門の道として、ずっと徹底したものと云えよう。もっとも今は時宗とても気息奄々たる有様なのは、遺憾の限りである。真宗の大きな使命を想う時、寺院を廃して道場に戻し、僧侶を止めて居士に帰ることを望むや切である。この再出発こそ、真宗を真宗たらしめる大道であると思われてならぬ。

八

戦争が終ってこの方、最も呪われてきたのは封建制度であった。これに引きかえ、民主民主の声が高い。封建制度の一切が悪いとは云えまいし、民主的なら何でもよいと考えるのは早計であろうが、封建制の弊害に著しいものがあるのは、親しく吾々の嘗めて来たところである。この新しい時代に際して、この旧制度は必然に崩壊し始めたが、歴史的推移として、当然な成り行きであろう。しかし不思議なことに、ただ二つの世界において、今も頑固に封建制度を守るものがある。その一つは実に真宗で、他の一つは茶道である。真宗は両本願寺の大谷家を中心にその封建制が固く守られ、茶道では両千家その他の家元に執拗に残る。後者に就いては別に一文をものしたいが、何れも共通している点は、法主や家元の如き無上に権威あるものを立て、しかもこれを世襲制に置くことである。これ等は典型的な封建制の現れで、今もこの性質を固守して崩さない。この点では真宗の法主は天皇の位置に甚だ近い。実際宮家と縁を結ばれたり、高爵を得たりして、益々法主の位置は貴族化され神聖化されるに至った。

それに封建制の避け難い結果でもあるが、国粋主義者、軍国主義者が天皇を笠に着て、それを利用し、自己の権利を張り、政治的力を保ったのと同じく、僧侶は法主や御連枝を利用して、その周囲に群がり、栄誉を貪ろうとする。逆に本山の方でもこれを活用し、納める金子の多寡によって、寺格や僧位を定める。丁度、免罪符を金と引き換えにした中世時代のカトリック教団と近い趣きがある。一方は栄達と一方は金子とこれが相寄りもって、真宗という大きな所帯が維持されているのである。真宗における僧侶の階級の煩雑なる区別は驚くばかりである。何が故に、かくも多くの階級が必要なのであろうか。ここに封建制の暗い一面が如実に現れているのである。

九

信者は極めて篤信であって、法主と聞けば活き仏に思う。丁度天皇を神と崇めたのに近い。信者は極端になって、例えば法主の入られた風呂の湯を有難がって飲む者すら出る。

考えると信心もここまで来てこそ本ものだとも云えるが、しかし第三者として離れて批判すれば、凡ての法主が活き仏たる資格をもつとは云えぬ。凡ての御連枝が有難い宗教家だとは限らぬ。中にはずいぶんひどい俗物もいよう。信仰のことなど、てんで分らぬ者も出よう。もともと宗祖の心を充分に汲み得る如きは、稀有な人に限るとも云える。法主が偶々そういう資格の人だとは期待出来まい。蓮如上人のような人物は、それこそ例外だとも云える。時には坊さんに成りたくない人、なる資格のない人、なることの嫌いな人、俗人よりももっと俗な人、そういう人達が大谷一門から出るのは必定である。それというのも世襲という制度から来る悲喜劇である。それ故法主がいつも有難い宗教家だとは保証されておらぬ。世襲だとどうしてもこういう矛盾が起ってくる。

信者にとっては、法主が実際どんな人であるかを問う要はないとも云えるし、それを始めから問うようでは、信心が純だとは云えぬであろうが、それだけに法主の責任は重い。法主ならどんな人物でもかまわぬとは云えぬ。それを自省もなく、法主で押し通していることに、今日の真宗の危険がある。いつか封建制にもとづく破綻を露出しないわけにゆくまい。法主であるなら、名実共に信徒の師表たるべき人格者でなければならぬ。望むらくは最も深い宗教体験の人でありたい。

この点ではローマ公教の法王の方が、どんなに合理的だか分らぬ。それは世襲では決してないのである。公教徒の信望を担った学徳兼備の宗教家が、選ばれてなるのである。これに比べると真宗の世襲の如き如何に宗教的内容が薄弱であろう。

私の考えでは、この際法主は潔く下野されるがよい。そうして信仰に志があるなら沙弥として出直されるがよい。さもなくば原始時代のそれの如く、宗祖の廟を守る留守職で満足すべきである。一宗の僧侶の長、宗徒の主としての法主に止まりたくば、心を改めて信仰の人として立ち上るがよい。その資格がなくば下野すべきである。

それと共に、凡ての僧侶も僧籍を辞して、居士として信仰を維持すべきである。そうして前にも述べた如く寺院を廃してそれを道場に戻すべきである。真宗の特質、真宗の大は、どこまでも在家仏教、居士仏教たるべきことにある。これを実現することが真宗に課せられた巨大な使命だというのが私の見解である。これこそ宗祖親鸞聖人の衣鉢を継ぐ所以ではないか。

真宗は早く法主から解放され、寺院から解放され、僧侶から解放され、世襲から解放され、新しい大道に新たな歩みを進めるべきである。早くその封建の殻を打ち破って、真実の民衆宗教として立つべきである。

一〇

真宗の本質はかかる民衆宗教にあると思われる。然るに奇異なことには今の真宗ほど貴族制を守る宗派はない。法主とその一門たる御連枝とは、全く貴族階級に属し、大きな寺院の院主もまたさながら貴族の如き生活をする。いとも不思議な現象だと云わねばならない。

だが有難いことに活きた真宗は、それ等の貴族的な人々の手に在るのではない。片田舎の名もない善男善女に、信仰の髄が握られているのである。平信徒のこれ等の人々のうち、特に篤信な者は、「妙好人」の名で伝えられる。

感謝すべきことには、彼等は今も、人知れずあちらこちらに見出されるのである。実にこれ等の人々を生むことこそ真宗の絶大な功徳だと云わねばならない。実に真宗の大きな存在理由の一つは民衆の中に「妙好人」を生むことである。学僧を持つことは他宗にも見出されよう。しかし「妙好人」は浄土系の仏教徒の中に特に多く見られるのである。しかも真宗においてもそれが最も多い。この事こそ真宗の誇りであり強みである。彼等は何も学問の人ではなく従って教学を建てる人でもなく、また高い僧位を得る人でもない。だがゆるぎなき安心、濁りなき信心、謂わば「白木の念仏」を、称え得る人なのである。どんな教学も、この信心に比べては二次的である。こんな「妙好人」を他のどんな宗派が今も生み得るであろう。真宗の真宗たる所以は、かかる民衆に在家に宗教を建てている点にあろう。

私は何も真宗の信者が、誰も無学な平信徒であってよいとは考えぬ。思索する者、学問する者は当然現れてよくまた現れるべきであって、学識ある善知識として、民衆の信仰を訓育してよい。教学もまた決して無益ではない。それによって信者は一段と思索を深め、それを組み立てることが出来る。ただそれ等の学問はひとえに在家仏教たる真宗の面目を守護し発展せしめんがためであって、学問のために信仰を生活から遊離せしめてはならない。また学問のために民衆の意義を忘れてはならない。そうして信心が学識より一段と基礎的な本質的なものであることを認めるべきである。

想うに「妙好人」が輩出することにこそ、宗祖の願いがあったのではあるまいか。ここにこそ真宗の強みがあるのではあるまいか。私は何も「妙好人」だけでよいとは考えぬが、しかし私は在家仏教としての真宗の面目は、それが民衆的性質を持つ限り、「妙好人」を生むことにその生命があると考える者の一人である。

近時「民」の字が多くの面で重んじられるに至った。そこに新しい世紀の意義があるなら、民衆宗教として立つべき真宗に、限りない新鮮な使命を感じないわけにゆかぬ。民衆と宗教との問題が起る時、如何に真宗が解決の巨大な指南となるであろう。

二

真宗が省るべき弱みに就いて、更に一つを加えよう。それはとかく芸術との縁が薄いことである。この点で日蓮宗とは一対をなすとも云える。何もないとは云えぬが甚だ乏しいのである。古い仏教、法相、華厳、天台、真言等がその表現として幾多の優れた芸術的作品を持つことは、誰も知っている通りである。今日、日本の国宝になっているものの多くは、それ等仏教系のものであるが、その間に真宗の占めるものはいたく少ない。あの禅宗が芸術と深い関係を持っていることも周知のことで、それが日本人の美的教養に及ぼした功績は大きい。特に「茶」とは因縁が深く、禅刹には茶室を設けるものが、どんなに多いことか。

これに対し念仏宗はどうであろうか、これは絵画の分野で多くのものを生んだ。慧心僧都はあの高野山にある大作「聖聚来迎図《しょうじゅらいごうず》」を描いた人だと云うが、その真偽は別として、何れにしても「二十五菩薩来迎の図」を始め「山越の弥陀」とか「来迎三尊仏」とか特色ある円相を持ち、この系統を引いた浄土宗にも行き渡った。これ等の図相は古い浄土相と共に念仏門の芸術的功績を語るものと云えよう。特に日本的な独特の画調として永く讃えられるであろう。

別に念仏門に時宗があるが、これは音楽の面で特色を示した。同じ名号《みょうごう》を唱えるにしても、時宗ほど韻律的美しさの念仏を持つ宗派は他にあるまい。天台の声明と共に讃嘆されてよい。別事念仏の法会の如きは甚だ神秘的象徴的表現に富んだものである。その踊躍念仏も一つの芸能的表現に達した。

これ等のことを想うと、独り淋しいのは真宗である。本願寺の如き大伽藍ではあるが、建築として美しいとは決して云えぬ。この宗派が生んだ絵画や彫刻を探しても、創造的なものを見出すことはほとんど出来ない。音楽の面でも同じ恨みが多い。なぜ真宗は大宗派でありながら、芸術的表現において特筆すべきものが乏しいのであろうか。

想うにそれは教義の影響に由るものであろう。真宗は今までの念仏門の教えを越えて、「不来迎」の思想にまで進んだ。「平生業成《へいぜいごうじょう》」を説くことは、来迎の観念を越えることでもあった。あの絵画的な場面の来迎相や浄土相は、信徒の憧れの的ではなくなったのである。

第一、本尊たる弥陀の彫像にさえ、そう執心がなかった。なぜなら真宗では彫像より画像をと云った。しかもその画像にも多くの愛着はなかった。画像よりも名号を更に求めた。それ故、六字の名号、即ち「南無阿弥陀仏」の文字を本尊と崇めた。これは教義の一つの純化とも云えるが、これが風習となって、真宗から彫刻や絵画を尊い去った。もっとも寺という寺の本堂、また在家の仏壇に弥陀如来の彫像を安置はするが、ただ形式的なものが多く、佳作を見ることが少ない。それに真宗が興隆したのは、ずっと時代が下って蓮如上人の頃からであるから、時代的にも秀でた作を持ち得なかったとも云える。

もとより、鎌倉時代または足利初期のものに国宝となった絵画が幾つかは見出せる。本願寺に伝わる「御伝抄」の絵図とか、専修寺に残る「信行雨座図」とか、何れも古色ある名画である。また、同じ名号でも光明本尊の方が古いから「南無不可思議光仏」とか「帰命尽十方無碍光如来」とか記した本尊に美しいものが見出せる。しかしそれは初期のもので、伝統としての真宗の彫刻や絵画は特別の発展を見ることがなかった。中で宗祖の一代記の如き度々画題になってはいるが、見るべき佳作は続かなかった。

今日の真宗寺院には本尊のほか、七祖の絵像とか宗祖列祖の図像とか、聖徳太子の御影とか、また在家には弥陀如来の掛軸などを掲げはするが、末期的な形式に沈んだものが多く、芸術的な香りの高いものが乏しい。もっとも有名な「安城《あんじょう》の御影」とか「鏡の御影」とか、ただならぬものがあるが、素描に近いものであるし、一般の絵画とは性質が違う。宗祖の影像も幾つかあるが、私は越中五箇山で足利時代のものと推定される佳品を一軀見ただけである。他に何かあるとしても数は乏しいであろう。宗教芸術の分野で、真宗が寄与したものは、むしろ貧しい。少なくとも他宗に比べて誇るわけにゆかぬ。

ただひとり日蓮宗が芸術的に貧困なのは、余りにも争闘的気風に始終するからであろう。少なくとも、争闘を好む人に好まれた宗派となったためであろう。もっとも、日蓮の生涯を叙した版本や七難の図を示した版画などに見るべきものは多少ある。

民衆に深く信仰が入って行った真宗のこと故、何か民画なりにありそうなものである。優れた大津絵に弥陀如来や来迎図はあるが、何れも浄土宗系統の図相である。民間に流布される版画の類にも、これぞと想うものが少ない。私が探し得たものは、わずか「聖徳太子伝絵」の類であって、肉筆である。これは東北のいわゆる

「隠し念仏」で用いるものであるから、もとより広くは流布されておらぬ。従って絵画史などにも上ったことがない。

想うに真宗はその教えが何もかも南無阿弥陀仏の六字に帰入するから、それ以外にそれ以上に求めるものがあり得ない。どんな図相もこれに比べては二次的になる。真宗が祈禱を持たず現世の利益を希わず、ために拝むべきもの、慕うべきものを六字以外に持たぬ。これが恐らく彫刻に絵画にその表現を追わなかった主要な原因ではないであろうか。

加うるに真宗が一般の宗教として栄えたのは八世の蓮如上人以降であるため時代が降り、末期に近づき、凡ての芸術が低調になったその影響を免れることが出来なかったのによろう。誰も知る通り江戸三百年は、仏教美術史の中で最も低い位置を占める。しかもその期間が真宗の教学の最も複雑化した時期である。

二

しかしひとり真宗のみが産み出した特色あるものが一つある。広い意味でこれを工芸の部門に入れてもよい。それは寺院でまた在家で用いる聖典の類である。主要なものに三つある。一つは「三部経」、一つは「和讃」、一つは「御文」である。この中で「三部経」は凡ての念仏宗に通じるものであるから特に真宗のものと云うわけにゆかぬ。のみならず「三部経」のうち書物道の上から見て美しいのはむしろ真宗以前のものと云えよう。法然・良忍・永観・源信・空也へと時代を溯ると、いよいよ美しくなるとも云える。それ故、真宗以後のものは「和讃」と「御文」とによって代表される。これ等二つの書物こそは、真宗以外に求めることが出来ぬ。ただそれだけなら、各々の宗派に各々の仏書があるから、取り立てて云うべきほどのことはない。然るに、取り立てて云うべき性質が別にあるのである。特に二つの点が目立って見える。一つは片仮名交りの版本として最も古いものの一つだと云うこと、第二は版式や装幀が全く独自の様相を持つことである。一言で云えば、版本として、また写本として、極めて美本であることが鮮かである。

もとより片仮名交版本としては「和讃」より古く、足利初期に行道山版の「夢中問答集」があるがしかし「和讃」（文明五年初版）、「御文」（証如証判天文六年頃）の如く、広く流布して民間に行き亙ったものではない。

三帖和讃は正信偈を加え、四帖一部として、蓮如上人によって開版されたが、その漢字の字画・書体・仮名の形などいずれも特色が鮮かであり、かつ民衆に読み易からしめるために、句切りの所に間隔を設けたり、漢字には左訓を加えたりして、実際上の用に備えてある。本の大きさもやや小型で、勤行のために便をはかってある。

和讃初版本（蓮如花押）の最上なものは加賀四十万の善性寺に見られる。同じ年記を持つが同版木の仮名遣い及び誤字を訂正した新版に「色紙和讃」がある。法主または御連枝の用と云うが、その最美なものを越中城《じょう》端《はな》別院に見ることが出来る。黄と朱との紙が交互に用いられ、周囲に箔置を施したもので、その美麗なること、有名な光悦本に優るとも劣らない。私だったら国宝に列せしめるであろう。「御文」即ち「御文章」は、恐らく実如証判の写本に最も美しいものを見るであろうが、版本としては実如証判のが最初である。古格あり、文字の大きさ、及び形、その配列、本の大きさ、用紙など、他の宗教書類と面目を異にして、真の独自の仏籍だと云わねばならぬ。用紙は厚く良質なもの多く、かつ雲母摺のものが少なくない。ただ「和讃」及び「御文」共に初版本が最も格において高く、惜しい哉、版を改める毎に格が下って来たのは、時代の弱まることを示し、致し方ない次第である。両書ともにしばしば箱を持ち、これに甚だ美しいのを見かける。御文五帖の入る分は、時として五つの引出しを持つ小箱になる。

民衆の手に届けたこれ等の二種の版本こそは、人々の信仰を篤く育くんだ心の糧であった。それもただの本ではなく、見事な版本を、凡ての在家に行き渡らせた。このことこそ、真宗の絶大な功績であった。他のどの宗派がよくこのような民衆的な書物を流布させ得たであろう。妙好人が真宗に最も多く現れる所以は、かかる書物の存在に、その一つの原因がありはしまいか。浄土宗に時宗にこのことはなかった。「選択集」には見事な刊本があるが、民衆のものではない。「教行信証」は古い刊本すらないが、これは学僧のみが読み得る本である。「和讃」と「御文」とによって始めて民衆との邂逅が密になったのである。共に蓮如上人の配慮に依ることを想えば、如何に上人が真宗の大成に重大な役割を果されたかが分る。

しかし宗祖現れてこの方七百余年の星霜を経た今日、真宗の様態は著しく変り、上法主から下僧侶に至るまで、果して宗祖の遺志を継ぎつつあるであろうか。人が無いとは決して云えぬであろうが、全体として信仰の衰えを感じないわけにゆかぬ。これは何も真宗のみのことではないが、ひとり在家仏教を標榜するこの宗派において、その社会的使命には絶大なものがあろう。各地に今なお人知れずして法灯を継ぐ、妙好人こそは真宗の希望であるが、更にその光を盛んならしめるために、今こそ宗門に大きな改革があって然るべきではないか。今のままでは沈みゆく一途であると思われてならぬ。世界の宗教に寄与し得べき価値のある真宗の使命を想うて、心配でならぬ。

一三

真宗の歴史にしばしば起る出来事は異安心の問題である。寛政の昔僧智洞によって起された。いわゆる「三業惑乱《ごうわくらん》」の大紛擾や、能登頓成の異解の如き、その典型的なまた大規模なものであった。この異安心、邪義の問題は遠く宗祖この方反復せられ、唯円の「歎異抄」も異解への抗議であった。そうして本山は代々その正統的宗義を擁護することに甚だ勉めた。このことは実に明治大正に至っても繰り返されたが、真宗に現れる特異の現象とさえ云い得るであろう。

この異安心の問題はキリスト教のカトリック(公教)における「黒表」と全く同一の性質を持つものと云ってよい。公教では、書物は凡て認可制を取るのであって、読むべからざる書物は凡て黒表に列記され、閲読を禁止される。宗門内に異解を立てる者が、追放の処置を受けたことは、歴史上幾多の事例がこれを語っている。近世ではマアテルリンク、ベルグソン等も黒表に列した。

真宗においては、(否、凡ての念仏宗においても) 教義の内容に微妙な点があって、正邪が表裏の如く相接する場合が多い。そのため一歩誤ると行き過ぎが起る。この是正を常に行わぬと、教えそのものに危険が起る。これを避けるために、正統なるものと、然らざるものとを、はっきりと分ける要があろう。文字通り邪義を立てた者が少なくない。それに対する戦いが、異安心の歴史を成したとも云える。しかし、何故、宗義を立てることに各人自由であってはならないのか。なぜ正統なものを立ててそれのみを守らねばならないのか。どういう必要が、異安心の争いを繰り返させるのか。

想うにこの争いは、個人の自由を主張することと、宗団の秩序を守ることとの対立なのである。宗団は多くの信徒を包含することであって、特殊な個人の位置に止まらない。この社会性に対しては、凡ての者が共通に守るべき秩序が要る。各々の者が勝手に自由に振舞うなら、秩序は保たれず、従って強固な宗団を形作ることが出来ない。各人が自己の思想を表現してその高揚を固守するなら、一致は破れ、団結は乱れるであろう。それ故、異義をみだりに許すわけにゆかぬ。

異義は常義に対して邪義となろう。正統な常義を守ることによって宗団の結合を計らねばならない。これが異安心を警戒せしめる動機である。それは宗団の平和持続にとって、止むを得ない制度なのである。異安心を許すなら宗団は決して強固には結合されない。異安心は分離であって、個人的な異見と云うに過ぎない。それ故全体としての真宗を活かすために、少数の異義者を棄てねばならない。ここに葛藤が生じるのである。

何が正統なることを標榜せしめるのであろうか。宗祖以来その教義本筋を守り育てた者達によって伝承されたものを云うのである。謂わば伝統であって、個人のものではないが故に、客観的妥当性を帯びてくるのである。そこに権威が生じる。この権威は気ままに生まれたものではなく、必然さがあって、長い間大勢の者が支持してきたものである。かかる正統的伝承なくして、宗団の結合はあり得ない。思想の正脈は、共有のもの、公有のものなのである。それ故、これを安全なるもの、正常なるもの、順当なるもの、と呼んでよい。多くの人々が共に便れるものなのである。

しかしそのために異安心を無下に蔑み、その凡てを誤謬だと云うのはどうであろうか。思索の歴史には発展がなければならない。永遠の反復は死だとも云えよう。異安心は時として停止する思想への、修正ともなり得よう。異安心と云えば、始めから邪義の意にも取れるが、それには二つの区別があると思われる。一つは宗祖の意を誤って受け取るものである。だが一つはその意を更に深めようとするものである。例えば、法然や親鸞が流罪にあったのは、時の仏教を誤る異安心と考えられたからである。明慧、解脱両上人の如き人々にとってさえ、しかく考えられ、「摧選択」「断選択」が叫ばれたではないか。しかし法然や親鸞の新しい説は仏法を誤るものであったろうか。

いわゆる異安心の中には、時として独創の閃くものがあり、洞察の鋭利なものがあろう。凡ての異説が歴史の発展に対して無価値だとは云えぬ。

例えば、西洋中世紀におけるエックハルトの如き好個の例証ではないであろうか。彼は幾多の表詮において正統的でないものを持ったために忌避せられ、遂には追放せられた。彼の如き独創的な大体な思索と表現とを持つ者は、とかく誤解を招きやすい。教会は危険を知って、この思索者を避けたのである。彼の自由よりも教会の結合を重んじたのである。だがその思索の深さで、独創的な点で、当時の教会より、彼の方がもっと進んでいたためとも云える。離れて見る時、彼の深さは、追放に葬り去るにしては余りに深い。いわんや彼は無信心者ではつゆなかったのである。もとより彼は異安心を唱えた故に偉大なのではなく、深いが故に却って異安心と受け取られたのである。独創的な神学を理解することは、当時の教会にとって容易ではなかった。「凡ての真理は彼から隠されていない」と人々から讃えられたに拘わらず、教会はむしろ真理を濁す者と判断したのである。どっちが正しいであろうか。たとえ教会の処置が正しかったとしても、今日エックハルトの大は否定出来ぬ。彼から幾多の深い真理を吾々はもらう。またもらうべきであろう。異安心の名で彼を葬り去るにしては、余りにも彼の思想には深遠なものがひそむのである。

これ等の事実は将来の真宗にとっても示唆の多いものではないであろうか。秩序は大切である。しかし秩序の内容は、日に深まってよい。吾々は危険な異安心を注意せねばならぬ。吾々は無自覚に吾々の自由を主張してはならぬ。しかし本山も彼自身思想の向上を怠ってはならぬ。守ることのみ知って、拓くことを知らないなら、いつかは枯死するに至るであろう。宗団はいつも溌剌たるものでありたい。

〔一九五五年四月発表〕

仏教に帰る

一

私の若い頃の気持は、今の若い人々のそれと何も根本的に変ってはいまい。ともかく過去の日本は古くさく思われ、新しいものをと偏えに追った。ほとんど凡ての若い者は、反抗的である。これがあるために生長があるのであるから、そういう反抗が何かの意義を背負っていることは否定出来ぬ。ただ若さのために、反抗の内容がとかく皮浅なものに流れるのは止むを得ぬ。年を重ねて思慮が深まれば、行き過ぎのために損もまた大きかったことを気附くのは当然である。だが若い頃は何もそんな反省はなく、一途に新しいものに意義を感じ、周囲を振り向こうとはせぬ。外国のものに心酔するのはそのためである。目新しいからである。心酔するほどであってこそ、充分受け取れるのだとも云える。こういう心理は若い者の特権とも云えるが、そのままでよいとは云えぬ。若々しさは一生涯あってよいであろうが、それは何も「若さ」で止まれという事ではない。人間は年齢の恩沢に充分に浴すべきであろう。いつまでたっても若いままではこまる。年とらずば、つまり経験や知識を積まぬと分らぬ真理が色々とあるからである。

しかし世界の中で、一番新しさに心酔しているのは日本人ではないであろうか。他国においてすら新しい出来事が、いち早く伝わって来るのは日本である。言葉や身なりや様子まで、洋化されるその速度はとても早い。

こんなにも惜し気なく自国のものを棄ててかかる国民は、他に一寸いないかと思われる。なぜそんなに外国を崇拝するのであろうか、この「外国」は、今では欧米の事を意味するが、旧くはシナであった。ほとんど何もかも範をシナにとり、シナ通であることが、その当時の教養ある文化人を意味した。それ故漢学の素養が何よりも緊要であった。ただこの場合面白いことには、漢学が古典文学の教養をいつも要求した事である。孔孟、老荘の教え、または詩聖の文章、それに仏典への勉学など、何れもその教養の欠くべからざる基礎をなした。

かかるシナへの尊敬が、今は西洋へと移った。ただ後者の場合は、必ずしも古典の教養を出発としていないことに著しい違いが見える。今のは精神的な古典より、科学の方が主体である。この相違は、日本の新しい文化内容をずっと物質的なものにさせた。これは二義三義の西洋を追っていることをも意味する。

では何故、かくも容易に西洋崇拝に堕ちるのであろうか。一つには在来の因襲が中々重く、これから解放されようとするのである。今では日本的なもの、東洋的なものは、吾々を縛り、吾々を過去に結びつけるほか、何ものでもないと考えられるからである。それ故西洋的なものに自由さ新しさを感じ、在来の経験や知識にないものを、そこに見出すのである。しかし第二の理由は、前述の如く東洋の文化に見出せなかった科学の発達に驚嘆したことである。今の文化が主としてその上に築かれているため、東洋の立ちおくれを感じ、従って西洋の優位を見出し、吾々の劣勢を恥じる気持を生じるに至ったのである。かくして驚嘆は崇拝を誘った。それ故西洋化が、文明化を意味するに至ったのは当然な成り行きであった。そうして何人も西洋化を進歩のしるしとして疑う者はなかった。この傾向が西洋への追従、摸倣を来たしたことは必然である。先進国は前に後進国は後ろに歩く順位を生じ、これが上下の位をすら意味した。これが西洋崇拝を根強いものにさせた心理的事情であると思える。

吾々がこれによって、色々新しいものを教わり、ために生活を一変させ、かつてなかった文明の恩沢に浴するに至ったことは疑う余地はない。軍隊の装備化、政治の体制化、法文の合理化、工業の機械化、文芸の自由化、その他宗教、言語、風俗の近代化等々、何れも西洋崇拝とその追従のもたらす結果であった。それ故この勢いの前に、過去の風や日本的なるもの等は、惜し気もなく棄てられ、多くの者はこのことに矛盾を感じる暇すらなかった。

この現象は明治になって顕著となり、今度の敗戦によって一段と拍車をかけた。例えば衣服の変遷、絵画の推移などは、その具体的な姿を明確に反映するものであろう。

二

私は明治の子である。その半ばに生まれた者である。いわゆる「文明開化」を謳歌した時期に生を受けた。私も多くの例に洩れず、今までの東洋的文化を一途に古くさいものと感じ、西洋のものこそ新しい生活に役立つのだと思えた。また日本を新時代に導く力は、西洋の宗教であり、哲学であり、文芸であると思えた。それ故、学校において漢学の時間などには、倦怠を感じた。後から考えると私共の先生には大した立派な学者がいた。岡田正之、小柳司気太両氏の如き一流の漢学者がいて、その風貌もまた大いに異彩があった。しかしそれ等の先生の値打ちを知るにしては、私共は余り若過ぎた。漢学の世界は、もう吾々には縁の薄いものであった。今から思うと、もっと漢文を勉強しておけばよかったと惜しまれもするが、しかし当時は、英語の方が斬新であり魅力があった。漢学で現わされている文学は既に縁の遠いものに変っていた。

私共は文芸の面で『白樺』を発刊して、同人相寄って仕事をしたが、よくその歴史が示す通り、扱った文学も絵画も彫刻も宗教も、ほとんど一切が西洋のものであった。例えば美術を例にとるとしよう。その頃私達は西洋のものの方にずっと詳しく、東洋のものはほとんど貧弱な常識を出ることがなかった。どんなに偉いものがあったとしても、東洋的たるの故に、顧る気持がなかった。おくれた表現だと一口に片附けていたに過ぎぬ。まして、新時代を背負う道とは如何にしても考え及ばぬことであった。『白樺』の挿絵はこれのまがいもない表現で、東洋のものを扱い出したのは、発刊してから十余年の後であった。

同じように、キリスト教は私に大きな魅力であった。儒教はもとより、仏教の如きは、全く時代にそぐわぬ宗教に過ぎないと考えられ、将来日本を救うものはキリスト教だと考えられた。もとより漢文を怠けたために漢字による古典が、楽に読めぬに引きかえ、聖書の方は翻訳が現代文であるから読みやすい。それで私はキリスト教に関する新しい書物を読み、神学を学び、教会に通い、多くの説教を喜んで聞いた。中学から高等学科にかけての頃である。その頃は実際偉いクリスチャンがいた。内村鑑三、植村正久、海老名弾正その他錚々たる説教者がいた。今からすればその当時私が理解したキリスト教の如き、誠に浅いものに過ぎなかったのは事実であるが、それでも受け入れようとする気持ちには純なものがあった。ともかくキリスト教は仏教や儒教などよりは、吾々にとって「新しい」ものであることだけでも、魅力があった。恐らくこの「新しさ」こそは、その当時、多くの若い者をキリスト教に誘った原因であったと云える。私もその一例に過ぎぬ。

私は大学において、席を哲学科に置いたが、その頃は哲学とは西洋哲学を意味するもので、東洋哲学などというものは、ごくぼんやりした存在に過ぎないものであり、将来に活々した役割を果し得ないものの様に思いこんでいた。だからプラトン全集は買っても、一冊の「起信論」にさえ、手も触れぬという始末であった。

ところで、キリスト教の勉強は、最初プロテスタントの神学から始まったのであるが、深い思索は、古い時代に溯るほど豊かになることが気づかれ、逆に近代より中世へと溯るに至った。このことが、やがてプロテスタントよりカトリックへと私の注意を誘ったのは必定であった。ところでキリスト教真理を追求して行った時、中世紀の思想の中で、私を最も引きつけたのは神秘思想であった。何故なら、そこに最も深いキリスト教的体験と思索との結晶を見たからである。私は能う限りその文献をあさり、私の書斎はそれ等の本で所せましに至った。(今でもその文献は日本では最も有力なものかも知れぬ)。

ところでその神秘思想家の中で、最も私の心を打ったのは、十四世紀の神学者エックハルトであった。この宗教家は今でも私にとっては第一流の思想家であると思えてならぬ。思索が深遠で鋭利で自由で、その説教の或る言葉は、宗教そのものの箴言であるとさえ云ってよい。彼の大胆な表詮は当時のカトリックから異端視され、遂に追放の憂き目に会い、ために彼の本は「読むべからざる文字」として排斥され、カトリックからは全く封じられているのである。当時若い日本人たる私にとって、プロテスタントとカトリックとの反目の如きは、ほとんど問題ではなく、むしろ対立する心の狭さの方が目につくので、カトリックにおける「ブラックリスト」のことも、私にはさしたる問題とならなかった。むしろエックハルトの如き思索者を見棄てる見方の方に、愚かさや不自由さを見ないわけにゆかなかった。異安心だと云って見棄てるにしては、彼の説教には珠玉の如き言葉が充ち充ちているのである。「読むべからざる本」ではなく、凡てのクリスチャン、凡ての宗教家が「須らく読むべき本」だと思われてならぬ。国境を越えた普遍な真理に充ち充ちているからである。今でも私はその頁を繰ることを楽しむ。人間としてよくもここまで考えぬいたものだと思われる場合が多い。

三

ところがエックハルトを読んでいると、しばしば「無」という文字、「空」という文字などが現れてくる。神の絶対性を説く時、どうしてもそこに触れてくるのである。神は人に対する概念ではなく、何か不二なるものなのである。不生のものなのである。思索がここに到達して行くのを見守った時、私にははたと思い当るものがあった。既に「無」という、この言葉は何なのか。早くも「無」を説いたのは、東洋の思想ではなかったのか。老子は「無為」を云々し、仏説は「空」を随処に説いているではないか。それ等は何を意味するのか。面白い廻り合せではあるが、エックハルトは私をして東洋に振り向かせる機縁になった。遠くまで捜しに出歩いた真理が、近くに在るのに初めて気づかれた。私は「道徳経」や「維摩経」や「起信論」を手にして、一時は茫然たる有様であった。一途に古くさいもの、役立たぬものと考えていた東洋の古典が、新しく真理の泉になろうとは。

私の東洋思想への排除は、誠に概念的なものであった。別にこれこれという明らかな理由もなく、ただ反抗的にそれを過ぎ去ったものとして、始めから棄ててかかったのである。因習の弊害もあることであるから、考えると、強ちこの否定に理由のないこともない。しかしそのために、始めから何ものをもそこに見ようとはしないのである。省みると、それは反抗心に囚われて、心が不自由になっているからで、必然に一方的な見方に落ちていたのである。実は新しい自由を求めて、新しい不自由に堕ちている矛盾に気附かなかったのである。今の若い人々といえども、私のかつてのこの不自由さを、やはり繰り返していることが、どんなに多いであろう。それは若さからくる未熟さの故で、致し方もないのである。それは歳月を待ってのみ改まることなのであろうか。ともかく私にはそうだったのである。

私はここで改めて東洋の古典をむさぼる如く読み始めたのである。ところが何ものもないのだと思い込んでいたそれ等の思想の中に、大したもののあることが気づかれるに至った。しかも有難いことにその特色を知る上に、私のキリスト教的教養は非常に役立ったのである。私は今もキリスト教の神秘思想を尊敬して止まぬ。しかしそれであればこそ東洋の思想の深さをも見返し得るに至ったのである。それ故迂遠な道草をしたとも云えるが、しかし無駄骨を折ったわけではない。道を遠くに求めたればこそ、近くに在ることが分るに至ったのである。今にして思うと東西両洋の思想を幾分なりとも見得ていることは、私にとってどんなに幸いなことであるか分らぬ。

そうしてキリスト教のみが、新しい東洋を救う力だと思い込んでいたのは、ひとえに新しきものを追う反抗的な若さの故で、決して東洋の思想をよく省みての上のことではない。事実私のそれまでの東洋に関する知識内容は、極めて貧弱でまた皮浅なものであった。実に無智に近いのに、それを過ぎ去った不用のものと、きめこんでいたのである。今でも東洋思想を省みぬ人々に、かつての私と同じような態度を執る人があるかと思われ、一言する次第である。

四

しかし東洋の思想と云っても、吾々が直接受け継いでいるものは三つである。一つは儒教であり、孔孟の教えが中心である。一つは道教であり、老荘の教えが、その頂きにある。一つは大乗仏教である。このほかインド教も数えるべきかもしれぬが、地理的に甚だ遠く、また、そこから発展したものを仏教と見なしてよいのであるから、如上の三大思想系が東洋の宗教思想を代表するわけである。

このうち儒教はシナにとっては、最も重要な歴史的意味を持つが、この儒教は倫理的、道徳的色彩の濃いものであって、これは充分に宗教的とは云い難いのである。そうして倫理的な見方は、西洋にも近似したものを見出し得るのであって、ソクラテスの如き、マーカス・アウレリウスの如き、何れも倫理的思想の濃いものである。

これに比べると道教の方には、ずっと純東洋的な色彩が目立ってくる。「無為自然」を説くのであるから、キリスト教などとも大いに違う。それに道者の暮らし方とか、道教による神仙的な芸術とか、西洋では見かけぬ表現を持っているのである。この思想が東洋文化に及ぼした影響は決して些少なものではない。

しかし何と云っても、質からまた量から、圧倒的に力のあったのは大乗仏教である。もとインドに発したものではあるが、むしろシナに来て大成されたと云っても過言ではない。その影響にあるのが朝鮮と日本との仏教なのである。朝鮮はどの方面でも保守的で、わずか華禅二宗よりほかに発展しなかったが、日本は沢山の宗派を生み、天台宗や真言宗や禅宗などのほかに、日蓮宗とか浄土宗とか真宗とか時宗とかいうものは、新しく日本で興った独立の宗派である。

小乗仏教はセイロンとかシャムとかビルマとかに残るが、大乗の方は、本家のインドでは既に亡びたも等しく、チベット、ネパール、シナ、朝鮮、日本に残るのであるが、今日もなお盛んなのは日本で、十三門派を数える。「大蔵経」の如き大出版が明治以降三回も行われているくらいで、これに比べると近年のシナは決して活潑とは云えぬ。今度の中共政治のため、一段と萎縮して了った形である。日本も明治初年頃、廃仏毀釈のために、大きな危機に面したが、よく持ち堪え、東洋諸国の中で独り日本が大乗仏教の伝統を一番よく守り継いでいる形である。そのうちの或る宗派は大いに衰えを見せているが、或る宗派は今も盛んに動いていて、明治この方の仏書の刊行も実に夥しい数に上る。千五百年のその歴史の間、これが芸術に及ぼした影響は甚大で、絵画に彫刻に詩歌に、音楽に演劇に、仏教的要素が極めて著しい事は誰も知る通りである。しかしそれよりも更に注意されてよいと思うのは、日本人の性格、風習、ものの考え方見方に、潜在的に仏教が働いている点で、これは決して根の浅いものではない。このことは西洋人の生活と比べて見ると、如何に異るかが分ろう。吾々は運命的に仏教的血を以て生まれてきていると云ってもよい。キリスト教を信じ仏教を嫌う人といえども、日本人である限り、行為、思想に東洋的なものが根強く残っているのは明らかな事実であろう。そうして東洋的なものとは、大乗仏教的なものであるのは云うをまたない。東洋人はどの道東洋人で、その東洋の文化の基礎をなしたのが仏教であるから、どんな人といえども、かかる性質から分離しているわけではない。それは丁度容貌が東洋人たる特色を持つのと同じだと云えよう。米国にいる二世といえども、純西洋的ではない。

五

それで、私が何故仏教に帰ったか、これからなおも色々理由を述べるが、しかし一番素直なまた単純な理由は、恐らく仏教国に育った東洋人だから、その故郷の宗教に帰るのが自然な推移であったと説明するのがよいように思う。別に力みかえった理窟ではない。年とるに従って、おのずから自らを省みる余裕が出来、自分の世界に戻って来たというに過ぎぬ。何か眠らされていたものが、時が来て目が覚めたとも云えよう。ともかく東洋人として東洋の宗教に目覚めるということは、別に不思議ではない。むしろそれに目覚めない方が変則的だとも云えよう。

もっとも宗教のことは、その人の性格や境遇で主に決定されるもので、東洋人だから西洋の宗教がいけないというような事はない。それはそれで東洋の生長にまた何か役立つものである。

ただキリスト教である場合は、次のことは覚悟してよい。キリスト教は西洋で発達したものであるから、謂わば西洋の方が先進国で、そのキリスト教的体験は、西洋の方で熟し深まったものであるから、日本人がキリスト教徒となる限り、西洋人の思想、経験などの後を追うことになる。だから今もそうだが、外国の宣教師のいつも下に在ることになる。そうして常に教わり従ってゆく位置に立つ。日本のクリスチャンが西洋のクリスチャンを導いてゆくというような時は中々来ぬ。それで多くは摸倣に終始することとなろう。よい事は真似てもよいのであるから、別にこれでも差し支えないとも云えるが、しかし進んで、日本でキリスト教を更に一歩進めるのでなければ、使命が果せぬ。

西洋そのままでは不自然な点もあるから、東洋的なキリスト教というものに進展するのが自然だと考えられる。また日本でなければ生まれぬキリスト教となるなら更によい。この日本的なキリスト教となって始めて存在理由が現れるのである。ただの西洋の真似では価値が低い。それは思想的に日本を従属的なものにするに過ぎまい。信仰は自由であるから、何の宗教でもよいわけであるが、何れも日本的なるものに熟することにおいて、始めて正当な意義を持つのである。そうして進んでそれが世界的な貢献をするようにならねばならない。ただその宗教が西洋的なものである場合、それを日本化するまでには、多くの紆余曲折が要ろう。

ところで、キリスト教を日本的なものにするとは何なのか。吾々の血で肉で心でそれを活かすと云うことであろう。この場合、吾々の血、肉、心には自ら東洋的色彩があるのであるから、独自の東洋的体験で（即ち西洋的ではないもので）キリスト教を熟させる意味となろう。この場合必然に東洋的気質の基礎をなす仏教などと無関係ではなくなる。

私の考えでは、明治この方、日本人のじかの体験からキリスト教を立てた人として、内村鑑三氏を特筆すべきかと思う。この熱心なクリスチャンは、中々敵もあって、よく云わぬ人もあるし、思想的にも狭い所があったのは事実と思うが、しかし気魄は大いにあって、日本からキリスト教を輝かそうとした唯一の人ではなかったかと思う。しかしかかる性格はその背後に日本の古武士的なものに由来する所があったのを、私は気づかないわけにゆかなかった。ともかく東洋的な性格を持ちつづけた所に、独特なものがあり、また、そこから確信を得たのだと思う。同氏のキリスト教は、決して西洋の真似ではなかった。

六

ともかく私達は宿命的に東洋人なのである。東洋に生まれその長い伝統の中で血をうけついで来たのである。これは顔を変えることが出来ない如く、生涯変えることの出来ぬ命数なのである。それで私はかかる与えられた命数そのものに、存在理由を見出すことに、活き甲斐を感ずべきだと思う。つまり東洋人であること、その東洋の中の日本人であることに、何か意味を見出して、日本人として、世界に貢献するものがなければならぬ。言いかえれば、西洋への摸倣は、二義的な存在より我々に与えぬ。それは世界に貢献する内容の稀薄なことを意味しよう。それで前にも述べた通り、キリスト教を信じるとしても、それを日本人として咀嚼し、日本人として発揮せしめぬ限り、その影は甚だ薄い。ただこの場合、キリスト教を日本独自なものにするのは、そう易しくない。なぜならキリスト教の思想において経験において、西洋人は大した行蹟を残して来ているので、それを乗り越えるのは容易でない。

例えば或る日本人が英文学を専攻とすると仮定する。ずいぶん学問をしても、言語の点でまた根本資料などの点で、英国人の右に出るのは至難であろう。もし可能なら東洋的見方で英文学を批判するということ以外にはあるまい。この場合、東洋的見方とは何か。それは結局、東洋の伝統による見方ということになろう。そうしてかかる伝統のうち最も深いものは仏教的見方であることは、疑う余地はあるまい。東洋的見方が深いものである場合は、英国人が近づけぬ批評を完成することが出来よう。そういう独自の批評をなし得ぬ限り、日本人が英文学者になるのは余り意味がない。たかだか啓蒙的な仕事に止まって了うであろう。これにも幾許かの意味はあるが、結局二次的な仕事に終ろう。

私達は西洋から学ぶべきものは、どこまでも学んでよいが、いつまでも学んでいるのでは意味が淡い。学ぶのは、独自の世界を開拓するまでの準備であってよい。学ぶそのことが目的なのではなく、学んだものを自己のものとし、次には、それを他人への贈物とせねばならぬ。この場合、西洋的なものを贈っても意味は淡い。なぜなら西洋的なものは西洋人が贈るのがもっと自然であり、当然だからである。

西洋から吾々が学ぶものがあるが如く、西洋も東洋から学ぶものが多くあろう。日本人の中には、特に若い日本人の中には、日本がどんな贈物を西洋になし得るか、どんな持ち物を所有するかに就いて、無智な人が甚だ多い。しかし、それでは日本人としての存在理由が薄い。よく振り返れば、東洋的なものの中に世界に寄与すべき新しいものが多々あろう。マッカーサーは日本人はまだ十二歳の年齢に過ぎぬと評したそうである。アメリカはもっと大人で、日本はまだ幼稚だと評している言葉なのであろう。たしかにアメリカよりずっとおくれている点があるから、この批評は一理あると言ってよい。しかしどんな面でもアメリカの方が進んでいると考えているなら、それこそ子供らしい考え方であろう。或る文化内容では、日本の方がずっと大人だと言える。吾々がアメリカをまだ十二歳だと評したとて当る部分があろう。伝統の浅いアメリカには、ずいぶん幼稚だと思われるものがある。どの国だとて、大人の部分と子供の部分とがあるのである。科学とか、機械力とか、経済力とかでは、日本は十二歳はおろか、五、六歳と言われても仕方ない場合があろう。しかしそんな幼稚なものばかりが日本の内容ではない。まして東洋の内容ではない。大いに西洋に教えてよいものが沢山あろう。それを深く反省すべきだと云うのが私の考えである。マッカーサーは東洋思想の深さなどは、てんで頭にないのである。

それに、そう西洋から学んでばかりいないで、まして今のように摸倣ばかりしていないで、明治この方一世紀近くなった今日、そろそろ西洋に教える位置に立ってもよくはないか。教えてよいものが多々あるからである。おかしなことに、これを自覚して立つ人が少なく、却って近頃は西洋人の方から東洋に学ぼうと熱心になっている傾向が見える。私は先年米国に旅し、日本の白木造りの平家が大した影響を与えているのに驚かされた。日本人がそのよさを説いたのではなく、向うで感心しだしたのである。日本の建築家達は、ひとえに西洋を摸そうとしているから、日本建築の基礎に立って、新しい様式を生み出す人がほとんど出ない。あれば西洋人が日本建築を見直しているので、それをまた真似て、日本風を加味しようなどとしているのである。実に不思議極まる状態だと云ってよい。どうして日本の建築家達は、故国の建築から斬新なものを自ら汲み出して来ないのか。それは西洋崇拝が無意味に連続している弊害だと云えよう。近時、焼物の面で東洋が断然西洋を導きつつあるのはどういうことか。これも西洋人自らの要求が致したところで、日本が指導したためとは云えぬ。しかしこれからは、進んで日本の力を示すべきではないか。日本人が日本のものを何でも古くさいと考えている間に、却って西洋の方で、新しさをそこから汲みとるとは、誠に変態的な現象といってよい。

七

では宗教の面で何か東洋から西洋に将来寄与するものはないか。大乗仏教の内容を省みる時、数々のものがあるのである。大体西洋人のものの考え方は論理的である。この性質のためにこそ、科学が長足の進歩を遂げたのである。然るに東洋のものの考え方には、この論理性が不足している。そのため科学の発達がおくれたのである。何もなかったわけではないし、或る者は十分論理的頭脳を持っていたと思われるが、しかし全体として論理的判断に余り興味がなかったのだと云えよう。なぜこんなことになっているのか。それには理由があろう。

論理的判断とは何か。どういう性質がそこにあるか。それは分析し比較する判断なのである。漢語では「分別」といううまい言い方を使う。分別とは文字が示す通り、ものを分けて考えることである。例えば正しいか正しくないか、上か下か、右か左か、速いか遅いか、遠いか近いか、重いか軽いかなど、凡て分別することから起る。そうして判断とは、その一方を選び、他方を棄てることである。

なぜなら両者は相反し同一たることが出来ぬ。開いていてしかも閉じているというのは論理的矛盾だからである。醜ければ同時に美しくはない。善と悪とは違う。自分は他人ではない。大と小とは区別される。無は有の否定である。それ故論理の法則は、ものを二つに分け、それが互に矛盾し、一致しないという判断の上に立っているのである。それ故逆に云えば、矛盾するもののない世界、二つに分けられない領域については、論理的判断は意味がなくなる。そのことは論理の可能は相対界二元界を予想するということになろう。それ故その判断はいつも相対性、二元性を出ぬ。それは互に、葛藤し反撥する。それ故、これを闘争から救うために、一方を肯定し一方を否定する。善を取り悪を捨てるのは、そういう働きの現れである。科学は真を取り偽を棄てる学問と云ってよい。この論理が行われればこそ科学が成立するのである。

だが東洋人の心を傾けた真理とは何か。分別されたものよりも、分別されないものに、注意を余計向けたのである。分別された世界の悲劇は、永劫の闘争ということである。この世界に沈淪したら、遂に心の平和はなく、自由はない。それ故、かかる二元のない世界、起らぬ世界、分れぬ世界、つまり不二の世界に、最も大なる注意を向けたのである。キリスト教にもこの要求がなかったとは云えぬ。しかし東洋の宗教思想に比べると、遥かに少なくまた不徹底であった。東洋は分析の上に立つよりも、分析の未だ起らぬ世界に立とうとしたのである。この要求は、必然に二元的論理判断に止まることを許さない。不二の考えが東洋で異常に深まったのはそのためである。それ故東洋哲学にとっては「善と悪」の問題より「不思善、不思悪」の境地の方が、もっと重大な問題なのである。それでキリスト教には一寸見出せぬ観念、即ち「即」とか「如」とか「只麼《しも》」とかいう言葉が現れて来たのである。或る時はこれを「一」とも云ったが、しかし更に「不二」と呼ぶ言い方を好んだ。一は二に対して分別されやすいからである。それ故「不」とか「無」とか「空」とか「非」とか「寂」とかいう言葉が仏典には無数に出てくる。何れも分別の二を超えようとする表詮なのである。それ故これを「未生」とか「不生」とか云った。盤珪禅師は一切の教えをこの「不生」の二字に托して説いた。「円」（円融）とか「中」（中観）とかいう言葉も、凡て不二を説こうとする要求から起った言葉なのである。儒教思想を代表する「中庸」においても、「中」とは「未発」と説いてある。仏法では円宗を標榜するものが少なくない。「中」も「円」も「不二」を意味するに外ならぬ。なかんずく、前述の「即」と「如」とは最も重要な文字であって、その内容の理解に仏教思索を集中させた。そうしてこの思索では実に徹底したものを示した。こんな思想こそ、分別に立つ西洋思想の識らない境地であった。これがために科学を促しはしなかったが、その代り大した宗教思想に熟し切った。つまり西洋は分別が主役を勤め、東洋は不二への直観が、一切の出発となっているのである。この不二観こそは、将来東洋から西洋に贈物として届けるべき大切な思索である。これはキリスト教にも、西洋哲学にも、充分な発達の跡がない。大乗仏教の独擅場とも云える。科学では遅れたが、この思想ではずっと先に出ていると云ってよい。東洋人はどうしてこの特色ある面を遠慮なく活かさないのであろうか。

八

誰も知る通り、仏教では人間に対して神というようなものを建てないのである。なぜなら、そういう神の考えには二元性の滓がまだこびりついているからである。そのため仏教を無神論だという人があるが、それは浅い批判に過ぎまい。仏教は有無の二を立てない立場であって、有神無神その何れにも属さぬ。有無相即、有無不二に在るのであるから、有神論の如きには止まれぬ。同じように無神論にも止まることが出来ぬ。強いて云えば、不二論とでも云おうか。不二に無上の姿を見るのである。この不二を仮りに神というなら、かかる神はもはや人間に対するもの、被造物に対する造物主ではなくなる。そんな区別はまだ分別に滞る者の判断に過ぎぬ。

しかもこの不二は決して抽象的概念ではなく、人間そのものが依って立つ根本的性質なのである。かかるものを本具、本分、自性などと云ったが、人間はかかる本具の性において、既に不二に在るのである。このことを明らかにするのが仏教の教学であり、身を以て味わうのがその信仰生活なのである。

日本の仏法は十三派もあるが、しかし不二という思想においては全く一致しているのである。ただこの不二を常識的に理解することが困難なのは、論理的内容ではないからである。つまり普通の論理では手のつけられぬものである。二と不二とは次元が異ると云える。それ故、二で不二を覗くことは出来ぬ。ここが説明の尽きるところで、「不言の言」だとか、「無義の義」などというのはそのためである。つまり不二は一切の相対から自由なのである。相対に在っても相対に囚われぬものなのである。それ故、一切の場において時において無碍なのである。相対する二つのものの葛藤がここに絶える。つまり自由そのものなのである。無碍が不二の当体である。その不二に人間本来の面目があると説くのが仏法である。だから不二を仏性として人間は生まれていると説かれる。仏性は不二性に外ならぬ。だから不二が仏で、名のつけようがない。名づけ得るものは既に二で不二ではない。「仏《ほとけ》」とはかかる不二に目覚めた人間を指すのである。「覚者」であって、人間を離れた神ではない。

先にも述べた通り、どの仏法も結局は不二の教えに外ならぬのであるが、中でこの不二の説き方に特色のあるのは恐らく禅宗であろう。不二は論理的判断の対象とはならぬから、わずかに詩的表現に托することになる。または矛盾した言葉をそのまま出すことになる。前者の例。

竹影堦を払えど　塵は動かず。
月は潭底を穿てど　水に痕なし。

後者の例。

空手にして鋤頭を把り、歩行して水牛に騎る。人は橋上に在って過ぎ、橋は流れて水は流れず。

一寸考えると、わけが分らぬ。分らぬのは分別で分ろうとするからである。論理で審こうとするからである。そんな物指しを許さぬ境地を歌っているのがこれ等の詩である。慧超、かつて法眼益禅師に問う、「如何なるかこれ仏」。

師云く、「汝はこれ慧超」（碧巌録七）。

誠に間髪を容れぬ、これに分別など加えたら、真理は千里の遠きに去って了うであろう。

洞山初禅師に僧問う、「如何なるかこれ仏」。

師云く、「麻三斤」（碧巌録十二）。

分別などで読んだら、手もつけられぬではないか。こんな境地を見つめているので、科学が後廻しになる。しかし科学で何でも説き得るかというと、大いにそうでない。ここにまたこの問答の値打ちが光る。誠に東洋的表詮の面目が躍如としているのである。こんな問答は西洋には見られぬ。全然新しい思想系として、西洋人が驚嘆するのも無理はない。論理の正確さなどを以てしては、歯も立たぬのである。これは大いに東洋的に開拓された道として、西洋に説かれてよい。古い禅は、再び新しい禅となって、世界に容れられるであろう。

九

もとより仏教の特色は禅の自力門ばかりではない。これと全く異る道を進むものに他力宗がある。云うまでもなく念仏を称える浄土系の諸宗である。浄土宗、真宗、時宗、これ等三派の教えは、何れも他力の教えを説くが、その或る面はキリスト教と著しく近似する。凡てをイエス・クリストに委ねることによって、救いを見出すのは、全くの他力道だと云える。イエスを阿弥陀如来に置きかえたら、浄土宗があるとも云える。ただ仏法においては、他力の考え方が絶対的なのである。あらゆる二元的立場を断ち切ってあるのである。真宗の如きはこの絶対他力門を標榜するものであるが、例えば同じ他力宗でもキリスト教においては、「神は愛なり」というが、同時に厳しい審判者として考えられる。審判者とは善悪をはっきりさせる分別者を意味する。彼の審判によって正しき者は救われ、正しからざるものは地獄に堕ちねばならぬ。つまり正邪の二が明瞭に区別されているのが、その審判である。だがこれを仏教から見るなら、再び二元の分別に執している考えと云わざるを得まい。例のミケランジェロのシスティンの壁画にあるクリストの姿を見よ。それは力の審きである。呪われた多くの悪者が、奈落に沈みゆく光景を見るであろう。仏画にも地獄の描写があるが、意味は大いに違い、それは永久の呪いではなく、救われるための苛責なのである。だから彼等の傍らに地蔵菩薩を描くのを忘れない。浄土系の仏法における慈悲の阿弥陀は、決して審判者を意味せぬ。彼の心に善悪上下の差別はない。善も容れ悪をも容れるのが弥陀である。だからそれは「凡夫成仏」の教えにまで徹する。罪から逃れ得ぬ凡夫を地獄に棄てるのが弥陀ではない。彼の慈悲は、凡夫に善人の資格を要求しない。そんな資格のないのが凡夫ではないか。その凡夫をどうあっても助けようとの誓願を立てたのが弥陀なのである。否、誓願そのものの当体が弥陀なのである。衆生を救わぬ限り「正覚を取らぬ」という誓いは、その大願の決意を示すものである。善人をも悪人をも共に容れないような慈悲を、仏法では慈悲とは云わぬ。否、その済度の誓願を、悪人の上にこそいや強める。悪人は彼の慈悲の外にいるわけにゆかぬ。

「求めよ、さらば与えられん」などと云うのは、弥陀の声ではない。求めぬ前に救いが十二分に用意してあるのである。「さらば」というのはおかしい。求めるから与えられるのではなく、与えられているので求めると云う方が正しい。叩くと否とに拘らず、開かれる準備は完了されているのである。ここが絶対他力の所以である。

ここまで考え及ぶと、キリスト教は新しく多くのものを真宗などから汲み取ることが出来よう。何故ならキリスト教で、まだ充分説かれていない他力の教えが、ここで十二分に説かれているからである。「善人なおもて往生をとぐ、いわんや悪人においてをや」というような考えは、そのよい例ではないか。日本の浄土系の三宗は、もっと世界のためにその宗義を宣揚してよい。あの数々の妙好人の言行などは、是非とも西洋に伝えたい。それは宗教の最も新鮮なる課題となるに違いない。充分に世界的意義をもつものなのである。

ともかく東洋人が、思想の面で世界に貢献出来るとすれば、それはやはり東洋の伝統の中で熟したものの中に見出されるであろう。西洋的なもので、西洋に貢献しようとするのは望みが薄い。東洋人はやはり東洋人としての立場で仕事をすべきであろう。その方がずっと自然であり、また妥当ではないか。

考えると、世界の平和は東西両洋の相互敬意に見出されねばならない。世界を一色にする事で平和を得ようとしても無理であろう。自然が違い歴史が違うからである。東を西に化して了うことで、平和が来るのではない。むしろ東と西とに別れていることに特別な意義を見出すべきである。もとより別れるその事が目的ではなく、別れつつも相結ばれるところがなければならぬ。二は一のためだとも云え、一は二あって益々一の意味を深めるとも云えよう。それ故お互の尊敬と理解とが必要である。またお互が自らの立場に存在理由を見出さねばならない。

東西に別れて相争うのも、東西を無くすのも共に自然ではない。一方が一方を征服したりまた従属したりしても、問題の解決はない。やはり東は東のままで、西は西のままで、互が尊敬し合うという事でなければならない。この尊敬こそ二であって二でないものを生み出すのである。それには東は東としての意義を、西は西としての意義を把握すべきである。その時こそ東は東であって東でないものを、西は西のままに西に終らないものを現すのである。今日の日本のように、過剰な西洋崇拝は、決して日本を幸福なものにしない。まして確実なものにはしない。その事はやがて西洋にとっても世界にとっても不幸だと云えよう。

以上、色々理窟を述べたが、それは後から顧みて、これを理智的に整理したまでのことで、もっと大きなまた真実な理由は、東洋人としてその心の故郷である東洋の思想、特に仏教に、おのずから帰る時が来たというに尽きる。一寸考えると、説明にも何もならぬようにも思われるが、説明を越えている所があるだけにもっと必然さがあろう。説明ではっきり出来るようなものは高が知れていよう。そうしてこの心の故郷に帰ったことこそ、東洋人としての自覚、確信に私を導いてくれた。私は東洋に特に日本に生まれた自分の命数に何よりも感謝するものである。

〔一九五五年六月発表〕

一遍上人

一

一遍上人（いっぺんしょうにん）と記しても、今の多くの人々には、ただおぼろげな追想よりないかも知れぬ。それより遊行上人（ゆぎょうしょうにん）と云った方が、文字から来る聯想があって、幾許かの思い出が浮かぶであろう。既に謡曲で「遊行」の二字は親しまれた。相州の藤沢に遊行寺と呼ぶ時宗の本山があることも、耳の片隅には残っていよう。遊行というのは、廻国《かいこく》の行《ぎょう》で、つまり国中を遍歴して歩き、自らにも人々にも仏縁を結ばせる修行を指すのである。

それ故この行のためには、家を捨て、寺をも棄てる身とならねばならぬ。これを「三界無庵」と呼ぶが、一定の憩うべき庵を持たぬことで、浮き世のことを捨てきる行である。何をおいても、家庭の煩いや、衣食住にまつわる業《ごう》から、能う限り離れ去って、仏道に心身を献げ尽す暮らしである。わずかに寒さをしのぎ、飢えをのがれ、雨風を避ければそれで足りる。縁なくば、草を褥《しとね》とし、樹蔭を廂《ひさし》とし、食も与えられず、幾日幾夜かを送ることもあろう。その遊行する僧が一遍上人である。

彼は歌う、

「旅ごろも　木の根かやの根　いずくにか

身の捨てられぬ　処あるべき」

また伯州化導《けどう》のみぎり、雪の山に埋もれて一首、

「積まばつめ　とまらぬ年も　降る雪に

　　　消えのこるべき　わが身ならねば」

かかる世捨たる僧を「聖」（ひじり）と呼ぶ。遊行して一生を終えられた上人を、人は呼んで「捨聖」（すてひじり）と云った。寺僧でもなく、居士でもなく、真に無庵の沙門を指して、しか尊ぶのである。

上人の前には空也（西九〇三―九七二）があって、捨聖の範を示した。そのためもあろうか、上人はこの古徳を慕われること切であった。その歓喜に溢れる躍《おどり》念仏も空也上人に源を持つものと云えよう。幸いにも京都の歓喜光寺に残る「一遍聖絵」にはこう記してある。

「空也上人は我が先達なり」とて、かの詞《ことば》どもを心にそめて、くちずさみ給いき。彼の詞に云く、

「心に所縁なければ、日の暮るるに随って止まり、身に住所なければ、夜の暁《あ》くるに随って去る。忍辱の衣厚ければ、杖木瓦石も痛からず、慈悲の室深ければ、罵詈誹謗を聞かず。口称を信ずる三昧なれば、市中もこれ道場。声に順いて見仏すれば、息即ち念珠なり。夜々仏の来迎を待ち、朝々最後の近きを喜ぶ。三業を天運に任じ、四儀を菩提に譲る」（三業は身、口、意。四儀は行住座臥の四威儀）。

「上人、この文によりて身命を山野にすて、居住を風雲にまかせて、ひとり法界をすすめ給いき。おおよそ済度を機縁にまかせて、徒衆を引具し給うといえども、心は諸縁をはなれて、身に一処をもたくわえず、絹綿のたぐい、はだにふれず。金銀の具、手にとる事なく、酒肉五辛をたちて、十重の戒珠を全うし給えり」（「聖絵」第四と七）

「一遍聖絵」の詞《ことば》を去って、描かれた図に眼を移そう。早くもその第一巻に忘れ難い画面が現れてくる。渚を隔てて遠くには山々がけぶり、はるけく水鳥が飛ぶ。まばらに立つ松の梢の音の下に、二、三の僧を具して、と

ぼとぼと果てしも知らず歩み行く上人の姿が描いてある。悠久な大自然の中にいとも小さい人間の姿。人里も見えぬ寂寞たる光景。何をあてどに、何処を指して行くのか。だが、不思議にも彼をつつむその自然の一切が、上人の歩みを、声を呑んで見守るかの如く見える。今や山も河も、樹も花も、この捨聖あっての物語に改まる。絵巻を繙けば、人々は彼が足の跡を追うであろう。いつかは俗にある吾々とても、彼の行いに心を浄められ、仏縁を結ぶ不思議さを感ずるであろう。促々として何か迫るものがあるのである。

　これで画家円伊が丹青の筆は酬いられ、門弟聖戒の文章は今も吾々に活きてくるのである。何を求めて上人は限りない遍路に身をまかせたのであるか。それも北は奥羽から南は隅薩の端《はて》にまで及ぶのである。人々は今の地図でそれを想いみてはいけない。七百余年の昔のこと、道とてもおぼつかなく、人の住家もまばらであり、野獣の怖れも多かった遠い代のことである。どんなに遍路の難儀は厳しかったであろう。乗りものとては、水を渡る小舟以外には何もあるまい。風雨も烈しく、食物もとだえがちであったであろう。だがどうしてこの廻国の大行を果たし得たのか。上人には凡ての艱難をさえ越える大願が、心に抱かれていたからである。名号の不思議をよく見届け、仏恩の無辺を味わい尽していたからである。彼はかくて菩薩行に心を込めた。身自らも無量の教えを受け、これを他にも頒とうと、有縁の人々を求めて、果しもなく国々村々を訪ね歩いた。彼の手には小さな紙切れがいつも携えられた。その上に刻していう。「南無阿弥陀仏　決定往生 六十万人」と。この紙札を人々に配ることを「賦算」（ぶさん）と呼ぶ。（賦は頒ち与える意、算は札の意）。これこそは万人に名号を結縁せしめんがためである。札の言葉は「聖《ひじり》の頌《じゅ》」に由来し、その頭文字を取ったものと云われる。その頌に云う、

「六字の名号は一遍の法　（「六字の名号」は南無阿弥陀仏）
十界の依正《えしょう》は一遍の体　（「十界の依正」は一切の心物両界）
万行、念を離るるは一遍の証　（念は二元の念慮）
人中の上々の妙好華《みょうこうげ》」　（「妙好華」は清浄の白蓮華）

この頌は宗門の奥旨を告ぐるもの。意味は後で明らかになろう。ここに「一遍」の文字が現れるのを注意したい。「一」は独一、「遍」は遍満。一にして多、多にして一、即ち一多不二の教えを示すもので、仏教の哲理がここに結晶される。これは「独一なる名号、法界に周遍す」という句に由来するともいう。何れにしても「一にしてしかも遍」の義を示すものであって、仏法の玄意は、これ以上にまたこれ以外ではあるまい。

二

一遍上人が活きておられたのは何時の時代だかを尋ねる人があるなら、それは道元禅師や日蓮上人が、多忙であったその時なのだと答えよう。親鸞上人もなお在世の頃で、鎌倉時代中期から後期にかけてである。この頃は西洋も同じく、聖者達が群がり出た時代で、かの聖フランシス（一一八二—一二二六）や、聖トマス・アクイナス（一二二六—一二七四）や、エックハルト（一二六〇—一三一九）などが、なお地上にいたその時なのである。

日本では推古には聖徳太子、平安には伝教や空海、降って藤原には慈慧や慧心が、それぞれに大きな柱となって、日本仏教の伽藍を支えたが、しかしわけても偉大なのは鎌倉時代で、それまでの仏教は、この時代を生むための準備であったとさえ云えよう。臨済並びに曹洞の両禅、浄土及び真の念仏二宗、法華経の日蓮宗、凡てその祖師をこの時代に持つのである。その最後が、実に時宗で、その開祖こそは一遍上人であった。誠に百華がその美を競う有様である。それ等は凡て鎌倉時代が生んだ輝かしい仏教文化の跡であった。こんなにも独自の多くの宗派が現れた時期は古今を通じ、東西に渡って、稀有な出来事であったと云えよう。

その宗教時代はわけても源空法然上人（西一一三三—一二一二）によって始められた。誰も知る浄土宗の開祖である。宮廷の仏教、貴族の仏教、武士の仏教、総じて鎮護国家の仏教はこれまでに栄えたが、それを一段と広め、庶民の仏教にまで徹せしめたのは、実に念仏の一宗であって、法然上人こそは、その礎を築いた。

彼は「偏えに善導に依る」と云って、一切の思想を支那唐代の大徳善導大師の著「三経疏」にもとづいて建てた。しかしそれまでは寓宗に過ぎなかった念仏門を、独立した一宗に高め、これを「浄土宗」と名づけた。所依の経文は三部経で、「大無量寿経」、「観無量寿経」、「阿弥陀経」のそれである。本尊は大悲の化身とも云うべき阿弥陀如来で、その名をあがめ称えること、即ち称名が往生の業であることを説く教えである。自力を棄て、偏えに阿弥陀仏に帰依する故に、他力門と云われ、専らに六字の名号を称える故に、念仏門と云われるのである。それもわずかに「南無阿弥陀仏」の六字を口に称うる道であるから、易行道とも云われた。これがわけても民衆のための道であるから、在家の仏教と見なされるのである。それ故この浄土門は、凡夫のために特に用意せられた一道だと云ってよい。

仏教の宗派には様々な流れを見るが、中で最も日本的とも考えられ、また日本で特に育ったと云い得るものは、この浄土の一門である。

法然上人を宗祖と仰ぎ、彼の大著「選択《せんじゃく》本願念仏集」を本典とする。幾多の優れた門弟が彼の後を継ぎ、更に幾つかの流れに分れた。

法然（浄土宗祖）
- 聖光（鎮西派祖）
- 長西（諸行本願義）
- 幸西（一念義）
- 隆寛（多念義）
- 証空（西山派祖）—聖達—一遍（時宗祖）
- 親鸞（真宗祖）

右のうち現存するもの、浄土宗鎮西派、同西山派、浄土真宗、及び時宗の四流である。しかし鎮西、西山の二派は共に浄土宗であるから、現存する念仏門は、一に浄土宗、二に真宗、三に時宗の三流に分れる。それ故日本の浄土思想を語る時には、どうしても各々の宗祖、即ち法然、親鸞、一遍の三上人に就いて記さねばならない。

だが法然から親鸞への推移に就いては誰も語るが、ほとんど筆を一遍にまでは延ばさぬ。私にはいたく片手落ちだと思われるから、その理由を述べて、多くの人々の納得を得よう。

前に掲げた法脈の表で分る通り、一遍上人は法然上人からすれば、法の曽孫に当る。教えを証空西山上人の門弟聖達上人から受け継いだのであるから、時宗は明らかに念仏宗としては西山派から発したことが分ろう。

上人が生まれられたのは延応元年で西紀にすれば一二三九年で、亡くなられたのは正応二年、西紀一二八九年であるからまだ五十一歳の寿に過ぎず、鎌倉時代の高僧達の中では最も短命な方であった。それは困難の多い廻国の行が、肉体をさいなんだためだと思われる。

生まれられたのは伊予の国で、終焉の地は兵庫の浜であった。あたりは過日戦塵にまみれはしたが、そこには今も石碑が佇む。

彼の一生を物語った「六条縁起」によれば、彼の俗姓は越智河野氏、幼名を通尚と云った。仏縁を濃くしたのは、十歳の時、母に死に別れたためである。法然も道元も親鸞も、この悲しみが、幼い心に無常の観を誘った。救世の悲願を立てたその一生の出発には、何れも尊い犠牲があった。

上人の修行は、前後十二ケ年、九州に渡って華台、聖達両上人から浄教を授けられた事による。僧名は智真。二十五歳の時、父如仏の訃音は、彼を伊予の郷里に再び戻した。続く七ヶ年が苦闘の歳月であったが、一日輪鼓（一種の独楽）が、廻りまた止まる姿を見て、輪廻のことわりを観じ、ここに始めて生死の意味を知り「仏法の旨を得たり」と人々に語った。時に三十三歳である。

出でて遠く善光寺に詣で、「二河白道《にがびゃくどう》」の図を得、故郷の窪寺に幽棲して、それを牀に掛け、一日遂に次の頌に、彼の領解を托した。

「十劫（の昔）正覚したまえるは衆生界（のため）なり、一念をもって往生す、弥陀の国に。十（劫）と一（念）と二ならずして無生を証《さと》り、（弥陀）国と（衆生）界と平等にして、大会に坐す。」

遂に建治元年、彼が三十七歳の時から、十六ヶ年の長きに亙る日本国中の遍歴が始まるのである。六字の名号を記した札を、人々に配って、仏との結縁を遂げさせようとする菩薩行となった。賦算した札数は総じて二十五万一千七百二十四枚と記録された。

因みにいう。浄土三宗の祖、法然、親鸞、一遍の三上人は、それぞれに異る形の暮らしを示した。法然上人は寺院の僧として、戒を守られ、信徒の範となって浄い一生を送られた。親鸞上人は自ら非僧非俗を名のり、寺を棄て、俗に交って、法を同胞にしかれた。然るに一遍上人は、俗を棄て、寺も棄て、捨聖《すてひじり》として一切を名号に献げきられた。この三様の異る形こそ、やがて浄土宗と真宗と時宗とを生む礎をなした。共に力が合わさって、日本浄土門の大伽藍が建立されたのである。

然るに何故、時宗のみが、社会から忘れがちにされたのであろうか。上人が「吾が化導《けどう》は一期《いちご》ばかりぞ」と云った厳しさにも由来しよう。凡ての聖教を焼き棄てて、ただ六字だけを残されたことにもよろう。代々の僧が遊行して、一定の仏寺に止まらなかったことにも依ろう。江戸中期に幕府から弾圧を受けたことにも由ろう。寺数が減じて宗風が傾いたためとも云えよう。しかしいつかその宗旨の深さが認められる日は来よう。私達は念仏門を語る時、法然、親鸞の両祖師で、筆を擱くわけにはゆかぬ。

三

数々ある仏教諸流の中で、浄土門はどういう立場の教えなのであろうか。

流れは幾つかに分れはするが、凡ての仏法が共通する理念は、「不二《ふに》」にいつも帰る。それで不二が何を意味するかを、様々な立場から想いみることで宗脈が分れた。丁度富士の山を想えばよい。頂きは二つではない。だがこれに登る道は様々に分れる。それ故その道筋の光景はおのずから異る。しかも道には容易なもの困難なもの、平らなもの急なもの、東より昇るもの、西より上るものと、様々に分れるであろう。畢竟それが宗派の別であると、そう考えてよい。

だが前にも述べた通り、目途とするのは「不二」の嶺である。仏法は好んで「空」を説き「如」を語り、「即」の文字を記す。または「中」を述べ「円」を描く。なぜであろうか。何れもが「不二」の光景を言い現わさんためである。否、思索だけではない。日々の行実にこそ不二の境地を求める。「無碍」とか「自在」とか、ことごとくがその機微を伝えるものである。ここに達すれば無上の歓喜であり感謝である。この不二の体得をこそ「悟入」とも「見仏」とも「正覚」ともいうのである。

概して見れば、この不二を証《さと》る道に「智」によるものと「悲」によるものとがあろう。それは人々の性情やまた境遇による。智は叡智であり、悲は慈悲である。これを分り易く知的と情的との性質に分ってもよい。もとより便宜のために設ける目印であって、二者が別だとか反するとかいうのではない。何れかに多く傾くというに過ぎない。

仏法に聖道、浄土の二門を分けるが、前者は「智の道」、後者は「悲の道」と述べてよい。浄土門、即ち念仏門は、主として「悲の道」を辿って、不二の嶺に達しようとする教えである。それがために大悲の化身とも云うべき阿弥陀仏を仰いで止まぬ。

なぜ聖道門を自力門に当て、浄土門を他力門に配するのであろうか。前者は自らの叡智に便るところが大きいからである。後者は、自らの小を省るが故に、他からの慈悲に一切を委ねてかかる。それはしばしば譬えられたように、自らの足の力で陸路を歩く者と、風の力に便り帆にまかせて港を指す者とに似ている。浄土の一門は、その他力道を指すのである。

ではなぜ、こんな二道が要るのか。人々には選ばれた者と選ばれない者とがあるからである。賢き者と愚かな者とがいるからである。力強き者と弱き者とがあるからである。これを上品《じょうぼん》の者、下品《げぼん》の者ともいう。各々の性情により境遇により、上下に別れるのは如何ともすることが出来ぬ。

だが仏の誓願は一切の衆生済度にあるではないか。選ばれた者が救われるのみならず、選ばれざる者にも、救いが行き渡らねばならぬ。下品下生《げぼん》の者は、自力の道に堪えぬ。末法の世には別に一道があって、凡夫のために救いを用意せねばならぬ。智の力ではなく、悲の力で彼等を温かく包まねばならぬ。これに応じるものこそ浄土の法門である。法然上人の大は、かかる一道をとりわけ凡夫のために用意されたことにある。引きつづく親鸞上人、一遍上人、何れもこの道を徹せしめた大徳である。

では浄土門とは何なのか。もしそれが下品の凡夫のためであるとするなら、何よりも難行の道であってはなるまい。易行道こそ他力道たるの性格でなければならぬ。易しい道でなくして、どうして凡夫が堪え得るであろう。その易しい道を最も具体的に指し示すのが、念仏の道なのである。

ここに念仏というのは仏を念ずることであるが、この念仏にも二つの性質があろう。一つは観想の念仏で、一つはいわゆる「無観の称名」である。前者を憶念、後者を短く口称とも称名ともいう。称名とは口で「南無阿弥陀仏」の六字の名号を称えることである。これより容易な念仏はない。浄土宗、真宗、時宗、宗旨は変るとも、称名を専らにすることに変りはない。何故ならこの易行を介して、往生の業を凡夫のために成就せしめようとするからである。これが浄土門であり、他力門であり、易行門である。

ではどんな経文の中にこの道が明らかにされているのか。それはいつにかかって「大無量寿経」の中に記された四十八個の別願中の、第十八願にもとづくのである。経文に云う、

「たとえ、われ仏を得たらんに、十方の衆生、至心に信楽《しんぎょう》して、我が国に生まれんと欲し、乃至十念せんに、もし生まれずば、正覚を取らじ」云々。

文意は「かりに私が仏に成り得るとしても、もしこの世の衆生が、真心から信じて、浄土に生まれたいと希って、数度でも念仏する時、もし往生出来ないなら、私は仏にはならぬ」というのである。ここに私というのは法蔵菩薩のことで、阿弥陀如来と成る前の名である。

それ故「阿弥陀」というのは彼が「正覚」即ち正しい覚りを得て如来と成った時の名である。

さて、この経句が持つ重大な意味は、衆生の救いの道として、称名、つまり「南無阿弥陀仏」と口に称える行を勧めている点である。それは全く下根の人々のために特に用意された易行の道なのである。ただ口に称えさえすればよいと教えるのである。それですむなら、凡夫のためにこんな有難い道はないではないか。法然上人は「ただ申すばかり」と繰り返し教えられた。どうしてそんな不思議がこの称名から湧いてくるのであろうか。

「なむあみだぶつ」というのは和語ではなく、単なる梵音であるが、意味は「無量寿の覚者に帰命し奉る」ということである。「南無」は帰命、「阿弥陀」は無量寿、「仏」は覚者（即ち覚れる者）の意である。無量寿はまた無量光とも云われるが、無量は永劫で、時間で数える長さのことではなく、また物差しで計れる大きさのことではない。長短、大小などの二元の世界には属さぬものである。

さて、この「なむあみだぶつ」と唱えることは、二つのことを意味する。「なむ」は帰命であるが、帰命とは、全く我れを棄てることである。任せるのは、自己の凡庸をどうすることも出来ないからである。法然上人は自らを「十悪の法然房」と云い、親鸞上人は「愚禿」と云い、一遍上人は「下根の者」と云われた。凡夫だと省みずしては、帰命はなく、他力信心はない。率直に凡夫だという承認は自力を残さぬ。任せきるより道のないのが凡夫ではないか。それ故「なむ」は「ただ」の帰依なのである。純な帰命なのである。理窟が残ってはただでなく純ではない。法然上人が「ただ申すばかり」と云われたその「ただ」にこそ、千鈞の重い意味があろう、口称は「ただ申す」ことでなければならぬ。この刹那こそは、凡夫が無上なものに触れるその刹那である。無限小なる時のみが無限大に触れ合う時である。

　だから「ただ申す」というのは、自力の影を止めぬ念仏との義である。他の行いを雑行《ぞうぎょう》と呼ぶのは、口称が純行だからである。何ものにも染められておらぬ念仏である。これを西山上人は「白木の念仏」とも呼ばれた。それ故もはや吾が称うる念仏ではなくなる。「念仏は無義をもて義となす」と親鸞上人は云われた。一遍上人の「法語集」に云う、「なまざかしからで、物いろうを停止して一向に念仏申す者を、善導は『人中の上々人』とほめ給えり」と。（「なまざかし」は生賢し、小賢し。「物いろう」は物事を論じあう意）。

　それ故我れを宿さぬ念仏こそは、全分に他力を受ける念仏である。念仏それ自らの念仏である。この境地に住むことが浄土に住むことである。妙好人田原のおそのが、いつもの如く名号を口ずさんでいた時他人から「また空《から》念仏か」と嘲けられた。これを耳にしたおその、「もしも私の如き者の念仏が功《てがら》となったらどうしよう。念仏は空《から》であれとの御《み》教え、どこに善知識があるやら」とていいたく感謝したという。空《から》の念仏、これが念仏の始めであり終りだと云えよう。

四

　さて、これ等の秘義を説くのが、浄土門の教えである。法然に発《おこ》り、親鸞に熟したこの念仏の教えは、一遍上人によって、どう進められたかその跡を辿ろう。

　儚く移り変わるこの世を見つめて、何か心に不安を覚える。ここに早くも宗教心の芽ばえがあろう。このことは何か常住なものを求める希いとも云える。だがこういう不安が心につのれば、おのずから眼は自らの行いに注がれてくる。どうして嫉みや争いに身を沈めるのか、どうして偽りや高ぶりに心を奪われるのか。想えば生や死が向いあい、自や他が別れるところから来る不安である。どうこの問題を処理したらよいか。ここに宗教心の彷徨《さまよ》いが始まる。

だが下機《げき》の身、到底罪業からは脱れることが出来ぬ。故に「出離の縁あるなし」と云う。ではどうしたらよいのか。これに暖い答えを送られたのが法然上人であった。彼はとりわけ念仏の一道を人々に勧められた。彼の「選択集」にはこう述べてある。

「口つねに仏を称すれば、仏即ちこれを聞き給う。身つねに仏を礼敬すれば、仏即ちこれを見給う」云々、また云う、「衆生仏を見奉らんと願ずれば、仏即ち念に応じて、目前に現在し給う。」

かのイエスも「求めよ、さらば与えられん。叩けよ、さらば開かれん」と述べたが、心は同じである。仏の名を称えれば、また仏の声を聞くことが出来るとは、何にもまして有難い教えである。これで私共は仏に見《まみ》ゆる悦びを得、凡ての不安を断ち切ることが出来よう。それ故にこそこれを「正定《しょうじょう》の業《ごう》」と名づけた。法然上人は人から仏への道を説いて、衆生を導いて行かれた。

だが念仏の思想は、時を経るにつれ、更に熟した。親鸞上人は師法然の築かれた礎の上に、太々と支えの柱を建てられたのである。念仏とは仏を念じ、仏に身を任せることである。それなら念仏もまた、自らの力に依るのではなく、また依ってはなるまい。人が仏を念ずるというより、仏が人を念じ給うのが本である。念仏は「人から仏へ」の行から、「仏から人へ」の行に熟さねばならぬ。親鸞上人の有名な言葉に「帰命は本願招喚の勅命なり」と。「南無」と帰命するのは、人が仏に命《いのち》を献げる意味よりも、むしろ仏が吾れに帰せよと命ぜられていることとである。その命に従うことこそ帰命である。この仏の無量な悲願なくして、どうして凡夫が救われるであろう。親鸞においては、凡ては仏行であって、「仏から人へ」の道筋をはっきりと説いた。法然は下から上を、親鸞は上から下を見つめたと述べてもよい。

だが一遍上人は何と説かれたであろうか。人が仏を慕い、仏が人を招くと述べても、まだ人と仏との二が残ろう。互の交りに救いを見るとしても、「人と仏」という言葉が分れる。不二を見るのが仏法であるとすると、更に見方を深めてよい。この二つをすら消す名号に、往生の当体があろう。だから人が仏を念ずるというより、また同じく仏が人を念ずるというより、念仏自らの念仏にまで行き着かねばならぬ。一遍上人の左の言葉は、念仏門の最後の声だと讃えてよい。これより純に念仏の本質を説くことは出来ぬ。

「されば念々の称名は念仏が念仏を申すなり」と。

だから同じように、聞名とは人が名号を聞くのでもなく、仏がそれを人に聞かせるのでもない。

「しかれば名号が名号を聞くなり。名号のほかに聞くべきようのあるにあらず……余念をかねざる名号と心得べきなり」（法語集）。

それ故一遍上人にとっては、「南無阿弥陀仏」の六字は、南無と帰命する人と、阿弥陀仏と帰命される仏との交りを指すのではない。南無即阿弥陀仏であって、二語に分れる前の当体に、名号の意味が潜むのである。だから、ここを離れて往生があるわけではない。

「ただ南無阿弥陀仏が往生するなり」、「もとより名号即ち往生なり」。

人の往生だというのではなく、名号の往生だと指すところに彼の深さが見える。名号には人と仏という二語さえ、その影を止めぬ。ここを指して「独一なる名号」と彼は云うのである。親鸞の建てたその柱の上に、更に棟木をおき屋根を添えて、念仏の大伽藍を築きおおせた。

それ故「南無」即ち「帰命」の二字とても、三上人によってその解釈に推移が見られる。

法然上人は、これを人がその命《いのち》を仏に帰す意にとられた。

親鸞上人は、仏が人に帰せよとの命《めい》であると考えられた。

一遍上人は、人も仏もなき不二の命根に帰る意味にとられた。

廻向《えこう》に対する思想でも同じ推移が見られよう。経に「至心廻向」という句が見える。もとより正常にこれを読めば、「至心に廻向す」であって、人が心を込めて仏に廻向することである。法然上人は素直にしか読まれた。然るに親鸞上人においては、常法を破って、大きな飛躍をされた。これを大体にも「至心に廻向し給えり」

と読んで、凡てを弥陀の側から眺めた。深い宗教的体験によるものと云ってよい。ここで浄土思想がまた一歩前に進み出たと云える。それ故、廻向行はいわゆる「不廻向行」へと進んだ。人の廻向ならなお自力の跡が残ろう。一切は仏からの廻向とすれば、人には不廻向の行のみであろう。全分に他力に浴したいがためである。

だがこれで廻向の深義は終りに来たであろうか。人に対する仏の廻向では、まだ人と仏との区別が残ろう。廻向が廻向するその さ中に、人も仏も包摂されるのでなければならぬ。これを古く「唯仏与仏《ゆいぶつよぶつ》」とも云い、「仏と仏との御議《みはから》い」とも云ったのである。前にも引いたように「念仏が念仏する」という一遍上人の言葉こそは、最後の答えと云えよう。上人は云う、「名号に心を入るるとも、心に名号を入るるべからず」、「名号には領せらるるとも、名号を領すべからず」、「名号は義によらず、心によらざる法なり」、「南無阿弥陀仏の名号には義なし」、それ故「念仏の外の余言をば、皆たわごとと思うべし」、「念仏の下地をつくる事なかれ」、「当体の南無阿弥陀仏の外に、前後の沙汰あるべからず」云々。

ここに廻向対不廻向の考えも絶えて、ただ廻向が廻向する、仏が仏にまみゆる光景のみがあるのである。それ故南無の「機」と阿弥陀の「法」とは、もとより一体である。「金剛宝戒秘決章」に「念仏の中に、ゆめ機法なし、何物をか機といい、何物をか法という」と記されてある。「機法一体」の思想は浄教の哲理である。浄土宗西山派、真宗、時宗、皆その伝統を継がぬものはない。一遍上人は云う、「機法不二の名号なれば、南無阿弥陀仏の外に能帰もなくまた所帰もなきなり」。顕意上人の作という「安心決定抄」にも云う、「南無阿弥陀仏と称するも、称して仏体に近づくにあらず、機法一体の正覚の功徳、衆生の口業に現るるなり」、「この機法一体の南無阿弥陀仏になりかえるを念仏三昧という」。

「機法一体」とは詮ずるに不二の教えである。その不二に名号の自性を見るのである。

五

どの念仏宗といえども称名をおろそかに考えるものはない。昔から「常行三昧」などというが、ここに「常行」とは常に念仏を行うとの義である。それであるから、望むらくは行住座臥、念仏にあけ念仏にくれるべきである。それ故、念仏の行者は日に日に何万遍と、六字の名号を口ずさんだ。京洛に「百万遍」と呼ぶ寺院があるが、念仏宗に必然に伴う行を語るものである。同じ名で呼ばれている長い念珠があるが、信徒達は大勢輪になって、その珠数を一つずつ繰りながら、念仏を称えた。これを多念仏というが、念仏は必定数多く称える念仏になってくる。法然上人の門弟であった隆寛律師は、特に「多念義」を宗旨としたと云われる。

しかし数多くという事に功徳があるのではない。念仏に日を送れば、おのずから多念に入るというに過ぎまい。それで一念でも真実な念仏であるならば、往生は決定されよう。経にも「乃至十念」とか、「乃至一声」とか記してある。それ故遂には行としての念仏よりも、信としての安心の方が重く見られるべきだと考えられた。これを「一念義」という。法然上人の門弟であった幸西はこの考えに落ちて、多念の無用をすら述べた。

しかしこれが異安心として、浄土宗から退けられたのは当然である。日々が念仏行の中に在るべきで、一度ぎりで念仏はすむというのは正統の思想ではない。この意味で師法然上人が行としての多念を勧められたのは自然であった。「往生の業、念仏を先とす」と云われた。

しかし親鸞上人は行よりも信を重く見られたのであるから、往生の業は信心を本となすと考えられた。それ故、多念の数よりも一念の質に重きを置かれた。「信行両座」の物語が早くも「親鸞上人御伝鈔」に記され、師法然も行の座につかず、信の座につかれたと記してあるが、これは史実とは云えまい。念仏の行を重んずる流れを「起行派」と云い、信心を重くみるものを「安心派」と名づける。浄土宗は前者であり、真宗は後者である。

それで真宗においての称名は、往生の業というよりも、報謝の念仏として解釈せらるるに至った。これがために一念多念の争いは、宗論として早くから起った。法然上人の態度はいつもの如く公平であり穏当であった。

「一念十念に往生をすといえばとて、念仏を疎想に申すは、信が行をさまたぐるなり。念々不捨者といえばとて、一念を不定におもうは、行が信をさまたぐるなり。信をば一念にむまると信じ、行をば一形にはげむべし。」

（一形とは一生の意である）。

謂い得べくば、横に念仏を見る時、浄土宗の「行」があるのである。これを縦に見る時、真宗の「信」があるのである。この両者に対して、時宗は如何なる立場に立つであろうか。

一遍上人は、一念にも往生の業を見たことにおいて、親鸞上人と変わるところはない。だが一念は度数ではない。念々がかかる一念でなければならない。それ故に一念の相続である。これは数多き多念ではない。また は報謝のための多念でもない。念々に新しい一念の連続なのである。それ故一遍上人にとっては、数え得る一念も多念もない。上人は云う、「名号の所には一念十念という数はなきなり」。数のない念仏であるから、どうして一念多念の別が生じよう。だからよく一念に即する多念であり、多念に即する一念である。

浄土宗は多念の側を専ら見ようとする。だから念仏の相続に重きを置くのである。真宗はこれに反し、一念の側を強く見るのである。それ故、余の念仏はただ報謝の意味に転じたのである。然るに時宗は、数なき念仏を見つめたのである。それ故一念と多念との矛盾は消える。「当体の南無阿弥陀仏の外に前後の沙汰あるべからず」という。それ故一念も沙汰、多念も沙汰、報謝も沙汰であろう。念仏は醇乎たる念仏でなければならぬ。

古来念仏宗には「臨終来迎」の思想と、「平生業成《へいぜいごうじょう》」の思想とが対立した。これは「来迎」対「不来迎」の宗論としても知られる。浄土宗は前者を、真宗は後者を主として説くのである。つまり往生は死に際する臨終にあって、その時仏の来迎を受けるという考えと、これに対し往生の業は平常に成就し得るものであり、来迎を待たぬという考えとに分れる。

臨終来迎の思想はもとより三部経に依るものであって、「小経」には、それを簡潔にこう記してある。

「その人、命終る時に臨みて、阿弥陀仏、諸々の聖衆と与《とも》に、その前に現在し給う。この人終る時、心顛倒せず。即ち阿弥陀仏の極楽国土に往生することを得。」

仏が来迎するという思想が、信徒にとって、どんなに温い教えであったかは、誰も推量が出来よう。これはとりわけ画家達の想像を誘う場面であった。慧心の筆と伝える山越の弥陀や、二十五菩薩来迎の図や、また広く愛された弥陀三尊来迎の図は、人々の信心をよく現したものである。浄土に生まれるとは、仏に迎えられる意味があろう。だから浄土宗の寺々を訪えば、本尊と仰ぐ弥陀如来は、足を運んで吾々に歩み寄る風情である。法然上人も、

「阿弥陀の本願は、名号をもて、罪悪の衆生をみちびかんと、ちかい給いたれば、ただ一向に念仏だに申せば仏の来迎は法爾の道理にて、うたがいなし。」（「勅修御伝」二十一）

来迎のない往生はないから、浄土宗においては、わけても来迎の図相を尊ぶのである。

然るに真宗に移ると、この信仰は消えてゆく。なぜなら、前にも述べた如く、この宗派では「平生業成」を説く。こうやって暮らすその平生に往生の業が成就するというのである。何も臨終時においてのみ往生がかなうのではなく、平生だに信心が定まるなら、往生の位を得るのである。それ故一念の信を得ば、臨終に来迎を仰ぐ要はない。これが真宗における「不来迎」の思想なのである。存覚上人の「浄土真要抄」に、

「親鸞上人の一流においては、平生業成の義にして、臨終往生の望みを本とせず。不来迎の談にして、来迎の義を執せず。但し平生業成というは、平生に仏法にあう機にとりてのことなり。もし臨終に法にあわば、その

機は臨終に往生すべし。平生を云わず、臨終を云わず、ただ信心を得る時、往生即ち定まるとなり。これを即得往生という」云々。

この故に真宗の寺院は来迎仏を本尊とはしない。臨終来迎から平生業成へと往生観が移る所に、浄土宗から真宗へと進む経路が見える。だが来迎から不来迎への推移は、多念より一念へ、廻向より不廻向へと変わるのと、同じ轍を踏むものと云えよう。不来迎が来迎に対しては、共に二元の思想を出まい。この争いに明らかな終止符を打ったのはまたしても一遍上人ではなかったか。

浄土宗は臨終に、真宗は平生に往生観を建てたが、時宗こそは平生即臨終に、往生の面目を見つめた。平生の外に臨終のないことを述べ、念々が臨終なることを説き、平生のその中に、来迎を観じた。謂わば念仏のあるところ、常来迎である。かくして平生に臨終があり、念々に来迎があって、真宗が棄てた来迎を再び活かし、浄土宗が忘れがちな平生に臨終を見つめた。一遍上人は云う、

「ただ今の念仏の外に、臨終の念仏なし、臨終即ち平生なり。」

「称名の位が即ちまことの来迎なり、称名即ち来迎と知りぬれば、決定来迎あるべきなり。」

「南無阿弥陀仏には臨終もなく平生もなし。……当体の一念を臨終と定むるなり。しかれば念々臨終なり、念々往生なり。」

不廻向を説き不来迎を説くのは未だ不二の仏法を見つめたとは云えまい。念仏は時間の差別の上にはない。「ただ今の念仏」は時の前後を許さぬ。それ故念仏においては平生と臨終との差は消え、来迎と不来迎との別は絶える。

法然上人は、往生を主に臨終の刹那に見、親鸞上人は平生の一念に見た。然るに一遍上人は名号に結ばれる平生即臨終に、往生を見つめた。

六

仏法の諸宗は、念仏門に至って、始めて充分に衆生済度の誓願が具現される道を開いた。聖道の諸宗において、悟入を得る者は、選ばれた者達に限られよう。選ばれざる者にとっては難行で、歩きおおせることが出来ぬ。然るに易行の一道を建てるに及んで、他力宗は、選ばれざる者への門戸を開いた。

実に浄土門の功徳は、何よりも人間の差違を撤廃したことにある。ここで男女の別は影をひそめた。罪業の深いと云われた女とても、めでたき往生が、しかと約束せられた。卑しい遊女とても、その恩沢に洩れはしない。同じように貴賤の別は消されて了った。貧富の差は取りのけられた。仏法は念仏門に至って、王侯や貴族にも増して庶民を暖かく迎えた。貧しさに沈む者達を心の富者に甦らせた。これで誰も彼も往生の業を完う出来るに至った。僧俗の別など、何の妨げにもならぬ。それ故、他力門においては、賢愚の別も、問題とはならぬ。それどころか、進んで一文不知の輩が、もっと温かく仏の慈悲を受けることを説いた。ここまで教えを徹すると、善人悪人の差別さえ躓きにはならぬ。否、進んでは悪人が弥陀の迎える正客の座につくことを明らかに報らせた。だから罪無罪、破戒持戒の差違も、往生の業には何の障りにもならぬ。もとよりそれは悪がよいなどと、つゆ述べているのではない。いつに如来の大悲、願力による恩沢である。他力が凡夫のために一切の不思議を演じてくれるのである。

凡ての浄家はこの仏恩を迎えるにあたり、口称の一道を説いて止まぬ。だがこの念仏の行には、信が伴わねばならぬ。否、信こそは行にもまして重要なものとされた。前にも述べた通り、これはやがて法然より親鸞への推移であった。それを受け継いだ蓮如上人は云われる、

「たとえ名号を七重八重に身にまといたりとも、信を得ずば、往生は得候う間敷候う。」

凡ての宗教は信を基礎にする。信があらば何にもまして、仏に近づくことが出来る。これを失うことは、仏

から遠のくことを意味しよう。だから信こそは行の根であると云われた。真宗の伝統はこのことを主張して止まぬ。

一見この見方に誤りがあろうとは思えぬ。だが、人間から善悪の別や賢愚の差を、躓きとさせなかった他力門において、信不信の差に、その法門を建ててよいのであろうか。信をすら得られずに憐む者に、救いは閉ざされているのであろうか。信もまた選ばれた者にのみ許されている力ではないのか、不信の者に往生の恵みは与えられないのであろうか。この問いこそ念仏の一門を建てんとする者が、当面する最後の問題である。実にこのことに対し、最も深く答えを迫られたのが一遍上人である。

彼は往生の業に対しただに賢愚、善悪の別を消したのみならず、遂に信不信の別をも撤して了ったのである。ここに他力門が真宗から更に時宗に移る契機がひそむ。仏縁を結ぼうと、彼がいつもの如く名号を記した札を賦《くば》りつつあった時、偶々律宗の僧に逢うた。「信を起し、名号を称えて、この札を受けられよ」と、上人が札を差し出した時、僧はこれを返して「一念の信もないこととて、この札を受けたら偽りを犯すことになろう」、「信心が起らないのは、私の力の及ばないところである」と。僧の答えは誠実で嘘言ではない。どうしたら不信の者に勧進を正しく続けることが出来るか。信なき者に札を賦《くば》ることは意味がないのであろうか。上人は想い悩んでその夜、熊野本宮の証誠殿に祈願をこめ、権現の冥慮を仰いだ。遂に夢想の告があって彼の耳に響いた。

「融通念仏すすむる聖《ひじり》、いかに念仏をば悪しく勧めらるるぞ。御房の勧めによりて一切の衆生、始めて往生すべきにあらず。阿弥陀仏の十劫正覚に、一切の衆生の往生は南無阿弥陀仏と決定するところ也。信不信をえらばず、浄不浄をきらわず、その札をくばるべし。」

上人の感激は烈しく、「我れこの時より自力の意楽《いぎょう》をば捨て果てたり」と叫ばしめた。

人間の往生は、十劫の昔、仏が正覚をとったその刹那に決定されているのである。人の力で往生するのでもなく、また吾々が人を往生せしめ得るのでもない。信と不信と、浄と不浄と、そんな人間の差別に左右されるような往生ではない。もし人間の力で往生が出来るとなら信も必要であろう。浄もなくてはなるまい。だが往生は十劫の昔、正覚のその刹那に成就されているのであって、人間の信がそれを支えているのではない。それ故人間の賢愚の如き、善悪の如き、信不信の如き、何の差別が、弥陀の本願を乱し得るであろう。一遍上人は云う、

「厭離穢土、欣求浄土のこころざしあらん人は、わが機の信不信、浄不浄、有罪無罪を論ぜず、ただかかる不思議の名号を聞き得たるをよろこびとして、南無阿弥陀仏をとなうべし」と。

信不信を選ばずとは、他力法門の最後の驚くべき教えではないか。不信の者をこそ、不信のままになお救う道を阿弥陀如来は建て給うたのではないか。往生は弥陀の正覚に成就されているのである。人間の資格によって左右し得るが如きものではあるまい。信を得ずば往生出来ないと云うのは、充分に弥陀の力を知り得てのことではあるまい。一遍上人の体験の深さは、遂に信不信をも越えて、往生の契いを見つめたことにあろう。

七

「明義進行集」に法然上人の次の言葉が記録してある。

「源空も始めには、念仏の外に、阿弥陀経を毎日三巻読み候いき。一巻は唐、一巻は呉、一巻は訓なり。然るをこの経に詮ずるところただ念仏を申せとこそ、説かれて候えば、今は一巻も読み候わず、一向念仏を申し候なり。」

「阿弥陀経」には「名号を執持すること一心不乱なれ」と教えてある。何ぞ経を読んで功徳を求め、ために称名を怠るべきであろう。称名専修でこそ、念仏の信徒と云えよう。故に日夜名号を口ずさまれるに至ったのである。

同じような物語が親鸞上人において も記録された。恵信尼文書《えしんにもんじょ》にいう。上人は衆生利益《りやく》のためにとて、三部経を千部読み始められたのであるが、「名号のほかには何事の不足があろうか」と思い返して、読経を止めて専心に念仏せられた。然るを病熱に犯された或る日、また経を譫言の如く読まれた。醒めて後、そのことを省み、「念仏の信心より外には、何事か心にかかるべき」と深く恥じられたと記してある。経を読むことも棄て、称名を専らにせられたことこそ、念仏一道だと云える。

だが両上人は、この一道を説くために、千語万語を費されたのである。法然上人には「選択本願念仏集」があり、親鸞上人には「教行信証」がある。共に数多くの経典を引用し、論理を整え、修辞を磨き、他力の法門を宣揚せられた。浄土宗及び真宗が共に本典として仰ぐのは、それ等の著述である。何を目途として多言を費されたのであろうか。実はただただ称名に秘められた不思議を説くためである。

考えるとそれ等の大著は、ただ六字のためではなかったか。六字の前には千語万語も影の如きに過ぎまい。否、六字以外の言葉のために、六字が影となってはすまぬ。一遍上人は死が近づいた折、所持された聖教や書きものを凡て焼き尽されて了った。消えゆく煙を見て弟子達が悲しみに胸を痛めた時、ただ一語「一代の聖教皆尽きて南無阿弥陀仏になりはてぬ」と云われた。

ここに浄教の浄教がまともに浮かぶ。一切を残さず、ただ六字だけを、くっきりと出された。六字だにあらば、何の不足があるであろう。万巻の浄教は、ただ名号を唱えよと教えているのではないか。時宗には依るべき本典はない。だが何よりも六字があるのである。これにまさる本典があろうはずはない。上人にも幾許《いくばく》かの言葉は残るが、それは弟子達が、記憶のままに記しておいたものに過ぎぬ。上人には六字のみで事足りたのである。否、六字のみがよい。六字にまさるものは他に見られぬ。多くの言葉で、この六字を濆してはならぬ。最も多く六字が活かされるために、最も少なく他の言葉が用いられねばならぬ。

名号ただ一つ、独一なる名号、名号をここまで高めた浄家が他にあるであろうか。法然上人も親鸞上人も、一遍上人を得て、浄土門の最後の仕上げをしたのである。

その語録に云う、或る人問いて云わく、「上人御臨終の後、御跡をば、いかように御定め候や」。上人答えて云く、「法師のあとは、跡なきを跡とす」。「今、法師が跡とは、一切の衆生の念仏する処これなり。南無阿弥陀仏」。

上人かつて禅門の大徳法灯国師に会う。国師一問を上人に呈し、「念起即覚」の意を問われた。上人は一首の和歌を読んで答えられた。

「称うれば　仏も吾も　なかりけり
　　南無阿弥陀仏の　声ばかりして」

国師は「未徹在」と云われた。未だ悟りに徹しないものがあるとの批評である。上人は直ちにまた一首を口ずさんだ。

「称うれば　仏も吾も　なかりけり
　　南無阿弥陀仏　南無阿弥陀仏」

これを聞くや、国師は直ちに禅の印可を上人に贈呈せられた。

他力と自力、浄門と禅門、またここに不二なるを見る。一遍上人は念仏の一道を究竟の頂きにまで高めた。

〔一九五五年八月発表〕

一遍上人の話

第一回

私はこれから御依頼を受けて、六回に渡り一遍上人について、連続のお話を致します。

一遍上人については、恐らくまだお知りにならない方の方が多いかと思います。謡曲で遊行上人のことを耳にされたり、絵巻物で一遍聖《ひじり》に関する絵を御覧になった方々でも、上人の人となりや、その行実や信仰に就いては、余り注意なさらずに終っているかと思います。後にもお話し致しますが、一宗の開祖であり、在世中は極めて著しい影響を庶民に及ぼした大徳でありますが、その宗派が漸次衰えましたためか、上人に関する著作も今日、寥々たる有様で、かの親鸞上人や道元禅師に関する書物が、もう読み切れない程の量になっているのに比べますと、上人は誠に今日まで不遇な存在であったと申さねばなりません。しかし日本で生まれ育った仏教思想のうち、最も徹底したものの一つは、上人によって代表される念仏思想でありまして、当然今日の方々から、もっと深い尊敬と、詳しい研究とを受けられねばならぬ方であります。私のこのお話が何かそういう機運を促すに至るなら幸いであります。

さて、これから引き続く六回のお話の中で、第一回分は大体上人の一生やその時代のことをお話し致し、第二回目は、その宗旨たる「念仏信仰」の歴史をかいつまんで申し上げたく思います。そうして第三回から五回までは、特色ある上人の宗教的思想に就いて述べたく思います。これにはなるべく議論を避けて、上人自らの言葉を御紹介致すことに致します。最後の一回は、これから上人を研究なさるのには、どんな参考書があるかということを述べたく思います。何れも短時間でお話し致す啓蒙的なものでありますが、前述の如く余りにも上人のことが一般に知られておりませんので、これでも何かのお役に立てば有難く思います。もっともこういう話は当然宗門の方々がなさるべきでありますが、或る意味では在野の者が致す方が、一般の方々には却って親しみやすいかとも思われて、代って一役を勤める次第であります。

日本における仏教の歴史は、もう千四、五百年にも及びますが、その中で、幾つかの偉い時代がございました。聖徳太子や、続く幾人かの大徳達の偉業は、今日法隆寺や唐招提寺や薬師寺やその他多くの寺々で昔を偲ぶことが出来ます。また弘法大師や伝教大師の出られた平安朝が一時期でありまして、今日もなお高野山に叡山にその宗祖達の名が高く遺ります。下って藤原時代には慧心僧都の名で親しまれている源信の如き方がありますその「往生要集」は名著であり、また、来迎図などにもその名を永く止めております。

しかし何と云っても最も偉大な仏教時代は鎌倉期でありまして、日本の大きな宗派の大部分は、この期間に興りました。法然上人は浄土宗の開祖、栄西禅師は臨済宗の宗祖、親鸞上人は真宗の初祖、道元禅師は曹洞宗を、日蓮上人は法華宗をそれぞれに興されました。その他明慧上人とか解脱上人とか、世に聞こえた高僧達も皆同じ鎌倉時代の方々でありました。誠に百花の美が一時に開いた如き大景観を呈しました。

わが一遍上人もまた同じ時代の高僧で、鎌倉仏教の最後を飾る偉い坊さんでありました。上人が生まれられた頃は、なお親鸞上人が在世された折で、いつ頃活躍されたかと申しますと、それは丁度日蓮上人や道元禅師や聖一国師等が、盛んに新しい宗風を起されたのと同じ時代なのであります。西洋暦に致せば、十三世紀で、丁度キリスト教における聖トマス・アクイヌスやまたエックハルトの如き思索者の出たいわゆるゴシック時代の初期で、キリスト教宗学と信仰と芸術とが絶頂に達した時期なのであります。誠に東西時を同じくして宗教の黄金時代が現れていたわけであります。それは今からざっと七百余年の昔であります。

一遍上人が生まれられたのは、延応元年、即ち西紀一二三九年に当ります。四国は伊予の国、即ち今の道後温泉に近い所がその誕生の地であります。姓は河野氏で父の名は通広《みちひろ》と云います。祖父は有名な武士でありました。平家が亡び、源氏が興り、またついで北条氏に亡ぼされるその頃の人々でありました。上人の幼名は通尚《みちなお》であります。わずか十歳の時に母と死に別れ、仏縁があって出家の身となるに至りました。誠に法然、親鸞、道元など、皆同じように親に早く別れられた方々であります。一遍上人はわずか十四歳の時、海を渡り、九州の博多に聖達上人を訪ねられました。この方は法然上人の直弟子たる証空上人の門弟であります。後父の法友でもありました華台《けだい》上人の許《もと》にも学んで、名を「智真」と改めました。後再び聖達上人の許で仏学を、特に浄土教を学びました。勉学すること前後凡そ十二ヶ年に及びましたが、父の訃音に接して始めて故郷に帰りました。時に二十五歳でありますが、それより三十三歳に至る七、八ヶ年こそは、精神的な苦闘の日々でありました。その間光を求めて遠く信濃路に旅立って、善光寺に詣で、有名な「二河白道《にがびゃくどう》」の図を得ました。これを抱いて故山に戻り、これを本尊として自らを一室に閉じて、不断の修行にいそしみました。今日もなおその頃苦行されたという巌窟が残ります。一日遂に成道して、大願を発せられ、これから生涯の遍歴が始まります。時に三十五歳の年で、それから彼が死に至るまで、実に十有六年の間、足を休める暇もなく、北は奥羽から南は薩隅に至るまで、人々を勧化《かんげ》する長い旅につかれました。かかる遍歴を「遊行」と申しますので、彼はしばしば「遊行上人」とも呼ばれました。相州藤沢にある時宗の大本山清浄光寺は、一般には「遊行寺」の名で親しまれておりますが、もとより一遍上人の遊行に因んだ呼び方であります。

古くは西行も、近くは芭蕉も遍歴の詩人でありましたが、鎌倉時代と云えば七百余年の昔、人家も少なく、道とても覚束なかったその頃の交通はどんなに不便でまた危険の多いものであったでしょう。上人の伝記を読みますと雪に埋もれて幾夜かをあかし、食物も絶えて、幾日かを過ごされたこともありました。それは必ずや難儀の多い、果てしもない旅程であったと思われます。なぜ志を起してこんな旅人になられたのでありましょうか。

沙門の身となるとは仏法に一身を捧げることであります。わが身、わが家、わが衣、わが食を棄ててこそ、出家の身と云えるでありましょう。出家とは三界無庵のことで、上人は生涯、一定の寺に住むことなく、次から次へと旅に出られました。かかる世捨人を昔は「聖」（ひじり）と尊びました。聖とは一切を捨てた人を指すので、上人は「捨聖」として活き、またかかる生活に真の生活を感じておられました。上人の先駆者としては、空也上人があります。

かかる遊行は何を意味したのでしょうか。廻り会う凡ての人々に仏縁を結ばせたいためでありました。誰をも仏の心に帰《かえ》させたい志によります。上人はその手だてとして、「南無阿弥陀仏」と書いた小さな紙札を人々に配られました。これを「賦筭《ふさん》」〔筭は算の異体字〕と云っておりますが、「賦」は頒つの意、筭は筭《かぞ》える札のこと。その六字の名号の下には二行に「決定往生、六十万人」と記してありますが、この菩薩行によって、実際に賦筭し得た札数は二十五万一千七百二十四枚と記録されております。衆生を勧化《かんげ》することを一生の仕事とされ、歩むにまかせ日本国中を遍歴されたのであります。その足跡は当時としては真に驚くべきもので、その間に彼を慕って集った善男善女の数また驚くべきものであったことは、今日絵巻物などがよく伝えるところであります。

この旅の中で上人の一生にとって最も大きな出来事の一つは紀州熊野権現に参籠の折であります。当時はいわゆる「本地垂迹」の説が行き渡って、一切の神は仏の現れと見られ、「権現」なる古い言葉はよくそれを示します。熊野権現は即ち阿弥陀仏の現れとされておりますが、この神社の証誠殿において、一夜夢に御告げを受け、その時よりゆるぎなき信心の人となられました。上人自らの言葉を借りれば、「この時に自力の我執を打ち捨てたり」と云われています。その時の了解を歌ったものに「六十万人の頌」と呼ばれるものがあって、その中に「一遍」という文字が現れて参ります。これによって智真という僧名を「一遍」と改められたのでありますが、一遍の一は「ひとつ」、遍は「あまねし」であります。つまり一にして多、多にして一、一多不二の意を示す言葉と解してよいでありましょう。ここに上人の信仰の帰趨がありまして、以て僧名とされたのであります。

その長い遊行の間におのずから起った一つの出来事は、いわゆる「踊躍念仏」でありまして、上人が四十一歳の折、信州化導の砌《みぎり》、始められた念仏の行事であります。この踊り念仏は先に空也上人がありまして、一遍上人の先達でありました。昔からの言葉にも「手の舞い足の踏むところを知らず」など申しますが、法悦歓喜の心は、おのずから踊躍となって、あふれ出ました。それ以来上人の宗派ではこれが一種の行事となっておりますが、当時これを非難する者があった時、上人は和歌を以て答えられました。

「はねばはね、踊らばおどれ春駒の
　のりの道をば　知る人ぞ知る」と。

更に一首、

「ともはねよ、かくても踊れ心ごま
　弥陀のみ法《のり》を聞くぞ嬉しき」

今日残っております上人の彫像や画像を見ますと、頭蓋は大きく、眼光は鋭く、頬は高く、躰は瘠せ、身にはただ名ばかりの袈裟を纏われているのみでありますが、鋭い慧智と金剛の意志とをよく示すものであります。上人が鎌倉時代に現れた聖僧のうち最も短命であったのは、全く粗衣粗食の暮らしをして、日夜を遍歴の菩薩行に送られたためと思われます。上人の終焉の地は兵庫で、今は戦火のため焼け去った真光寺がその跡であります。ひとり石造の供養塔のみがその昔を語ります。時に上人の齢わずか五十一歳でありました。住まれた寺もないこととて、或る弟子が「何を上人の跡とすべきや」と問いますと、上人は答えて「法師があとは跡なきを跡とす、跡をとどむるとは如何なることぞ。法師が跡とは、一切の衆生の念仏する所これなり」と云われました。

第二回

これは一遍上人に関する第二回目のお話であります。前にも予告致しました通り、上人の宗旨について簡単に申し述べます。上人は時宗の開祖でありますが、時宗は浄土系統の宗派でありますから、必然浄土思想のことを、あらかじめお話し致します。

仏教は長い歴史を持ちますので、様々な偉大な高僧達が現れ、従って色々な宗派を生じました。仏法そのものは一つでありますけれども、それに達する道筋は色々に分れます。それでその道筋の違いを明らかにすることが、やがて宗派の特色をよく知らせる事になります。これを昔から「教相判釈」、略して「教判」とも申しておりますが、即ち教えを判別する義であります。つまり分類でありますが、よく知られているのは、自力道と他力道との判別で、或いは前者を「聖道門」と呼び、後者を「浄土門」と呼びました。また自力道の方を「難行道」、他力道の方を「易行道」とも申します。譬えて申せば、自分の足の力で陸路を歩む者と、風を帆に孕ませて水路を走るものとの違いになります。

そのうちの他力的な考え方は、もとよりインドに発したものでありますが、支那では念仏宗となって現れ、唐時代の善導大師によって、円熟した教えとなりました。

日本でこれを承け継いだのが、実に鎌倉時代の初頭に現れた法然上人で、特筆すべき点は、念仏宗を独立した新しい一宗に高めて、これを「浄土宗」と名づけられたことであります。浄土と申しますのは、穢土、即ち汚れたこの世に対する、浄いあの世でありまして、これを極楽浄土と申します。浄土宗はそういう国に往いて生まれる即ち「往生」の道を説く教えであります。

大体仏教に宗派が分れますのは、沢山ある経文の中で、何れを重く見るかで分れます。華厳宗は華厳経を、天台宗は法華経を、真言宗は大日経をという風に、依って立つ経文が異ります。禅宗のような何も一定の経文を立てないものもありますが、それでも金剛経とか楞伽経とか維摩経とかを好んで読みます。それなら浄土宗はどんな経文に依るかと申しますと、いわゆる三部経と呼ばれるものがありまして、「大無量寿経」と「観無量寿経」と「阿弥陀経」との三経であります。阿弥陀如来を本尊と仰ぎ、その仏名を称えますので、早くから念仏宗とも呼ばれました。日本におけるこの念仏宗は、今は三流ありまして、第一は法然上人を開祖とする浄土宗、第二は親鸞上人を宗祖と仰ぐ真宗、第三は一遍上人を初祖とする時宗であります。三者共に三部経を所依の経文といたし、阿弥陀仏を念ずることを宗旨とする点において、全く共通しておるのであります。

そもそも阿弥陀仏と申す仏は、大乗仏教に現れる諸仏諸菩薩の中で、最も多く親しまれている仏名で、大乗仏典の三分の一は、この仏に就いて何かを語っていると云われます。なぜそれほど重んじられる仏となったかと申しますと、阿弥陀如来は大悲、即ち慈悲の化身でありまして、一切の衆生を救おうという大願を発せられた仏だからであります。

では阿弥陀如来は、どういう方法で衆生を済度しようとされるのでありましょうか。一般の衆生にむずかしい修行をさせたり、学問や戒律などを要求しても無理であります。もっと易しい道を示さねばなりません。その道として説かれたのがつまり「念仏」で、文字が示す通り「仏を念う」ことであります。しかし念仏が観念や冥想に依るものであるとすると、これまた一つの難行になって了いますので、念仏を称名に更え、仏の名を口で称える道を考えられたのであります。この意義を日本で最も深く説かれたのが法然上人であります。その浄土宗の志とするところは、口で「南無阿弥陀仏」の六字を称えることであります。これを「六字の名号」と申しますが、この名号に一切を托しきることが念仏の本旨なのであります。

どの経文のどこに、その趣旨が述べてあるかと申しますと、「大無量寿経」に仏が発した四十八個の大願がありまして、その第十八番に、衆生済度の道と致しまして、称名を説いているのであります。経文の意味はこうであります。

「たとえ私が仏となるにしましても、この世の衆生が心から信心を起して、浄土に生まれたいと希い、わずか十度でも口に仏を念ずる時、もし往生が遂げられぬなら、私は仏にならぬ」との契いなのであります。

「南無阿弥陀仏」と申しますのは、「南無」と「阿弥陀」と「仏」との三字から成っておりますが、凡ては梵音そのままを取ったのでありまして、南無とは「帰命する」意、阿弥陀とは「無量寿」の意、仏《ぶつ》とは「覚者」の意で、つまり「無上なる仏に命をまかせ奉る」という意味があります。この「南無阿弥陀仏」の意味の深さを説くのが、凡ての念仏宗の心指しなのでありまして、一遍上人の宗旨もこれに外ならないのであります。

それ故、全く凡夫たる衆生を相手に、仏自らが選ばれた済度の道でありまして、ただ口に「なむあみだぶつ」と称えることでありますから、どんな凡夫にも出来ることであります。これが易行道と云われる所以であります。それ故称名に依るとは、仏の本願に乗ずる意味がありまして、謂わば仏の慈悲心に身も心も便りまかせることであります。

それ故念仏の道は、また他力の道とも呼ばれます。なぜなら凡夫が成仏出来るという場合、凡夫自らに資格があって救われるのではありません。資格のない者を何とか救おうという仏の大願に依って、助けられるのでありますから、それは他から力が加わることを意味します。かかる他力に支えられなければ凡夫がどうして成仏出来ましょう。凡ては阿弥陀仏の宏大な慈悲の致す所と申さねばなりません。阿弥陀仏が慈悲の権化と云われるのはこの意味であります。

今の若い方々にとっては、「なむあみだぶつ」など申すと、如何にも古くさい呪文のようなものに思われがちで、とかく奇異な想いでそれを批判なさるかと思います。しかし数々の偉大な高僧達が、その意味の深さを繰り返し繰り返し説かれているのでありまして、この教えに浴した人々から、大した信者が沢山出て、立派な一生を送り、平和な死を遂げている事実を想い浮べるべきだと思います。一遍上人が身を賭して説かれた教え、行いなど、凡てはこの六字に集注されているのであります。

もしお分りにくかったら次の様に考えて頂くと、この教えに近づきやすいかと思われます。根本的な出発は、この現世の濁りに対する反省であります。現に活きているこの世が、今末世であるということと、何よりかく考える自分が、いともみじめな凡夫に過ぎぬということへの内省であります。そうしてこのことは、自分が救われる値打ちのないほど、やくざなものだという事実に当面することを意味します。この自己の小ささ、浅さ、果無さに対する切実な反省がないと、この宗派の意味は、受け取りにくくなるでありましょう。

かの法然上人は自らを「十悪五逆の法然房」と云われ、親鸞上人は自らを「愚禿」と卑下せられ、一遍上人は「下根の者」と申され、たえず懺悔の生活を送られました。凡ての念仏宗は、自己の罪悪感から発足すると云ってよいのであります。しかし自己の小を切実に感得するその刹那こそは、無限に大なるものに接しているその時なのであります。自己の小を知るとは、かかる自己は惜しげもなく棄て去るべきものなのを告げるでありましょう。この小我の放棄こそは、大我への接触なのであります。無限小こそは、無限大と触れ合います。動揺する心の不安を経ることこそ、不動の安心を得る所以であります。少しでも自分の力をたのみ、我執にほだされるなら、安心は得難くなるでありましょう。

それ故自己の汚れを感じ、小ささを省ることと、「なむあみだぶつ」と称えることとは、同じ心であります。なぜなら、そのことは無限小の自己を、無限大の仏に委ねきることを意味します。称名は自己放下を求めます。それでこそ絶大な他力を迎える所以になります。

法然上人が「ただ称えよ」とくり返しくり返し云われたのは、全分に仏の慈悲に抱かれる有難さを受けるためであります。

そうなると、「なむあみだぶつ」という六字の中で、衆生済度が行われることを知るに至ります。なぜならこの六字の中で、人と仏とが一躰になるからであります。この教えの上に、一宗を開かれたのが、法然上人であり、またその門弟であった親鸞上人でありました。そうしてこの教えを至り尽すところまで、至らしめたのが実に一遍上人なのであります。

智慧もあり意志も強い上根の人達は自力に便って道を開くことも出来ましょう。しかし大部分の衆生は、凡夫たることを余義《ママ》なくされて、多くの罪に身を潰して了います。しかしそれ等の人々をこそ救わねば、衆生済度の大願を満たすことが出来ません。そのために特に凡夫に向って用意されたのが易行の道、即ち称名の道であります。誰だとて口に「南無阿弥陀仏」と称えることは出来ましょう。こんな易しい行いの上に、大安心の道を建てられたのが、浄土宗なのであります。そうしてその浄土宗の宗旨を、絶対な点にまで深め浄め高められた方こそ、一遍上人なのであります。

第三回

これより続く三回分は、一遍上人の遺された言葉を主に引用して、その浄土思想の特色を述べたく思います。恐らく上人には、書き記された著述が幾つかあったと思われるのでありますが、死が近づいた時、凡てを焼き棄てて了われました。これを見た門弟達には悲しい想いがあったかと思われますが、この時上人は「一代の聖教皆尽きて、南無阿弥陀仏になりはてぬ」と申されました。一切の文字を棄てて、ただ南無阿弥陀仏の六字を伝えられたわけであります。それ故今日、上人の著作として伝わるものは一冊もなく、ただ幾許かの消息文と、門人が書き記しておいた上人の言葉や詩歌が残されていて、これによって上人の思想をわずかにかいまみることが出来るのであります。

しかし、一切の文字を棄ててただ六字の名号を遺されたというその事に、上人の人となりや信仰を語る最も端的な表現があると思われます。法然上人には「選択本願念仏集」という大著があり、また親鸞上人には「教行信証」という長篇があって、それぞれに浄土宗、真宗の依って立つ御本典と仰がれているものでありますが、時宗には今日かかるものを見ることが出来ません。しかし考え直してみますと、法然上人や親鸞上人のそれ等の大著は、何を云おうとしているのでありましょうか。凡ては「南無阿弥陀仏」という六字を口ずさめと勧められているのであります。念仏門が依って立つ三部経も、詮ずるに称名を専らにせよということに尽きます。それが仏の祈願され切望されている一点であります。それなら、念仏を説くのに百千万語が費されるとしても、要するに六字に皆帰るのでありまして、どこに六字以上の、また以外の真理があるでありましょう。こう考えると一遍上人が、書かれた凡ての文字を焼き棄てて、ただ六字のみに一切を托されたということは、浄土教の最後の帰趨を示されたものと云えましょう。この名号を丸ぼりにくっきりと浮かび出させた時にこそ、念仏の一道が徹底せられたと申すことが出来ましょう。この意味で、鎌倉時代に現れたもろもろの念仏大徳のうち、上人こそは、その結論を示されたものと云ってよいでありましょう。六字そのものが大切で、六字に関する艸々の言葉は、これに比べると二次的だと申してよいかと思います。

しかしなぜそんなに六字に深い意味があるのか、どうその深さを受け取ってよいか。煩悩の多い衆生にとっては、六字についての教えもまた意味が大きいと云えましょう。私はここに上人が記された消息文の中から、忘れ難い一文を先ず引用致すことで、その思想の深さを想いみたいと思います。この消息は法然上人の有名な「一枚起請文」や証空上人の「鎮勧用心」などに比ぶべき有難い文字だと思います。これは興願僧都という方が、「念仏の安心」ということを尋ねられたのに対する御返事なのであります。その本文は次の如くであります。

「それ、念仏の行者用心のこと、示すべき由承り候。南無阿弥陀仏と申す外、更に用心もなく、この外にまた示すべき安心もなし。もろもろの智者達の様々に立ておかるる法要どもの侍るも、皆諸々の惑いに対したる仮初めの要文なり。されば念仏の行者は、かようの事をも打ち捨てて念仏すべし。昔空也上人へ、ある人、念仏はいかが申すべきやと問いければ、『捨ててこそ』とばかりにて、何とも仰せられずと、西行法師の選集抄に載せられたり。これ誠に金言なり。念仏の行者は智慧をも愚痴をも捨て、善悪の境界をも捨て、貴賤高下の道理をも捨て、地獄をおそるる心をも捨て、極楽を願う心をも捨て、また諸宗の悟りをも捨て、一切の事を捨てて申す念仏こそ、弥陀超世の本願には叶い候え。かように打ち上げ打ち上げ称うれば、仏もなく我もなく、ましてこの内にとかくの道理もなし。善悪の境界皆浄土也。外に求むべからず。厭うべからず。よろず生きとし活けるもの、山河草木、ふく風、たつ浪の音までも、念仏ならずということなし。人ばかり超世の願に預るにあらず。またかくの如く愚老の申すことも意《こころ》得にくく候わば、意《こころ》得にくきにまかせて愚老が申すことをも打ち捨て、何ともかともあてがい量《はか》らずして、本願にまかせて念仏し給うべし。念仏は安心して申すも、安心せずして申すも、他力超世の本願にたがう事なし。弥陀の本願には欠けたる事もなく、余れることもなし。この外にさのみ何事をか用心して申すべき。ただ愚かなる者の心に立ち帰りて念仏し給うべし。南無阿弥陀仏。」

誠にこの一通は、もろもろの仏教の高僧達が遺された消息文の中でも、特に秀でたものの一つに数えられてよいでありましょう。文面の意味、甚だ明確で、別に説明は要らぬかと思いますが、平たく今日の言葉に直してその内容を省みたいと思います。

この一通の消息は、念仏をするのに、どういう心がまえをしたらよいか、どういう心の支度が要るかという問いに対する御返事であります。上人の答えは次の様でありました。南無阿弥陀仏と称えるほかに、別に何の用心も要らない。色々な学者達が、教義などを細々と述べてはいるが、それは色々な惑いに対する、ほんのかりの言葉に過ぎないのであって、そんな知慧に便る要もないのである。それ故、かようの事も皆打ち棄てて、ただ念仏するのがよいのであります。昔空也上人に或る人が、念仏はどういう風に称えたらよいかと尋ねますと、上人はただ一言「捨ててこそ」と申されたと云います。この言葉は、かの西行法師のものされた「選集抄」に載せられていますが、誠に金言であると申さねばなりません。(ついでであります から申し添えますが、一遍上人は、大変空也上人を尊ばれました。空也上人は古く十世紀の方でありまして、市聖（いちひじり）の名で知られ、民衆に踊念仏をすすめられた方であります。一遍上人はいつも空也上人の言葉を大切に省みられておられたと云います。この「捨ててこそ」という一言こそは、やがて一遍上人の生涯を物語る言葉とも云えましょう。それ故これを「金言」と讃えられたのであります）。

続いて上人はこう申されました。「念仏を行ずる者は、智慧をも愚痴をも、即ち賢さも愚かさをも捨て、善とか悪とかの差別をも捨て、また貴賤とか上下とかいう道理をも捨て、地獄を怖れる心をも捨て、同じく極楽を希う心をも捨て、また諸々の宗門が説く悟りというようなことをも捨て、一切の事を捨てて申す念仏こそ、阿弥陀如来が建てられた超絶したあの本願の心指に添うものなのであります。」そう上人は説かれております。つまり念仏の境地には賢愚、善悪、貧富の差はなく、そんな区別を捨ててかかってこそ、真の念仏があるのであると述べられております。また地獄を怖れる心も、極楽を希う心も共に捨てろと云われている所に、真の安心の道が示されていると申されましょう。親鸞上人が云われたという有名な言葉「念仏は、誠に浄土に生るる種にてやはんべるらん、また地獄に落つべき業にてやはんべるらん、惣じてもて存知せざる也」。誠に同じ信心を示した言葉だと申さねばなりません。念仏の心指、誠にこれを出ないと思います。

さて、一遍上人の消息文は、更に次のように続きます。「そういう風に、声を打ち上げて南無阿弥陀仏、南無阿弥陀仏と称える時は、仏と我れとの二つは消え、ましてとかくの理窟などは絶えて了います。こうなると、善の世界も悪の世界も、不二となって分つべきものなく、皆浄土に甦って参ります。決してそれを外に求めてはなりません。ここを厭うてはなりません。それ故よろず生きとし生けるもの、山も河も草も木も、吹く風も、立つ浪の音までも、念仏ならざるものはなくなります。人間ばかりが、かの超絶した如来の本願に預るのではありません。一切のものが、その願に支えられているのであります。

それ故私がこの様に申すことが、分りにくかったら、分りにくいままに私の申す言葉も捨てて下さってよいのであります。何ともかとも、彼ともこれとも計らう事を止めて、本願に任せきって念仏されるのが正しいのであります。それ故念仏は安心して申すのも、安心しないままで申すのも、他力本願の意に、悖《もと》ってはおりません。阿弥陀如来の本願には、欠けるものも余れるものも共にないのであります。この外に何事の用意が要るでありましょう。ただ愚かなる者の無一物の心に立ち帰って念仏されるのがよいのであります。南無阿弥陀仏。」これでこの消息は終っております。

念仏は安心して申すも、不安のままに申すも、弥陀にとっては何のけじめもないと云い切ってあるところに、念仏一道の有難さがあると思われます。それ故法然上人も「ただ申すばかり」と云われました。この「ただ」という言葉に千鈞の重みがあると存じます。念仏はただの念仏であってよく、それ以外に何の交り気をも必要としないのを明らかにされているのであります。一遍上人の法語にまた次のような言葉が見出されます。

「決定往生の信足らずとて、人毎に嘆くは謂われなき事なり。凡夫の心には決定なし。決定は名号なり。然れば決定往生の信足らずとも、口にまかせて称せば往生すべし。これ故に往生は心に依らず、名号によって往生する也。決定の信を立てて往生すべしと云わば、なお心品に帰る也、わが心を打ち捨てて、一向に名号によりて往生すと意得れば、おのずからまた決定の心は起る也」云々。

凡夫であることを、徒らにくやむな。凡夫のままで安心出来るのが念仏の道なのである。そう上人は説いておられるのであります。この「凡夫成仏」ということこそ、凡ての念仏宗の趣旨なのであります。

第四回

今日は続いて上人の遺された言葉を引きつつ、その思想を明らかに致したく思います。上人には遺された和讃や和歌や詩偈《しげ》が幾つかありますが、始めその中から二、三を選びたく思います。上人が三十三、四歳の折、予州の窪寺に幽棲せられていた時、成道の偈《げ》とも見做さるべき七言の頌《じゅ》があります。「十一不二頌」と申して宗門では大切に扱っております。元漢文でありますが、意味をとって、分りやすい和文に直しますと次の様になります。

「十劫の昔、正覚したまえるは、衆生界のためなり。
一念を以て往生す、弥陀の国に。
十劫と一念と二ならずして、無生を証《さと》り、
弥陀の国と衆生の界と、平等にして大会に座す。」

文中十劫の昔と申すのは、遠い遠い時間もない昔と考えて頂いてよいのであります。その昔に仏が正覚をとられましたのは、ひとえに衆生済度のためなのであります。正覚を取るとは仏になられたことであります。ただ一念「なむあみだぶつ」と称えさえすれば、弥陀の浄土に往生が出来ることを経文は明らかにしております。それで十劫という長い時も、一念という短い時も、ここに一躰と結ばれて、無生即ち不生不滅の生命を証《さと》ることが出来ます。この時弥陀の国と衆生の世界とは、その差別を消して、大蓮華法会に共に列するのであります。そうこの頌《じゅ》は歌っております。わずか四行の頌でありますが、よく浄土門の宗旨を示しておると思います。

つづいて私は幾つかの和歌を引きたく思います。

「身を捨つる、捨つる心を捨てつれば
　おもいなき世にすみ染の袖」

僧侶となるということは身を捨てることであります。この世への執着を去ることであります。しかし捨てるその事にまた執着するなら、まだ捨てきらぬ身とも云えましょう。それ故上人は身を捨てるという心まで捨てろと云われるのであります。その時こそ何の憂いもない僧としての生活が完うされるとの義であります。

「咲けば咲き　散るは己れと散る花の

ことわりにこそ身は成りにけれ」

丁度花がおのずから咲き、またおのずから散る無為自然のその道理に成りきった信仰の境地を歌われたものであります。「柳緑花紅」などと禅僧も申しておりますが、自然法爾の生活となることこそ本当の信心の生活と云えましょう。

「とにかくに迷う心をしるべにて

南無阿弥陀仏と申すばかりぞ」

一見易しい句でありますけれども、浄土門の安心をよく歌いつくした句だと思います。迷う心を却って、しるべとして念仏を申せば、迷う心がどこに行こうが、念仏申すその所に往生が約束されていると歌われております。

「主《あるじ》なき弥陀の御名にぞ生まれける

唱えすてたる跡《あと》の一声」

私が称える御名なら、主《あるじ》もあるでしょうが、その私を捨てて称える念仏こそは弥陀そのものと一つになって、そこに完き往生が遂げられるとの意であります。「唱えすてたる」という句にも、一切を放下する信心の姿が読まれております。

上人の死期が近づいて、淡路の島に最后の遊行をされた時、病いに疲れて路傍の塚に身を休められつつ、歌われた一首があります。

「旅ごろも木の根、かやの根いずくにか

身の捨てられぬ所あるべき」

旅衣を着ての果しない菩薩行の遍歴、木の根であろうが、かやの根であろうが、何処に身を捨て得ない場所があろうかと歌われております。誠に「捨聖《すてひじり》」と云われた上人の最後の姿を描くものと云えましょう。そうして身を捨て心を捨てた上人が、どんなに大きなものを得ておられたか、また上人の捨て身の生涯から、今日吾々がどんなに沢山のものを受け取り得るかを、深く思いみるべきだと思います。

消息法語からの引用に移りましょう。

「この体に生死無常の理《ことわり》をおもい知りて、南無阿弥陀仏と一度正直に帰命せし一念の後は、我も我に非ず、故に心も阿弥陀仏の御心、身の振舞も阿弥陀仏の御振舞、ことばも阿弥陀仏の御言《おんことば》なれば、生きたる命も阿弥陀仏の御命なり。」云々。

一度端的に南無阿弥陀仏と帰命する時には、信ずる吾れと信じられる仏とは、既に一体であって、我はもはや我ではない。この身もこの言葉も、この命も既に弥陀如来のものである。これを機法一体とか機法不二とか申しておりますが、機は人、法は仏の意で、仏も吾れもない不二の境を指しての言葉であります。それ故上人はまた、

「名号の外に機法なく、名号の外に往生なし。一切万法、皆名号体内の徳なり。」

とも申されました。名号に往生があるという考えは、上人に至って浄土思想がその高潮に達したことを語ります。名号に不生不滅の当体を見つめられたのであります。上人の法語に、

「南無阿弥陀仏はもとより往生なり。往生というは無生なり。この法に遇うところをしばらく一念という也。三世裁断の名号に帰入しぬれば、無始無終の往生也。」

「三世裁断」とは、過去、現在、未来の如き時間の別を超越する意で、「無始無終」は即ち不生不滅の意であります。念仏するとはかかる不生不滅に帰ることに外なりません。「しかれば名号の鏡をもて、本来の面目を見るべし」とも教えられました。仏法は申すまでもなく、いつも不生不滅に本来の面目を、即ち人間の故郷を見つめているのであります。

以上は上人の法語や詩歌から幾許かの例を引いたのでありますが、門弟との間にかわされた問答にも、上人

の心の鋭い閃きを見ることが出来ます。

或る人が、上人の近くに紫雲がたちこめ、華が降った様を不思議に思って上人に尋ねますと、上人は、「華の事は華に問え、紫雲の事は紫雲に問え、一遍は知らず」と答えられました。

また或る時、唐橋の法印と呼ぶ方が、一遍上人は勢至菩薩の化身であるとの夢の告げを受けて、この事を上人に話されますと、上人は鋭く「念仏こそ詮にてあれ。勢至ならずば信ずまじきか」と誡められました。そんなことを口にするものではない。念仏をこそ専らにすべきで、もし勢至菩薩の化身でなかったら私を信じないのかと反問されたのであります。

さて、終りに上人の一生に起った重要な一つの出来事に就いて、申し添えたく思います。前にも申しました通り、上人が果しもない遍歴に出られましたのは、行き会う人々に仏縁を求めて、「南無阿弥陀仏」と記した札を配るためでありました。今も時宗の坊さん達は、遊行の砌《みぎり》にはこの賦筭の行を続けております。

上人がかつて紀州を遍歴されました時、たまたま一人の律僧に会われ、「名号を称えて、この札を受けられよ」と手を差し出しますと、件の僧は「私は一念の信心もない事とて、これを受けたら偽りを犯すことになりますから」と云って肯《がえん》じません。上人は重ねて、「貴方は僧侶ではないか、仏教を信じておられないのであろうか」と反問しますと、「経文の教えを疑ってはおりませんが、まだ信心が起らないのは私の力が及ばないためでありますす」と、正直な答えでありました。その傍に大勢の人々も集まってきましたので「ともかく信心がなくともこの札をお受け下さい」と云って無理に手渡しました。しかしこの出来事があって後、思案にくれられたのは上人であります。かの律僧の答えにも理由があります。今後どうしたら不信心の者達に、勧進を正しく続けることが出来るか。上人は悩みつつ熊野本宮の証誠殿に祈願を込められ、その冥慮を仰がれました。その夜のこと、権現の御姿が現れて、上人にこう告げられたと云います。

「融通念仏勧むる聖《ひじり》、如何に念仏をば悪しく勧めらるるぞ、御坊の勧めによりて一切の衆生始めて往生すべきに非ず。阿弥陀仏の十劫正覚に、一切の衆生の往生は、南無阿弥陀仏と決定する所也。信不信を選ばず、浄不浄をきらわず、その札を配るべし。」

この夢想の告は、上人に他力門の深い義を領解するに至らしめた重要な出来事でありました。ここにその意味を、もう少し敷衍して申し述べたく思います。

そもそも他力道の最も特色とする所は、凡夫の成仏を契う点でありまして、自力道を歩むならどうして凡夫が済度に預り得ましょう。それ故他力門は進んで、済度の道に人間の上下を撤去して了ったことであります。口称念仏は下品《げぼん》の人々のためにこそ用意されたものであります。それなら口称の前に貴賤、貧富の差別はなくなります。称名は人間に権力や金力を求めは致しません。真裸《まはだか》の人間でよいのであります。

かくして念仏門は男女の別をも問題には致しません。僧俗の別も、支障にはなりません。それ故、浄土の法門におきましては賢愚の別をも立てません。自力道であるなら、愚かな者は近づき難いでありましょう。しかし浄土門はここにも止まらず更に有罪無罪、善と悪との対立をも撤廃して了いました。否、どうしても罪から免れ得ない者をこそ、済度の目当とされているのが阿弥陀仏の本願であります。持戒も破戒も共に、その恵みの対象であります。そうしてただ一切のこれ等の者に、口称の易行を贈物にしました。普通この念仏を浄土宗では「行」と申しますが、「信」の方を重く見て、信によって他力門を立てようとするのが真宗であります。ここに行と信との争いが起りました。しかし不信の者は、永劫済度に預らぬでしょうか。一遍上人は実にこの信不信の問題に当面せられ、遂に夢告をうけて、信不信の別をすら超えて、名号を称える道を説かれるに至ったのであります。ここに浄土宗から真宗へ、真宗から時宗へと、浄土思想が熟する跡を見る事が出来るのであります。なおこれ等の立場については次の回にゆずります。

第五回

これは一遍上人に関する連続講演の第五回目であります。引きつづき上人の言葉を引用してお話し致しますが、今回は少しく趣きを更えて、他の浄土思想家達の立場に比べつつ、上人の見方の特色をはっきり見たいと思います。それには恐らく先覚者であった法然上人や親鸞上人の考えと、比べつつお話しするのが、一番早道でありまた分り易くもあるかと思います。

今まで申し述べました通り、仏教における他力門は念仏を中軸と致します。それでは念仏に対して法然、親鸞、一遍の三上人はどういう見方をされたでありましょうか。法然上人は、念仏とは文字が示す通り仏を念じる意にとられ、そうして人が仏を念じるその時は、仏がまた人を念じ給うその時であると申されました。謂わば私達から仏への道を教えて下さっているのであります。それが誰にも許されている易行の道なのを明らかにされましたが、ここにこそ浄土思想の基礎があると云えましょう。然るに親鸞上人になりますと、考えは次のように進んで参ります。たとえ私達が仏を念ぜずとも、仏が私達を念じ給わぬ時はないと。つまり仏の慈悲に私達が浸っていない時は一時もないことを報らせて下さったのであります。これをかいつまんで云えば、「仏から私達へ」の道をいつも教えられたのであります。要するに教えは仏と吾々との繋がりが、どういう道筋で果されるかの考え方なのでありますが、法然上人は私達から仏へ、親鸞上人は仏から私達への道を説かれたと見てよいでありましょう。

然るに一遍上人になりますと、「なむあみだぶつ」と称えるその中に、「仏と人と」いう二つの対比をすら消して了われたのであります。上人の有名な言葉に「念々の称名は、念仏が念仏を申すなり」と云われました。人が仏を念ずるというより、また仏が人を念ずるというより、念仏が念仏するという見方でありまして、恐らくこれ以上に不二の姿を念仏に見つめることは出来ないでありましょう。それ故聞名などということも、人が仏の名を聞くのではなく、上人の言葉に依れば、「名号が名号を聞くなり」と云われております。

　南無阿弥陀仏の「南無」は一般に「帰命」と訳されております。帰は「帰する」、命《みょう》は「命《いのち》」であります。法然上人はこの帰命を、吾等が命《いのち》を仏に帰する、即ち命を捧げ任せる意味にとられました。誠に常識に添うた解釈だと思います。然るに親鸞上人になりますと、帰命の命は吾が命《いのち》ではなく、仏の命《めい》、命令になり、帰するは、帰せよと読まれ、つまり仏の勅命に従えと、そう解されました。正に位置の顚倒であります。然るに更に一遍上人になりますと、この帰命を、謂わば人間本来の命根に帰る意味、つまり本来の自性に帰る意にとられました。即ち人間本有の性に戻ることで、名号を称えることは、吾が故郷に帰る意味を持ちます。上人の言葉に「ここに弥陀の本願他力に帰しぬれば、生死なき本分に帰るなり、……名号に帰するより外は、我れとわが本分本家に帰ることあるべからず」と。凡ての仏法の趣旨は、人間本来の清浄心に帰ることではなかったでしょうか。一遍上人にとっては、六字の念仏は「いざいなん故郷《ふるさと》に」という心に外なりませんでした。上人の思想には念ずる我も、念ぜられる仏も、また念ぜしめる仏も共に消えて、本来のあるがままの姿、何ものも未だ二つに分れていない不二の境、つまり念仏が念仏するその意味がいつも在るのであります。

　また浄土思想の歴史の中には、一念多念の争いというものがありまして、念仏を数多く称えるのを多念と申し、真の念仏なら一度でも足りると主張するのを一念義と申しました。浄土宗は何れかと申しますと、多念義を重く見、真宗は念仏の行よりも、信の方を強く考える結果、一念義の方に傾くのであります。然るに一遍上人は明らかに一多不二の見方をとられたのでありまして、上人の言葉に「一念も十念も本願に非ず、名号の所には一念十念という数はなきなり」とあります。つまり数のない念仏を説かれたのでありまして、「念々が一念」であり、一念が無限に念々に転じますから、一とか多とかいう数は、念仏から消えさります。一にして多であり、多にして一なのであります。

　例えば来迎の思想を省ると致しましょう。来迎とは仏が吾々を迎えに来り給う意で、吾々がこの濁った世を去る時、仏の来迎にあずかることを説く思想であります。今の若い方々には中々解りにくい考えと思われますが、他力宗としては最も必然な考え方で、自力で自らを救う力のない者は、他の力に迎えられずば、浄土には往くことが出来ません。丁度一人で家に帰る力のない児供が、親に迎えられて安全に帰れるのと意味は同じであります。

この来迎思想は三部経の何れにも現れておりますが、一般の方々は既に多くの絵画を通して、眼にその場面を想い浮かべられる事と思います。阿弥陀三尊来迎図とか、二十五菩薩来迎の図など、よく知れ渡っております。

浄土宗を開かれた法然上人によっても、この思想は受け承がれ、信心の生活が臨終に達する時、仏の来迎を受けることを述べられております。これを臨終来迎とも申します。それ故浄土宗ではどこまでも来迎仏を尊ぶのであります。

然るに念仏の思想が段々熟して来るにつれまして、来迎を臨終に待つというような考え方が棄てられ、この平生に、つまり生きているこの時に、往生の位を得るという考えが起りました。これを「不来迎」の思想と申します。また違う言葉では「平生業成」とも申します。平生に往生の業が成就される意であります。親鸞上人や、上人を受け承ぐ真宗の僧侶や信徒達は、この立場をとりますから、真宗の寺々は決して来迎仏を安置致しません。それでは一遍上人はこの来迎不来迎の対立に対してどんな立場をとられたのでありましょうか。

上人の思想の特色を、またここにも明らかに見得るのでありまして、平生と臨終という対立的な見方を超えて、平生即ち臨終となり、念々に来迎があると説かれるに至ったのであります。つまり真宗が重くみない臨終の考えを平生のまん中に見つめ、浄土宗が重きをおかなかった平生の考えを、臨終に結びつけているのであります。それ故、真宗の捨てた来迎思想を、真宗の重んずる平生の中に再び活かすことによって、その不二を説かれたのであります。上人の言葉に「南無阿弥陀仏には臨終なく平生もなし。当体の一念を臨終と定むる也。

しかれば念々臨終なり、念々往生なり」、「ただ今の念仏の外に、臨終の念仏なし、臨終即ち平生なり」。
凡て上人の思想には、二元が対立するその跡を止めないのでありまして、吾と仏、一念と多念、平生と臨終というが如き分別の二が現れる以前の本有の自性を見つめられているのであります。こういう意味で上人の念仏思想は、浄土門最後の思索であり、行きつく所まで行きついた思想と申さねばなりません。絶対他力という言葉は、上人の思想に来て始めてその意味を充分に輝かせたと思われます。

それで一遍上人は好んで「独一なる念仏」とか「唯一念仏」とかいう言葉を用いられました。念仏それ自らの念仏で、念仏を不二の相において見つめられたのであります。それ故、念仏を吾々の二元の考えで汚してはならないことを度々申されました。もとより法然上人も「ただ申すばかり」と云われ、親鸞上人も「議《はから》いあるべからず」と申されました。念仏は無垢な念仏でなければなりません。ここで一遍上人の言葉を再び引用致したく思います。「或る人、浄土門の流々の異義を尋ね申して、何れにか付き候うべきと。上人答えて云く、『異義のまちまちなることは我執の前の事なり。なむあみだぶつの名号には義なし。もし義によりて往生することならば、もっともこの尋ねはあるべし。往生はまたく義に依らず、名号に依るなり。法師が勧むる名号を信じたるは往生せじと心には想うとも、念仏だに申さば往生すべし。いかなるえせ義を口にいうとも、心におもうとも、名号は義に依らず心に依らざる法なれば、称すれば必ず往生するとぞ信じたる也。たとえば火を物につけんに、心には、な焼きそと思い、口に、な焼きそというとも、この詞《ことば》にも依らず念力にも依らず、ただ火の己れなりの徳として物を焼くなり。水の物を濡らすも同じこと也。さの如く名号も、おのれなりと往生の功徳を持ちたれば、義にも依らず心にも依らず、詞にも依らず、称せば往生するを、他力不思議の行と信ずる也』。また云う『なまざかしからで、物いろいを停止して、一向に念仏申す者を、善導は「人中の上々人」と誉め給えり』云々、『念仏の下地を作る事なかれ』『名号に心を入るるとも、心に名号を入るべからず』、また『名号には領せらるるとも、名号を領すべからず』云々。」

以上の言葉の趣旨をかいつまんで申せば、「浄土門に色々流派もあって、様々な教義に分れはするが、しかしそういう教義によって往生が出来るというのではない。ただ純に念仏するのが正しい道であって、とやかく詮議してはいけない。名号によって往生出来るというのは、火がものを焼き、水がものを濡らすのが、おのれなりの出来事なのと同じで、教義だとか、立場だとか、文字だとかに名号が依存しているのではない。ただ称うればおのずと往生が契《かな》うというのが他力行の不思議さなのである。それ故、なまじ小さな知慧などで念仏の意味を審いてはいけない。名号が一切で、かかる名号を心の領分に入れて、小さなものにしてはいけない。」そう上人は教えておられるのであります。

第六回

前にも予めお話し致しました通り、この話の最後の一回分は、一遍上人を研究なさるには、どういう本を読んだらよいかという事について述べたく思います。

御承知の通り、最近では特に親鸞上人や道元禅師の研究は盛んで、幾多の好著が現れております。そのため両宗祖のことは、広く知れ渡るに至り、多くの方々から当然な尊敬と愛慕とを受けられております。然るに同時代に活動せられ、新しい一宗の開祖となられた一遍上人に就ては、今なお知る方の稀なのは、誠に不遇と云うか、不当と云うか、残念なことに存じます。それに他力門を至り尽す所まで尽された方こそ一遍上人で、従って自力他力の区別をすら止めぬほどの思想を示されておるのでありますから、他力門の方からも自力門の方からも、もっと厚く省みらるべきだと思います。

しかし今日でこそかくも不遇でありますが、実は上人が在世せられ遊行せられたその期間には、民衆に及ぼされた感化は甚大なものでありまして、京都に隠棲された親鸞上人が、ほとんど人に知られない存在であったのと、むしろ対蹠的であったと申してよいくらいであります。

その証拠には、親鸞上人伝は、極めて不明で、その門弟が親しく伝記を綴っておいた場合がないのであります。然るに一遍上人は歿後、わずか十年後に完成された一伝があるのでありまして、筆者は長年上人に扈従《こしょう》した聖戒上人であります。上人の甥であったと申します。この一伝は「六条縁起」とも「一遍聖絵《ひじりえ》」とも呼ばれ、十二巻から成り立っております。絵巻物の形でのこり、画家は法眼円伊となっております。この絵巻物は鎌倉時代の作として有名で、今も京都の歓喜光寺の什物で、早くから国宝に指定されております。これは非常な名画として、多くの人々に知られているものでありますが、おかしなことに一遍上人伝として、その人となりや浄土思想を知る上に、極めて貴重な文献だということを知る人は少ないと思われます。かの浄土宗の開祖法然上人すら、歿後間もなく書かれた伝記類は、その量が極めて少なく、この点で一遍上人が、当時如何に大きな感化を及ぼされた方であるかを示します。

もとよりこの「六条縁起」も今日でいう学問的な伝記ではなく、門弟が宗師に対する景仰や愛慕の情をこめた追憶記に近いものでありますが、今日ではほとんどこれ以上の史実を探ることはむずかしく、ために大切な一本と申さねばなりません。

しかも上人にとって更に幸いであることは、この一伝が記された三年后、即ち上人の十三回忌を記念するために、更に別の一伝が十巻本となって世に現れました。著者の名は宗俊で、一遍上人の直弟子たる他阿上人に扈従した方かと思われます。恐らく宗祖一遍にも面授の孫弟子であったかと存じます。この本も絵巻物でありますが、最初の四巻だけが一遍上人伝で、残る六巻は時宗の第二祖となられた他阿上人の行跡を記したものであります。原本は、もと藤沢の遊行寺にありましたが、惜しいことにこの国宝は明治四十何年かに火災のため焼失しました。しかしこの一伝は時宗の正脈相承を示すものとして、特に尊ばれていた結果、幸いにも幾つかの古写本が残っております。この宗俊本は一遍上人の事跡については、前述の聖戒本に依っている所が明らかでありますが、しかし、幾つかの新しい材料も加わっていて、これ等の二種の伝記によって、上人の一生をほぼ知る事が出来るのであります。

幸いにもこの「六条縁起」と「一遍上人縁起」との二冊を集め、新しく校訂し註釈を附した本が刊行されております。時宗の浅山円祥氏の編輯で、凡ての人はこの新刊書の恩沢を受けねばなりません。東京の山喜房仏書林から出版されております。題は「一遍聖絵六条縁起」としてあります。

さて、以上は一遍上人の伝記を知る上に必要な本でありますが、前にも触れましたように、上人は自ら書かれたものを死に臨んで焼き棄てられましたので、まとまった著作は残っておりません。しかし僚友や信徒達に当てられた書翰が幾通か残り、また前述の二つの伝記にも詩偈だとか和讃だとか和歌だとかが掲載されておりますので、それ等を通して上人の思想の幾分かを直かに知ることが出来ます。しかし一番私達にとって有難いのは門人の持阿なる者が、上人が播州を化導された砌《みぎり》に、宗門の深義について問答を致し、それを書きつけておいたものが残っているのであります。和文体で、表題を「播州法語集」と申します。この一巻こそは非常に貴重なものでありまして、上人の仏教思想を知るには、この本をおいてはないのであります。然るにどういうものか安永五年に木版本に附せられて世に公にされたに拘らず、当時刊行の部数が極めて少なかったためか、今日残存しているものわずか三、四部を出ない有様で、そのため宗門の方々にすら、その存在が近年までよく知られていなかった程であります。もっともこれを漢文体に訳した「播州問答集」というものがありまして、この方が却って広く知れ渡っていて、註釈書もあるほどであります。しかし和文の原書の方が、ずっと大切で、上人に関する文献としては最も大切なものであります。

幸いにもこれ等の諸本から材料を集め、また他からも探し求めて、宝暦十三年に、一海上人によって一遍上人の語録が編纂せられました。しかしこれを版に附し得たのは小林円意、その子勘平父子の熱心な尽力によるのでありまして、今もその功を讃えて、遊行寺には碑が立っております。これの改訂版が文化年間に上梓されましたが、浄土宗西山派の僧俊鳳の編纂によるのであります。題して「一遍上人語録」と申します。この「語録」は上人を知る上には欠くべからざる文献であるのは申すまでもありません。上下二巻より成っております。有難いことにこの「語録」は「岩波文庫本」に編入され、藤原正氏の註釈がついております。但しもう二十年も前の刊行で、今日からすれば改訂すべき点がありますが、近々別の新版が浅山氏によって編輯されつつあります。この「語録」は前述の「六条縁起」と共に、上人を知る上に、最も大切な根本的な資料であります。

さて、大正年間に「時宗聖典」四巻が出版され、これは時宗に関する主要な文献を集め、貴重な出版でありますが、惜しい哉誤植が甚だ多く、かつ刊行部数が極めて少量であったためか、今日ほとんどこれを手にする機会はないのであります。時宗本山はもとより末寺も力を併せて、新しく「時宗聖教」を編纂すべきだと思います。かの真宗が既に多過ぎる程各種の版を持っておりますのに比べ、誠に物淋しい限りであります。宗風振興のため、宗門の方々に新しい努力を切望して止まぬ次第であります。

近代的な研究と致しましては、短い論篇は雑誌などに出たものは色々ありますが、単行本としてやや纏まっているのは、時宗の吉川清氏の『一遍上人伝』があるのみかと存じます。

さて、文献のことはこれだけに致し、終りにのぞみ、次の重要な点を申し添えたく思います。私の考えでは将来次の二点で、必ずや上人の歴史的位置は高まり、上人への欽慕は深まるでありましょう。

その第一は、浄土思想を追うと、支那よりも日本で、それが最もよく実り熟したと申してよいのでありますが、それはもとより法然上人に発し、証空上人とか親鸞上人とかで更に発展しましたが、しかし浄土信仰やその思想を行きつく所まで行きつかしめて、これ以上は何事も云えない所まで、それを徹せしめたのは、実に一遍上人で、私は浄土信仰の最高の閃きを上人に感じる者であります。然るに、時宗そのものが、最も小さな宗派の一つになったためか、上人を知る者が少なく、また知る便宜が少ないため、充分に上人の歴史的位置が顧みられていないのであります。もしよく報らされたら、浄土思想史は必ずや最后に新たな、かつ輝かしい一章を追加して上人を記念することと存じます。当然その日が来ることを私は信じたく思います。浄土史家達はこの意味で、もう一段学問の視野を広めるべきだと思います。

さて、浄土思想の結論を一遍上人に見るということのほかに、もう一つ重大な点が将来認知されるでありましょう。それは浄土門が他力門であることは誰も知るところでありますが、絶対他力に深まれば、既に不二門でありますから、自他の別はおのずから消え去ります。絶対他力には、もはや自他は相対しておりません。言葉を更《か》えると、それは自他不二となります。それなら絶対他力の道はやがて自力門に接触致します。ここが最も重大な仏法の帰趣だと申さねばなりません。各々が各々の道を徹する時、互に一つに結ばれます。丁度富士山に上る道には左右前后の別がありましょう。しかし頂きに上りきれば、同じ一つの場所に立ちます。そういう意味で一遍上人は他力の道を徹せられる事によって、自力の道と一つになられたと云えます。ここが一遍上人の仏教史上における一つの輝かしい特質ではないでしょうか。

かつて上人が臨済宗の禅師として名高かった法灯《ほっとう》国師に会われた時、国師が上人に禅の一問を発せられました。時に上人は一首を詠じて、

「称うれば仏も吾もなかりけり
　南無阿弥陀仏の声ばかりして」

その時法灯国師はこの答えには徹しないものがあると評されました。上人はすぐまた一首を詠じて答えられました。

「称うれば仏も吾もなかりけり
　なむあみだぶつ　なむあみだぶつ」

この時国師は直ちに禅の印可を上人に贈られたと云います。この歌にこそ他力自力の邂逅を見ると云えましょう。

自力門の法灯国師と他力門の一遍上人とはその心境において一つなのを感じます。他力門を徹せられた一遍

上人は、やがて自力門における悟入の人とおのずから成られていたのであります。私は自他不二の活きた例を上人に見たく、これが上人の歴史的位置を最も高めている点だと存じます。

ここで上人に就いて申し述べるべき事柄も、終りに達したと存じます。

以上

〔一九五六年一月放送〕

真宗の説教

一

日本の仏教は色々の宗派に別れるが、説教に熱心なのは、独り真宗のみであろう。他の宗派はこの事にむしろ冷淡のように見受ける。考えようでは、言語に便る説教は二義的で、釈迦如来も死するに臨み「四十九年、我れ一字をも説かず」と云われた。法には言語に余るものがあるからである。禅宗で専ら黙して座ることを勧めるのは大いに意味があろう。また説教よりも公案で身を以て修行することも、優れたやり方と云えよう。言葉に依る説教には色々危険もあり、弊害も多いから、「不立文字《ふりゅうもんじ》」の標榜には意味が濃い。

しかし菩薩行の中には、必然に説法が加わってくる。自ら悟入した者は、他をも悟入に導かねばならぬ。仏教は、菩薩行を離れてはない。衆生済度のその行は仏者としての四大誓願の一つでさえあるのである。説教はその菩薩行の一つなのである。化導の道として、教えを説く者があることは、とても有難い。指導者を善知識というが、その正しい善い知識の導きを得ることの一つは、教えを聴聞《ちょうもん》することである。宗教はおのずから、説教者を必要とする。弊を見れば不必要な面が目立ちもしようが、利得もまた甚だ大きい、何人の人が聴聞で仏道を歩み得たか分らぬ。不案内な海路に水先案内が必要なのと同じである。その案内の一つとして、説教は波風の多い宗教の海路も安全なものにさせる。

今の仏教の諸派の中で、実質的に最も多くの信者を持つのは、真宗である。これには色々の因縁もあろうが、その隆盛は盛んな説教に依るところが大きい。また真宗が今日在俗の者と最も密な繋がりを持ち得ているのも、説教のお蔭だと思える。私はかつて越中の城端《じょうはな》別院に滞在したことがあるが、一年中毎日説教がかかるない時は同じ町のどの寺かで行われる。ただに寺ばかりではなく、在家でも説教者を迎えていわゆる「御座《おざ》」を開き、近在の人々が集ってくる。門徒は聴聞に熱心なのである。同じ念仏系の仏教でも浄土宗は、実際的に真宗ほどに在家との繋がりを持たない。その一理由は説教に熱情を傾けないためだと云えよう。少なくとも仏法と民衆とを固く結ぶためには、説教が必要だと思われる。何故多くの宗派はこのことに冷淡なのであろうか。

キリスト教では新教が甚だ熱心で、日曜日になるとどこの会堂にも説教の看板が建つ。牧師の仕事で最も大きなものはこの説教である。公教の方は新教ほどに説教はせぬ。しかし説教に代って儀式を重んじ聖楽を尊び、宗教的雰囲気を大切にする。これが説教にも増して人々に宗教的情操を植えつける。これは大いに注目すべき無言の説教であろう。それに公教には公教要理というようなものがあって、自由な説教を許さぬ。ここが新教と大いに異る点である。

二

それで今日、日本で最も盛んに説教を企てるのは仏教の真宗と、キリスト教の新教（プロテスタント）とである。ところが同じ説教と云っても、両者の性質に大変な違いが見られる。新教の説教は云わば尋常なもので、別に珍しい点はないのだが、真宗のそれは世にも珍しい説教ぶりや聴聞ぶりで、それが私の心を惹きつけて止まぬ。しかし立場を違えると、真宗の方のが当然で、新教の方のが異例なのかもしれぬが、今の時代の人々には、そうは受け取られぬであろう。それで「真宗の説教」と題して一文を草するに至ったのである。またその内容は大いに問題を孕んでいて、充分注意されてよい性質があると思える。しかしその本質を明らかにするためには、新教の説教と対比させると非常によく分る。私は学生の頃、日曜日になるとよくキリスト教の新教教会に行ったものである。

もとより説教を聞きにゆくためである。当時は中々有名な説教家、例えば内村鑑三、植村正久、海老名弾正、小崎弘道というような錚々たる人々がいて、中々名説教をしたものである。それで沢山学生が集まっていたが、私もその一人であった。

プロテスタントの説教は極めて自由で、その牧師が信ずる考えを、自分自身の立場から述べるのである。それで、牧師のキリスト教に対する理解の深さで、その説教に上下が出来る。それ故、説教には個人性が強く出るから聞く方でもおのずから好きな人の説教を聞きに行くことになる。

つまり聞く方でも説教者を自由に選択することになる。だからどの教会に行ってもさしつかえはない。とかく個人的な体験をもとにしていることが、新教の説教の一つの特色であり、聞く方も説教者の個人的特色を尊ぶことになり、また受ける感銘の深い方に出掛けることになる。

第二の特色は、この説教には理知的な性質が濃く、これが、知識慾のある若い人々の要求に適うことになる。つまり現代の教育を受けた者には、合理性に富む説教でなければならぬ。私自身の経験であるが、説教に感心するとは、理に適った教えに感心することである。はっきりした説明、筋の通った教義、つまり多少なり知的教養のある若い者を、納得させ合点させるだけの合理性のある説教が、おのずから尊敬されるのである。それ故逆に云えば、合点出来ぬような説教は感心せず、感心しなければ他の説教者を選ぶということになる。

それで、おかしなことではあるが、聞く者はそれぞれ小さな批判家で、「今日の説教はよい」とか、「あの人のはつまらぬ」とか、遠慮なく評するのである。つまり教えを批判しつつ聞いているのであるから、これを「思想的な受け取り方」と云ってよい。これは近代の知的文化に見られる必然の現象で、説教者の方も知的教養がないと、聴聞者を納得させるわけにゆかぬ。

特に都市における説教は、以上述べたように、話す方も聞く方も知的批判、論理的判断の性質が甚だ目立つ。信仰とは云うが、知的要素がかっているのである。信ずることは知ることを離れてはないようにさえ見受ける。これが近代的説教の特色と云えよう。

三

だが真宗の説教は、これとは凡そかけ離れたものである。第一話し手は必ずしも、個人として偉い説教者でなくともよい。偉ければそれに増したことはないのだが、むしろ話術がうまければ更によいであろう。真宗はカトリックと似ていて異安心《いあんじん》がやかましいので、正統な教えを述べねばならない。それ故真宗の説教は個人的主観に依らず、客観的に述べねばならぬ。

これが恐らく特殊な個人に依存せずして、教えそのものに依存する所以である。それ故、前にも述べた通り必ずしも偉大な説教者を必要としないのである。新教の方は、人の如何により、真宗の方は、教えの如何によると云ってよい。

或る時、妙好人源左に村の人がこの次の説教者を誰にしようかと相談した時、彼は答えて「誰でもよい、ただそのお説教の中に『お前を助ける』という一句があれば、それでよい」と云った。

「人に依らず法に依る」という考えがあるが、真宗の説教は正にそれである。プロテスタントが、主として「話す人」に、その説教を依存しているのと対蹠的だと云ってよい。

真宗の坊さんには、しばしば学問の充分でない人、説教の不得手な人がある。従って説教ごとに、新しい説教をすることが出来ず、たった二つ三つの話題より持ち合せない人さえある。否、極端な場合は、覚えた一つの説教をいつどこででも繰り返してばかりいる人もある。全く無能な説教者とも云えるのである。馬鹿の一つ覚えに近いところがあろう。説教者としては正に落第生なのである。ところがそれでも勤めが果せるのである。

とても面白いことには、院主が不在か、所用でもあると、代りに小さな児坊主を送って説教させる時がある。読む時があったり、暗記して云ったりする。それでも説教はつとまるのである。

もしも人の如何を選ぶプロテスタントの教会であるなら、こんな説教はただ物笑いの種となるに違いない。ところが真宗では、必ずしも馬鹿にはされないのである。もとより説教者が優れていれば、極めて有難いわけであるが、更に有難いのは法であって、語る人の如何にはかかわらない。云うことに真《まこと》があれば、それが人々を満足させたのである。

小僧が読むのを「読み法談」などと云って時にはもとよりいやがられもするので、小僧の方でも気が進まぬ場合がある。これについては心を打たれる物語を読んだことがある、石見国《いわみのくに》に有福《ありふく》という村があって、そこに善太という妙好人がいた。界隈で有名な信者で、例の「読み法談」をやる小僧さんのも欠かさずに聞きにくる。ところが小僧の方では同じような法談を善太の前でやるのをいやがった。これが善太の耳に入った時、彼はこう云ったという、「いつも変らない法談をこそ聞かせてもらいに参るのだ」と。「変らない法談」、ここにこそ、本当の説教があると云えよう。変ったことばかり追って、それを悦ぶようでは、本当の聴き手とは云えない。

語られる「真理」を聞きにゆくので、「人」を見定めに行くのではない、ここに真宗の説教の著しい面目があるのである。今の知的な若い人達には見当もつかぬ事だろうが、これには中々深い性質があると思えるので、なおも筆を続けたい。

四

真宗の坊さんには、本当に信心を頂いている偉い人も、もとよりいるが、中には俗僧も少なくない。修行も勉強も怠って、下々の俗人と変らぬ者も見かける。世襲制度の上に、信徒達が寺を守ることに純情なので、生活が保証される場合が多いことも僧侶としての生活を堕落させる一原因かもしれぬ。今の真宗僧団の内容や実状は、あやしげな場合が少なくないのである。

しかしそんな俗僧でも、職掌柄、説教をたびたびやらざるを得ぬ、しかし不思議なことに、それでも充分勤まるのは、伝承されている安心の道を客観的に説くからである。もとより浅い深いの問題は避けられぬのだが、説教者のそんな差違を、聴手の方で消しにかかるのだから、不思議なのである。俗っぽい坊さんの説教からも、何一つ俗っぽいものは受け取らない。

それ故、真宗の説教者達は、必ずしも偉くなくても、また、同じことを毎度繰り返すような退屈さがあっても、教えが法に適ってさえいれば、信者はこれを有難く受け取って了うのである。それで真宗の信者に関して驚くことの一つは、素晴らしい受け取り方を持っていることである。前にも述べたように、プロテスタントの説教の場合は、聴手は多くの場合批判者なのである。自分の知識が是とするものを是とし、非とするものを非とするのである。それ故理解出来る範囲内のものを受け取ることになろう。

ところが真宗の信者の場合は、めったに自分の智慧は持ち出さぬ。それ故批判はせずに、有難く受け取る気持の方が強く働く。理解で受け取るのではなく、感謝で受け取る方が大きい。だから受け取り方に底がないとでも云おうか。信徒達は語る人にも左右されず、また聞く自分にも左右されず、素直に法を受け取りに行くのである。だから仮りに同じ事を聞かされるとしても、それを新しく聞く想いで受け取る。ここがとても素晴らしい聴き方だと私には思える。蓮如上人が、

「一つことを聞いて、いつもめずらしく初めたるように、信のうえはあるべきなり。ただめずらしきことを聞きたく思うなり。一つことをいくたび聴聞申すとも、めずらしく初めたるようにあるべきなり。」

この言葉は真宗信徒の聴聞のあり方を述べたものであるが、非常に有難い考え方だと思う。趣旨は、同じこ

とを幾度聞いても、始めて聞く新鮮な想いで聞けというのである。「ほととぎす、聞くたび毎の初音かな」という意味の句があったと思うが、真宗の篤信な信徒にしばしば打たれる点は、いつも初音として聞く心根を持っていることである。これを聞く毎に新鮮に受け取るとなると、いくら同じことを聞いても、それが真理である限り、退屈するとか厭きるということがない、つまり度々説教を聞くのではなく、一度ぎり聞く想いがつづくということに他ならぬ。つまり昨日聞いたとか明日もまた聞くのではなく、いつも今聞く以外にないのである。

茶の湯の方で「一期一会」という言葉を用いるが、門徒は「一期一聞」とでもいうような聴き方をする。ここが素晴らしい受け取り方だと思われてならぬ。説教者はやくざでも、聴く方が、教えをやくざなものにさせない。だから説く方に、創造的な素晴らしさがなくとも、聴き方の方で真新しい真理に創造して了うのである。

だから、どちらかというと、多くの場合プロテスタントでは説教者が偉い話し手となるが、真宗の方では信徒が偉い聴き手だとも云える。

五

だがこれだけが真宗の説教の特色ではない。もっと異彩をはなっている点がある。それは真宗の説教は、話が高潮してくると、いつも韻律をおびて来て、節附けになることである。つまり説教節とでもいうものになってくる。説教が一種の音楽的な調子を帯びてくるのは何故であろうか。これはキリスト教でも聖書の朗読や祈禱が、一種の調子を帯びてくるのと同じ法則があると云えよう。神事でも祝詞《のりと》を読む時、一種の節附けがおのずから行われて、決してただの朗読ではなくなる。なぜこんな結果になるのであろうか。

考えると、ものが個人的でなく公のものになる時、かかる節附けが必然に招かれてくるのである。つまり様式化され、客観化される場合、個人的な語り方でなく、非個人的な表現を帯びてくる。吾々はこれを言葉の「模様化」と呼んでいるが、韻律の世界はかかる模様化の要請によるのである。

ところで説教は、それが個人的な自由な性質でなく、正脈の教えを説く場合、公的な客観的な性質を要求する故、語り方も様式化されてくるのである。その様式化が節附けとなるのである。

特に真宗の説教は前にも述べた如く、説教者の個人的特色に依存しないから、つまりどんな説教者をも、より好みせぬ性質があるので、益々話し方が客観的なるを要する。この要請が必然に話し方の様式化、つまり韻律化に納まってくるのである。

それ故、説教は節附けの技術にうつり、話術になる。それ故、真宗では、深い思索者、熱意ある宣教者が必要でないわけではないが、それより上手な節附けで正統の教えを語り得る人が、一番説教者としての資格者になってくるのである。説教というより節語りとでも云おうか。だから聞く人は理屈を聞きに行くのが目的ではない。

近頃の人は、こういう節附け説教を、古くさい田舎じみた過去の方法だと軽蔑しがちであるが、決してそうでなく、これには必然的な意味が大いにあると思える。

五年目毎に叡山で真夜中に行われる天台宗の僧侶の試験は、問答によるが、問者も答者もそれを節附けで行う習慣がある。非個人性の境地で、真理を語ることが要請されるからであると思える。

これがために真宗の説教場は、ただ納得する理屈を冷静に聞きに行く場所ではなく、その説教節に自らも乗り、感動し感謝し、深く宗教的情緒に浸りに行く場所なのである。教えを「知り」に行く処ではなく、「感じ」に行く所とでも云おうか。

この意味ではプロテスタントの教会堂などより、カトリックの会堂で、主として音楽による儀式から受ける宗教的情緒と近似したものがあろう。ただ、真宗ではそれを儀式ではなく、主として節附け説教によって醇《かも》し出すのである。決してプロテスタントの場合のような知的ではない。むしろ話に酔いに行くので批判などしに行くのではない。

この方法は、特に無学な大衆、田舎の素朴な信者等には有難いのである。都会の人は好まぬかも知れぬが、それは知的に聴聞しようとするからに過ぎない。

ところで宗教への理解には、知識がどれだけの働きをするであろうか。知的に分ることが、本当の領解を意味するであろうか。決してそうではない。ここで真宗の説教には、何か真実なもののあることが分る。

六

しかもその説教を聞く時、決して他宗では見られぬもう一つの場面が現れてくる。前にも触れたが、信徒達は、知的満足を要求して聴聞するのではなく、全く有難い教えを受け取りに行くのである。まして批判などをしに行くのではなく、歓喜を味わいに行くのである。そのため、興味深いことは、説教はいつも信者の感嘆の声、即ち「なむあみだぶつ」の声で受け取られるのである。特に説教が節附けになって高潮してくれば、これに向って称名《しょうみょう》の声は雨と注がれるのである。

こうなると説教はいよいよ高潮するから、それは話し手の教えと、聞き手の称名との、かけあいになる。謂わば話し手聞き手の合唱の如き感を呈する。逆に云えば聞き手の口から称名がほとばしらない限り、話し手の調子も上って来ないのである。それが一体と化して、説教は益々妙境を示すのである。こんな場面は他宗の場合には見られぬ。知的に聴くような場合も、時としては興奮を覚える事もあろうが、真宗の場合に見られるような感嘆の声は湧き上らぬ。実に真宗の信仰は、かかる雰囲気によって育てられることが多い。

今の若い批評家達は、こういう節附けの説教や、称名がほとばしる聞き方などを、古い形であって、近代にはそぐわぬと主張することも多く、これにも、一理あると思うが、しかし知的批判で説いたり聞いたりするようになると恐らく、今後の真宗の信仰は、大変異ったものとなろう。そうして新教の場合に近づいて来よう。これが進歩であるか退歩であるか、見方で色々違うと思うが、しかし知的になれば、恐らく妙好人などはあとを断つに至るのではあるまいか。少なくとも非常に出にくくなるであろう。

私はかつて京都にいて、同志社大学で教えたことがある。それは典型的な新教の学園で、中には優れた学者もいたが、どうもその信仰は知的な整理に傾いて純な信仰生活とはかけはなれたものなのを感じた。京都は古い仏教の都で、本願寺に今も集る門徒の如きは、古い形の信者の典型的なものと云えよう。いわゆる善男善女は、知的にはずいぶん程度がひくいかと思うが、しかしその信心には醇乎たるものがあって、行住座臥が念仏に浸っている有様を見ると、何か有難い雰囲気を感じる。これを古い信心と云って了えば、それまでだが、新しさの道が、どれだけ信心を温め深めるか、甚だ心もとない感を受ける。例の同志社の学者達の信心では、もの足りない所があるが、どうであろう。

真宗の指導者たる僧侶達自身は、どういう意見か知らぬが、現状を改革するのはよいとして、改革された道が、どれだけ信心を温め深めるかを、見極めねばなるまい。説教がもっと知的になったら、恐らく、「いつも変らぬ同じ法談をこそ聞きに来るのだ」というような、素晴らしい聞き方はなくなるだろう。一度一度を新しく聞く想いで聞くような人はいなくなるであろう。「法によって人に依らず」ではなく、「人に依って法に依らない」聞き手がふえるのではなかろうか。

七

一遍上人の伝を綴った「六条縁起」に面白い話がある。一日上人が賦算して歩いていた時、とある武士の館の前を通った。人々が集っているので、名号を受けられよと云って、武士に十念を授けた。そうして上人は別に挨拶するでもなく、そこを去ったので、武士が「あの坊主は如何にも横柄な人間だ」とつぶやいた。傍にいた者が、「そんな坊主から、なぜ十念を受けられたのか」というと、「法が有難いので受けたのではない」と返事した。後この物語を上人が耳にされた時、大変その武士の心がけを賞揚されたと言い伝える。考えると説教の内容、述べ方など、優れたものであることはもとより望ましいが、しかし聴き方もまた、正しくなければならない。

ここで正しいとは何か、素直な受け取り方とこれを説明してよくはないか、へり下って迎える聞き方と云ってもよい。自分を棄てて耳を傾けると云ってもよい。反対を考えると、よく分ろう。始めから批判を働かせたり、小さな自分を持ち出したり、高慢であったりしたら、それを正しい聞き手とは云えまい。ところが無学だとそしられ、愚かだと云われたりする信者達の中に、素晴らしい聞き方をする者が出るのである、ためにつまらぬ説教でも、少しもつまらなくならないのである。正しい聞き方は、そういう意味で創作的聞き方とすら云えよう。当り前な言葉が、そのまま素晴らしい内容に実ってくるのである。前にも引いたが、『お前を助ける』という一言が説教中にあれば、もうそれで充分有難い」と云った源左の言葉が想い出されるではないか。

禅宗の方では「見性《けんしょう》」と云って、「見」の字をよく用いるが、真宗の方では「聞法《もんぼう》」と云って「聞」を大切にする。畢竟同じことではあるが、自力の禅は、能動的に見を働かせ、他力門の真宗は、受動的な聞を重く見るのである。「見」はこちらから見ぬく力を意味するが「聞」はあちらからのものを聞き取る性質がおのずからあろう。真宗の門徒達が「聴聞」をやかましく云うのは、他の力を迎えんためである。

そうなると聴聞には、私なき聴聞が本筋であろう。それ故、もし知的世代になって吾が智慧を働かすことになると、私なき聴聞は出来なくなろう。つまり他力的な世界には入り難くなる。前にも述べたがキリスト教には、他力的要素が濃いが、しかし中では新教が一番この要素が薄い。自己の理解に、信心の道を托すからである。そこへ行くと公教の方が、立場はずっと純他力的だと思われる。私を立てると公教要理には、どうしても悖《もと》る。公教はほしいままの自由をとがめる。自由を云い張る人間の小ささを見逃がさぬ。真宗の教え、否、実は仏教の凡ての教えは、私なきに始めて「随所主《ずいしょしゅ》」たる所以を説くのである。聞法とはかかる自由そのものになることである。だから私が聞くのではなく、法が法を聞く意味となろう。真宗の妙好人の聴聞にはそういう趣きがあろう。否、そういう聞き方をしおおせた人を妙好人と讃えるのではないであろうか。

〔一九五六年一月発表〕

信者の答え

過日私は面白い話を読んだ。或る信者に「貴方の年は幾つか」と聞くと、信者は「仏様とおない齢だ」と答えた。「では仏様の齢は」と重ねて聞くと「私とおない齢で」と答えた。

一寸考えると馬鹿らしくも思える答で、凡そ科学的ではない。一方では年齢の数を聞いているのに、数などは一向に答えない。問うた人も狐につままれた様な感じもあったろうし、この信者は馬鹿かと思ったかも知れぬ。てんで答えにはなっていないからである。それどころか、いったい仏とは誰なのか、その仏が何を標準に自分とおない齢だと云うのか。雲つかむような、えたいの知れない返事なのである。そんな問答をいくら繰り返したって年齢数などは出てこない。こんな馬鹿気た返答も一寸珍しい。聞き手にはそう受け取られて了ったかも知れぬ。

ところが信者にしてみれば、こんな真面目な返事はないのである。実に仏とおない齢だと分らせてもらうまでに、どんなに苦しんだことか。そうして今はそれを分らせてもらって、どんなに有難い日々を送っているか分らぬのだ。どうしてこれが通じないのだろう。通じてくれたら共々踊るばかりに有難い暮らしが出来るのだが。そう考えたことであろう。

信心の暮らしに入ってみれば、自分の年齢が今幾つかなどという数のことはどうでもよくなって了う。明日死んでも満足なまでの暮らしには、時間、歳月などの長短は消えている。ただ今、即今が生命の全体である。昨日とか明日とかは単に数える時間で、相対の出来事に過ぎぬ。だが信心の生活は時間に流されぬ「永遠の命」の真中にある。

こういう生活こそは仏と同生する生活なのを意味する。自分の行住坐臥が仏の行住坐臥と一体となることである。だから有難くも勿体なくも、自分と仏とは結ばれた暮らしで、その間に溝がなくなる。時間の差も空間の差も消えた境地の出来事になる。だから自分の齢を聞かれれば、有難いことに仏の齢と同じだということになる。仏の齢はと聞かれれば、自分のと同じだと云わざるを得ぬ。

問者には時間の数に興味があるのかも知れぬが、信者にはそんな数はどうでもよいこと。ただただ心に在るのは、仏と同生する有難さのことなのである。六朝の時代にいた傅大士の有名な偈の終りの二行に「仏の去処を識らんと欲せば、ただこの語声これなり」という句がある「仏様は何処にいる」と尋ねると、その声が仏の居場所なのだと云うのである。誠に大した了解だと云ってよい。信心を頂くとは、この秘義を味得することだとも云える。

だから一見して無意味だと思われるこの問答は、すばらしい内容を孕むものと云ってよい。胸のすくような答えなのである。「はい五十歳です」などと合理的な答えだったら幾許の内容が残るだろう。一見して馬鹿だと思われるこの会話は、これ以上の深みはないほどの意味を含んでいるのである。宗教とは何かとか、信心とは何かとかいう問題は、凡てこの単純な素朴な会話の中に包まれていると云っても過言ではあるまい。私はこの話を読んで感嘆おく能わず、この短文を草して投函する所以である。

〔一九五六年三月発表〕

妙好人源左

私の生涯に濃い縁を結んだ人々はいろいろあります。師とか友達とかから恩を受けた場合のあるのはもとよりでありますが、偉大な思想家とか宗教家とかで、私の心を動かした人々も数え挙げねばなりません。ここでは一人の信者についてお話し致したく思います。

因幡《いなば》の国に源左《げんざ》という百姓がありました。真宗の信徒で、大変に篤信な人でありました。その名声は、その界隈では知らぬ人はなかったと申します。もう数年前のことでありますが、たまたま鳥取市に立ち寄りました時、私は俳人の田中寒楼翁から、始めて源左の話を二、三聞き及び、いたく心を打たれました。それが縁で、私は源左の故郷である気高郡山根を訪ね、この信者の行いや言葉をもっと詳しく知り、それを採録することに熱意を注ぎました。その村の願正寺の院主から厚い援助をうけ、約一ヶ月の間、その寺に逗留して、調査を企てました。その結果は「妙好人、因幡の源左」と題して、一冊の本に上梓いたしました。源左は昭和五年に八十九歳で歿した人でありますから、幕末から明治、大正にかけて存命した人、この信者を熟知している人々は、まだ大勢残っておりました。

私が最初耳にしたのは、次のような話でありました。源左は百姓のこととて芋畑を持っていましたが、ある日おかみさんから、「芋を掘って来てくれ」と頼まれ、鋤をかついで畑に出かけますと、見知らぬ男が、畑を荒して芋を盗んでいる最中です。源左はこれを見て、一言も云わず家に戻って来ました。おかみさんから「芋はどうした」と云われると「今日は俺の掘る番ではなかった」と答えました。

同じような話ですが、源左が作っている豆畑に、一人の馬子が馬を入れて、勝手に豆を喰べさせています。たまたまそこを通った源左は、「馬子さんや、その辺のは赤くやけているで、もっと向うのよい方のを喰べさせてやんなされ」と云いました。馬子は、そこそこに去って行ったと申します。

その無慾な、私なき行いに心を打たれましたが、源左が本当の信者だということを知ったのは、実は次の話によるのであります。

一灯園で有名な西田天香氏が鳥取県に講演に出かけた時、源左はこの有名な宗教家のお説教が聞きたく、村から汽車に乗って、遠いところをわざわざ訪ねました。ところが着いて見ると時間におくれて、お説教はもう済んだ後でした。源左は大変残念に思って、天香氏の宿まで追いかけて行き「一言でも結構ですから、今日どういうことをお話し下されたか、お聞かせ希えませんか」と申し入れました。

天香氏は「今日のは堪忍という題で、ならぬ堪忍するが堪忍ということをお話し致した。お互に堪忍し合ってこの世を平和に送ろうではないか」、それを聞いた源左は「お教え有難う存じますが、私にはする堪忍がございませんが」と答えました。始め天香氏は、それが何を意味するか合点しかねたそうで、再び問い返されました。源左は同じ答えを致しました。

する堪忍、しない堪忍、そんなものの持ち合せがないという源左の暮らしに対して天香氏はもう二の句が継げなかったそうであります。

私はこの話を聞いて、源左が大した信者だということを知らせてもらい、これが動機で、源左の言行録を編むに至ったのであります。

天香氏の考えはまだ道徳的な域に止まっていますが、源左のはもっと深く、堪忍するしないの相対的な領域を越えた境地に入っております。どうしてこんな処まで到り得たのでありましょうか。自らを誰れよりも罪深い人間だと考えぬく他力門の見方が徹する時、堪忍する資格など、どうして残るでしょう。いわんや腹を立ててよい資格など、どうして残るでしょう。堪忍するということにはまだ私の影が残っていると云えましょう。いわんや堪忍するしないは二元の行いであります。信心とは不二の世界を体験することではないでしょうか。それゆえ、源左の行いも言葉も、不二を説く仏法の活きた姿であったと云えましょう。

こういう信者を、真宗の方では「妙好人」と呼びます。白蓮華のように浄い人という意味であります。かかる妙好人の信心こそは、私に念仏宗のすばらしさを示してくれました。

私も念仏に関する宗論をいろいろ、読みはいたしましたが、活きた信者を通して、もっとはっきり念仏宗の深さに触れる想いを致しました。それに源左は、ごく最近までいた人で、決して遠い昔の話ではないのでありますす。このことは余計に私の心を深く打ちました。

考えますと、真宗は(何も真宗のみとは限りませんが)こういう妙好人を産むための教えとも思われます。何故なら、妙好人は主として在家の、それも無学な田舎の人々なのでありまして、民衆を代表する者であります。そういう平凡な人間が無上の信心を得て、大した暮らしに入るということは、讃嘆すべき事柄だと申さねばなりません。また事実こういう妙好人が出ることは、法然・親鸞・諸聖人の教えが、単なる思想ではなく、活きたものであることの何よりの証拠であると思われます。

源左は不思議にもどんな言葉をも否定せず、それを活かして教えを説きました。或る同行が「俺はにせ同行だ」と申しますと、源左は「にせになったら、それでよい。なかなかにせになれんものだ」と申しました。

また或る人が「源左さんは極楽行きだが、俺のような人間は地獄行きだ」と申しますと、源左は「地獄行きならそれで丁度よい。あんたが極楽行きだと、阿弥陀様はすることがなくなられるではないか」と申しました。

ある時、野良で働いておりますと、蜂にさされました。源左はこの時「ああ、おまえにも人を刺す針があったのか、さてもさても、ようこそようこそ」と云って感謝して仕事を続けました。自分を省み、自分にも人を刺す針があることをこれで知らせてもらい、有難い極みだと蜂に感謝いたしました。

「ようこそようこそ」という言葉こそ、源左の信心の生活をまともに示すものであります。私もこういう生活に何とかあやかりたいと思います。

〔一九五六年六月発表〕

仮名法語の有り難さ

仏法には中々分りにくい教えが多いと云われる。しかし分りにくいのは、吾々のものの考え方に、間違いがあるからで、それを洗い去れば、明々白々の真理以外のものではあるまい。

だが、もろもろの経文が元来漢文で伝わっているため、この頃では、その道の教養でもないと、とかく親しみにくくなるのは止むを得ぬ。それに、仏法は既に過去の教えだという荒っぽい見方に邪魔されて、近代人には近づきにくくなっているのである。

若い人達は新しさを追うのに急だが、むしろ新旧のない世界に、本当の真理があるのだとは中々気附いてくれぬ。

ところがこれ等の障害を打ち破ってくれるものに「仮名法語」と呼ばれる一群の書物がある。有り難いことに、日本語なのであるから、ずっと親しみやすい。仮名交りの文で、仏法を説くのは、それを民衆の心に届けたいためである。これで難しい教えが、ずっと柔くなり身近になる。

この仮名法語類には色々有難い書物があるが、中で最も優れている一つは、たしかに無難禅師のもので、こういう法語が新しく編纂され、流布されるのは、有難い極みである。それに無難禅師は江戸時代の初期に化を垂れた方であるから、言葉も、そう古体ではないし、また煩瑣な術語も避けてあるので、多くは読み易く親しみやすい。

無難禅師は臨済宗の大徳なのであるが、余程深い禅体験の方であったと見えて、その悟りには徹したものがあり、その言葉を読むと、もう自力・他力の別などは絶えているのを感じる。読む者は宗派の違いなどに煩わされず、これが仏法だと受け取ることが出来よう。それでこの法語は誰にでも仏教の真髄を易しい言葉に托して報らせてくれる。これが何より有難い点である。

またこういう法語によって、日本の僧侶がどこまで真理に徹していたかがよく分り、出来ることなら、これを外国の言葉に翻訳して世界に東洋の宗教の深さを伝えたいという気持が起る。日本仏教の存在の意義は、この一冊から充分輝き出すであろう。

編者の公田翁は一世の鴻学と聞くし、私の如きは、この書に一文を寄せる任ではないのであるが、この法語にかねがね感嘆措く能わず、出版の世話をされている辻双明君から乞われるままに、讃辞を呈するに至った次第である。

〔一九五六年十月発表〕

「無我」の教え

釈迦牟尼仏は何故偉い方なのでしょうか。身を以てこの世の真理を悟られたからです。頭だけではなく、軀全体でそれを深くじかに味わわれたからです。ではどんな真理を悟られたのでしょう。それを幾つかに数え上げることが出来ますが、そのうちの一つに「諸法無我」という根本的な真理があります。このことが分ってみれば、天地の光景が一変致します。悟りとはかかる新しい世界の人となることに外なりません。なるべく分り易く、この真理をお話し致します。

「諸法」というのは、今日の言葉では「万物」でよろしいのであります。「無我」というのは、文字通り「我れ無し」と読み直しましょう。この「無我」という言葉の内容が、大変な意味を持ちます。普通の考えでは「自我」は動かすことの出来ない存在でありまして、「これは私のもの」だとか、「私のなしたこと」だとか、「私はこう考える」とかいう言葉を使います。ここで「我」とか「私」とかいうのは、他人と違う私、私だけのもの、独立した私個人というような意味があります。人間の慾望は、私を中心としますし、争いは私の利益を計ろうとする時に起ります。凡ての悦びも悲しみも怨みも妬みも、「私」の立場から起ることであります。即ち自我が在ると信じ、それに執着することから、一切の人間の出来事が発足致します。

然るに釈迦牟尼は、そんな「我」とか「吾」とか「私」とかいう存在は、決して独立して存在しているのではなく、かく考えるのは凡て人間の妄想だと悟られたのであります。独立して存在することを「自性」と仏教では申しますが、誰の「私」にも、そんな自性するものは、全くないのだということを明らかにされたのであります。この考え方は別にむずかしいことはなく、説明すれば誰も納得なさるでしょう。

第一、「これは私の作ったものだ」などと云いますが、平凡な一個の草履を作るにしても、実は、手本によったり、作り方を誰かに教わったり、材料を自然からもらったり、それを買ってくれる人、履いてくれる人が必要であったりするでしょう。まして作る場所もなければならず、働くには食物も取らねばなりません。こう考えると、どうして私一人の力で作ったと、云えるでしょう。

まして「私」は、生命を親から受けています。決して自作したのではありません。その親も更に限りない先祖へと繋がります。しかも親達はその社会と交流し、自然に依存しその智慧、習慣、感情など、何一つ他からの影響によらぬものはありません。人間一人の存在は一人ではなく、恐らく、無数の人間と血縁関係にあるでしょう。しかも人間を囲む自然と、どんな密接な間柄であるかが分ります。決して単独に孤立している「我」はあり得ないのです。それ故「無我」とこそ云うべきで、単独の孤立した「我」などいうのは、実はどこにも存在しない幻であります。人間は実体のない夢を追い、それに執着しているに過ぎません。

この教えは、一切のものは複雑な縁の繋がりだということを告げます。つまりこうやって私共が存在しているということは、多くのものが互に持ちつ持たれつつある間柄だということであります。つまり私でないものに寄りかかっていない私はありません。私とは実は私ならざるものの寄り集りだと云えます。それ故「我」には「自性がない」と仏教は説きます。自性とは「自分自身で持っている性質」との事で、そんなものはどこにもなく、ことごとくが依存関係にあるのです。この事実が分ると自我への執心ほど、愚かな行いはないでありましょう。「我」というのは勝手に空に描く妄想に過ぎません。この妄想に囚われる時に、争いや怒りや妬みや怨みが起ります。悲しみも苦しみも「我」にとりつかれた時に起ります。

それ故そんな実存しない「自我」の俘虜になるなと仏教は教えます。昔空也上人に或る人が道を問うた時、

「棄ててこそ」と一言答えられたと云います。「棄ててこそ」とは「自我」の念を棄てて了えと云うことです。そうすると別天地が開けて来ます。悲しみや怒りや怨みの根を切って了いますから、不幸が来ても不幸に終りません。こうなると心を動揺させるものがなくなります。これが解脱なのです。安心なのです。寂静なのです。凡てのかたまりが、ほぐされ、乱れが静かにおさまります。

そうして我が存在が無数の他に依存することによって成り立っていることに気附くと、こうやって存在することと感謝することとは一つになりましょう。「諸法無我」の教えは、吾々を謙虚にし、謝恩の念に導いてくれます。「お蔭で」という日本の言葉は、最も宗教的な深い内容を持ちます。「勿体ない」とか「忝《かたじ》けない」とかいう感謝の情こそ、人間の生活を温くし柔かくし、しかも確かに強くさせるものです。

それ故釈迦牟尼仏は「諸法無我」の教えを垂れられたのであります。

〔一九五六年十一月発表〕

神と仏

「神と仏と、どこが違うのか」と時折誰も思い惑うことかと思います。実際同じような意味に用いる時もありますし、また何やら違うようにも感じられるでありましょう。ともかく「無上なもの」とか、「絶対なもの」とかいう意味がある点では、神も仏も同じ内容があると申してよいかも知れません。しかしその「至高なもの」への見方の差から、神と仏とはその内容が大変違っております。それ故一応はそのけじめに就いて、知っておかれる方がよいと思います。

神の内容を一番深く見ているのはキリスト教でいう神だと思われます。これに比べますと日本の神社などで祭る神は内容が簡単で素朴であります。それ故、ここではキリスト教の神でそれを代表させることに致しましょう。仏の方は、もとより仏教で用いる言葉でありますが、それを一番深く見つめているのは大乗仏教でありますから、つまりキリスト教でいう神と、大乗仏教でいう仏との違いを述べることになります。ざっと云えば一方は西洋の見方、他方は東洋の見方ということにもなります。

大体西洋人の考え方は論理的でありますから、いつもものを二つに分けて、対比させて見る傾向がありま す。それで神という観念も人（または広く自然）と相対するものであります。神と云えば万物の創り主、これに対し万物は神から創られたものとなります。聖書の冒頭にも神は七日間で世界を創ったと書いてあります。つまり神と人とを判然と二つに分けて考えております。一方は全能の神、他方は有限の自然。この創造者という考えは、もとより「果あれば因あり」という見方にもとづいております。しかし神と人との二元にはっきり分れていたままでは、その間に交りが出来ません。そこでキリストという人格者がその間の仲立ちを致します。罪ある人間が神に交り得るのは、キリストがその罪を購って、十字架上に死んでくれたからだと考えます。それ故人間はキリストを通してのみ神に近づき得ることになります。キリストを救い主と見るのはそのためであります。十字架が大切な象徴であるのもまたそのためであります。

しかしこのように神と人、絶対と相対とを二つに分けて考えますのは、西洋的な論理的な見方に由来するのでありまして、東洋で申す仏は、かかる神とは、全くその性質を異に致します。

東洋の宗教思想は不二観（よろずは二ではない）に依りますから、神と人という対立の考えを立てません。仏と申しますのは、「目覚めた人」ということで、どこまでも人間そのものなのであります。釈迦牟尼仏はかかる「目覚めた人」を代表致します。それ故仏とは、本当の人間、本来の人間とも申しましょうか、或いは人間の清浄な姿を指すとも云えましょう。それ故、どんな人間も元来は仏の性質を持っていると説きます。ただ愚かさや穢れのために、それが現れずに被われているに過ぎません。目覚めれば、即ち我執が取れますと、誰も仏に帰ります。「成仏」とは、かく仏に成ることであります。しかし仏に成るのは、人間が、人間ではない仏に変わるという意味ではなく、人間が本来の性質たる仏性に活きるということであります。それ故仏と人とは本来不二なのであります。ただ迷いがそれを二つに分けているに過ぎません。仏教での仏は造物主ではないのであります。人間の外に神を立てることを致しません。

同じような違いがキリスト教でいう「愛」と仏教でいう「慈悲」との間にも見られます。キリスト教は神の愛を説いて止みません。悲しむ者、貧しき者に、慰めと安らいとを贈ることを決して忘れないのが神の愛であると説かれます。ただものを二つに分ける西洋流の考え方からして、神は同時に厳しい審判者でもあります。善悪を分かち、罪ある者は永久に奈落の底に落とされて了います。有名なミケランジェロの神の審判の絵は、よくこの光景を示します。

ところが仏教での慈悲は憎みとか罰とかいうものを半面に持っておりません。一切の者を迎えるのが仏の慈悲であります。浄き者も罪ある者も共に摂取致します。なる程仏画にも地獄の場面は沢山描かれておりますが、キリスト教のと根本的に違う点は、地獄に落ちるのは永久の処罰ではなく、犯した罪の呵責に会うので、却って救われるための準備に過ぎません。閻魔王はこわい顔をしていても、本当は慈悲の王で、論より証拠、いつも罪人の迎えに地蔵菩薩を地獄に派遣させておるのであります。つまり極楽に繋がれていない地獄はないのであります。一切の人間を救わねば止まぬのが慈悲の志であります。親鸞上人が申されたという「善人なおもちて往生をとぐ、いわんや悪人をや」という考えは、仏教にこそ現れる言葉で、キリスト教では不合理とこれを評するでありましょう。善悪をはっきり二つに分けているからであります。これに対し仏教はいつも考えを善悪不二の点まで進めます。

ここに東西の思想の違いが生じます。

〔一九五六年十二月発表〕

地獄極楽

地獄と極楽こんな題目を掲げますと、今の若い方々は、「馬鹿な」と、にべもなく云われるかと思います。昔は大いに真面目にその存在を信じましたが、今では人気がなく、進んだ科学時代に、そんなことを云うのは、全く馬鹿気たことだと思われるでしょう。ただ幼稚な時代の信仰が、空想した場面に過ぎまい。誰でも極楽や地獄の存在を客観的に実証出来はしない。もうそんなものの存在を云々する世代は去ったと一般には思われております。

ところが中々、そんなに早く断定は出来かねると思われます。なるほど極楽と云えば、永劫の春で、花が開き、鳥が囀り歌が聞こえ、金銀珊瑚瑠璃などをちりばめた高楼が聳えていると思い、地獄と云えば獄卒餓鬼にいじめられ炎と水とに苦しめられ、阿鼻叫喚の巷だと絵にも描きますが、しかしそれは人間の勝手な描写で、誰だとてその存在を見たものはあるまいと云われるでしょう。しかし吾々の心以外にそんな場所を探すからこそ、根拠がないと思われもしましょうが、それ等のものの存在が確実だかどうかは、全く人々が、おのが犯した罪への反省を持つか持たないかで、決まることなのであります。

地獄極楽が有るのも無いのも、いつに懸って罪への自覚によって分ることで、そんなものが存在しないと云う人は、決して自分の犯した罪の恐ろしさを考えない人達に過ぎないでしょう。つまりそれ等のものの存在は、罪の意識の有無で決まることなのであります。

なぜなら罪を省るということは、その醜さ潰れさを身を以て感得するということであります。それは罪を呵責する心でもあります。この場合、その反省が切実であればあるほどその恐ろしさは如実に迫って参ります。ここで地獄相をまともに見ます。実に罪を犯すことと地獄にいることとは一つであって別ではありません。何か地獄を特別な遠い暗い世界と考えるので、そんな個所は見当らぬと評する人もありましょうが、地獄は罪の心そのものの内にあるのです。否、罪を犯すことと地獄にいることとは同時同所に在ることとです。これに気附かないのは、己れの罪を意識しない者の、愚かな見方に過ぎません。

ここで罪というのは、何も盗みをしたり人を殺したりすることばかりではありません。心に怨みを抱いたり、罵ったり、騙したり、嫉んだり、或いは驕ったり、虐げたりすることはもとより、更に自分に執したり、妄想したりすることも、凡て罪と呼ばれてよいでしょう。言葉を更えれば、二元界に彷徨することであります。一切の二元は相剋を意味し、不完全不安定を意味します。これを人間の行為の上で罪と呼びます。それ等は凡て「己れ」への執着から発足致します、自他が分れていることが即ち罪に在ることを意味します。これに滞る間、心に安穏はありません。解脱はありません。

或る人は、それなら罪を意識しない者は却って地獄の苦しみがなくて幸いではないかと云うでしょう。ですが同時に、そういう人々には極楽もないのです。心の安定は約束されることがないのです、一生不安で送らねばなりません。それ故にこそ死への恐怖におののき、不満不平に心を乱します。

さて、罪を意識することと地獄を意識することとは同時だと申しましたが、実に罪への反省を経由することなくしては、極楽を感じることもないのであります。実に不思議なことでありますが、地獄のただ中に沈みもがく事と極楽に迎えられることとは、これまた同時なのであります。地獄極楽という言葉は対句のようでありますが、実は表裏一体とも申しましょうか。無限小と無限大とは一つに結ばれて参ります。浄土思想をかりて申せば「出離の縁なし」（どうあっても救われる身ではない）と気附く時と、仏の来迎にあずかり、浄土に摂取される時とは同時なのであります。自己に死す時が、活くる時だとも云えましょう。無難禅師はこう歌われました。

「いきながら死人となりてなりはてて
　　おもいのままにするわざぞよき」

それ故、地獄の恐ろしさを知る者のみが、極楽の光を感じる者なのであります。自己の罪について泣かない者は、仏の慈悲の涙を見ることは出来ないでありましょう。暗さがそのまま光に転入するのです。ですから罪の暗さを想いみない者は、決して光をも見つめることは出来ません。「悲しむ者は幸いなり、慰めらるべければなり」と聖書も申しますが、虚言ではありません。悲しみを持たない者には悦びも許されておりません。この世の利己的な満足などは、真の悦びとは申されません。不安にいつも結びついているからであります。安心決定は、罪への反省を経てのみ与えられます。

〔一九五七年一月発表〕

信女おその

一

参州の田原という所に、一基の碑が立っております。信女おそのを記念した碑で、その上に次の発句《ほっく》が刻んであります。おそのの臨終の偈《うた》だと云います。

はいはいと、うなずくばかり、百合の花

首を垂れる白百合の花、それがただはいはいとうなずく姿なのを見て、ここに信心のまごころを歌ったのであります。ちょっと考えますと、いま時こんな碑を建てるのは自由を殺すことにも思われ、外からの力に屈する不甲斐ない態度だとも思われましょう。そんな否定的、消極的な気持ちに、果して信心の面目があろうかと疑われる方もありましょう。

しかし仏の声を素直に、判かずに受け取ることが信心ではないでしょうか。おのが知恵で議《はか》らって、否とか諾とかいうのは、仏にすべてを任せた生活ではありません。「議らいを止めて」とか「ものをいろわずに」とかいう教えは、素直な「はい」という声の清らかさ、深さを知らせているのであります。この「はい」という応えは賛成するとか、承諾するとかいうような私の判断を意味するのではありません。ただの「はい」で、諾否のことではなく、そんな審きが現れる前の声です。分ったから「はい」というのでは、まだ自分が消されておりません。ここでの「はい」は条件さえ絶えた「はい」です。信者の暮らしとはかかるうぶなただの「はい」に活きていることではないでしょうか。

かつて或る人がおそのに「何程お説教を聞いても聞いてもまだ私の心は愚図々々しております。どうか一言、お教え下され」と申しますと、

おその「お前も愚図かや、妾《わたし》も愚図々々じゃげなあ。けれどもその愚図々々のままで来いよと親様が仰せられたら、まんざら嫌気でもないでのう。」

或る人「それでも信心が肝要と仰せられるが、その信心が、いつ得られるやら、分りませぬもの。」

おその「信を得るというは、はいというまでのことでありますげなあ。」

かつて京都の本山に詣でて、その番所でおそのは、己れを忘れて法義の話に夢中になっておりました。たまたまそこを通った一人の僧が彼女の背をたたいて「ここをどこと思うや、御本山の前ではないか。うかうかしゃべるな。油断をしている間に無常の風が後より来るぞ」と云いかけました。するとおそのはふりむいて一言「親様に御油断があろうかや」と答えました。その答えには坊さんも返す言葉がありませんでした。「私は油断だらけである。しかし親たる仏は私のために一瞬だとて油断はしておられぬ」と云い切っているのであります。真宗の信者であったおそのの信仰を、端的に物語っていると思います。

しばしばおそのを中心に同行の集りがありました。ある家の女房が「おそのさん、あなたがおいでると、同行の方々が集って、さも嬉しそうに御相談をしておられますが、私はいかなる邪見者やら、ただこの世ばかりが面白うて、後生のことは嫌いでござります」と申しました。

それを聞いたおその「そうそうお前様もさようか。私もそれよりほかはない。毎日、法の話はしているけれども、仏法が好きではありませぬ。実は後生のことは大嫌いで、この世のことが好きでござります。けれども嬉しいことには、後生嫌いでこの世好きな者を、親様が好いて下されますげなで、この世好きの後生嫌いの者

が一番がけにお浄土へ参らせて下されますげなで、それが何より嬉しいでのう。このことを毎日談合しているのじゃげなあ」。おそののこの答えに、この女房はいたく心を打たれ、その時から真宗の門徒になったということであります。

真宗の教えの有難さは、救われる資格を誰れにも要求しているのではないという点であります。もし資格が必要なら、幾人の人が救いを得るでありましょう。「そのままで来い」と弥陀は呼びかけていると教えます。凡夫のままで救われる道、否、凡夫だからこそ却って救われる道のあることを、温かく教えるのが念仏宗の使命であります。

二

或る日のこと、おそのそのほか幾人かの同行達が本山の御影堂に集って、いつものように熱心に法義を話し合っておりました。それを傍で聞いていたある坊さんが「有難きことを聴聞いたした。まことによきお相伴をいたした」と礼を述べられました。それを耳にしたおその「お相伴とはいかなるお心得にや、お相伴には今度の往生は覚束ないことでござります。我こそは御本願の正客なりとお受けが出来てこそ、往生も遂げ得ますのに」と申しました。件の僧はこれを聞いて「まことに有難い御意見を受けました。これ生涯の大幸であります」とて深く感謝されたと申します。

それが誰であろうと「お前こそ誰よりも仏の御正客なのだ」ということを明らかにしてくれているのが、念仏の教えの限りもない功徳だと云えましょう。しかし思い誤ってはならないでしょう。資格が出来てお正客になるのではありません。「出離の縁もない者」が、誰よりも先きに、一番がけにそのままで摂取されるという意味であります。力があって救われるのではありません。ただただ弥陀の大悲の力によることなのであります。

おそのが好んで同行達に語った譬え話があります。この話を若い同行達は何度も何度もおそのから聞きたがったと申します。それは「団子汁の談合」と呼ばれていました。「おそのさんおそのさん、もう一度団子汁の話を聞かせて下されや。」おそのはいつも嬉しそうに語り出します。

「あの夕方になりますと、女中がお汁を拵えて、それへ団子を入れて下から焚き立てますね。すると団子に煮える気はないけれども、火の力でひとりでに煮え上りますね。煮え上ったと思う頃に、すぐすくい上げて下りますよ。」おそのの口からこれを聞くといかにも有難く聞かれたと申します。

だんだんおそのの名が界隈に広まり、彼女を有難がる同行が殖えるにつけ、なかには嫉む者も出て、彼女の信仰は異安心、つまり間違った信心だと云いふらす者も出たようであります。そしてついに訴える者さえ出ましたので、ほってもおけず、一日おそのを呼びよせて、その信心を調べることとなりました。

「お前の領解《りょうげ》は」とまず詰問されました。領解は信仰への理解、解釈のことであります。するとおそのは答えました。「私は今日このような御殿に参ろうとは夢にも存じませなんだが、貴方の仰せによりまして、参らせて頂いた次第であります。これがおそのの領解でござります。」

まことに他力信心を要約した見事な答えであると申さねばなりません。これを聞かれた某僧も、その答えにいたく心を打たれ感嘆されたということであります。

「信者めぐり」という本に、次の話が記してありますので引用いたします。

「越前のさる寺に講習会があって、多くの僧侶や同行が集まり、すこぶる盛大であった。折しも三州田原のおそのさんが、京参りの道すがら、同地方で同信のともがら打寄って御相談があった。このことを講習会側へ告げ口をした人があった。そこで講習会側においては『このごろ三河から、おそのという老婆が来て、異安心を勧めるということじゃが、もってのほかのことである。彼女は手広に人々を勧めるということであるから、このまま捨てておいては本人は申すにおよばず、それに導かるる同行をみなみな地獄へ落とすことになるから、早く呼びよせて懺悔させるがよかろう』と、おそのさんへ使いを立てた。会合の同行は何れも心配をして、講習会行きを止めるが、おそのさんは少しも恐るる色もなく『来いよと仰しゃったら行きますわいのう。南無阿弥陀仏々々』と、念仏もろともまいられた。

すると会のおも立った僧侶が『三河のおそのとはお前のことか』『へえ、妾でござります』。

『聞けばお前はこの頃、この地方で異安心を勧めるそうなが、甚だ情ないことである。お前ばかりではない、他の人々まで迷わすというは、甚だ宜敷くない。速かに懺悔をして御正意《ごしょうい》にもとづけよ』と、きびしく申しつけると、おそのさんはにこにこ笑いながら、

『妾はまるで間違っております、もし違わなんだら何としましょう。違うておりゃこそなあ申し』と喜ばれた。

『お前は何ほど喜んでいても間違うていては、お浄土参りは叶わん、いま死ねばすぐ炎の中へ落ちねばならぬじゃないか』というと、

『はい落ちなんだらどう致しましょう。落つればこそ救われるがなあ申し』と喜ばれる。

『それでは本願の誓約にそむくぞ。誓約にそむいて往生ができるものか』と、さも厳しく御誡めになると、

『本願の御誓約にまでそむけばこそ、無有《むう》出離之縁と仰せられるがなあ申し』と喜ばれる。

『いや御誓約にそむいては往生は叶わぬじゃないか』と云うと、

『嗚呼、有難い、我れで往生が出来たら、御助けは他の人のものかなあ申し』と喜ばれる。何と云うても漢《かん》と云うても少しも驚く気色もなく、ただ何につけても我身の仕合せを喜ぶ。

『この婆々は気違いじゃ、何というても喜んでおる。こんなものはほって置くがよい、仕方がない』と、種々囁き合うているのを聞いて、おそのは、『嗚呼、気違いとは何たる嬉しいことであろうか。この地獄行きの機を、極楽行の機と間違えて下されたかなあ申し』と喜ばれる。もうこうなったら多くの僧侶も手のつけどころがなくなった。そこで色をかえて大音あげて叱りつけた。

『うかうかと喃《しゃべ》るじゃない、他とは違うぞよ。この奥の間では長浜の御連枝がお聞き取りになってござるぞよ。分らぬことを云うな』と叱りつけた。

『そうそう、御飯を食うて生きてござる御方が分ったら大騒動、分らぬでこそ不思議というがなあ申し』となお一層喜ばれた。この様子を始めからお聞き取りになった御連枝が、

『その老女をこなたへ』との仰せが下った。さっそく御前へ出ると御連枝は座布団をすべりて、丁寧に、

『よく知らせてくれたよく知らせてくれた。弥陀をたのんだとはその姿であったかや。今日はじめて真の領解を姿に顕わして知らせてくれた』と深く感嘆あそばされたとある。

その後、おそのさんの名がますます高くなって、ついには籠にて送り迎えをするようになったとある。」以上。

田舎の信者を馬鹿にしてかかった学僧達の態度も、この老婆の信心には歯が立ちませんでした。異安心どころか、却っておそのの領解以外に、以上に、正安心はないのであります。

そうして確《しか》と信心を握らせてもらっている彼女には、恐れというものはなくなっているのであります。そうしてまたどんな問いにも、即座に明答が控えているのを感じます。

三

或る人が「私はたのむ一つで御助けと決定《けつじょう》しております」と領解を述べましたところ、おそのは、

「たのむものがお助けなら、たのまぬものはなおお助けじゃ。たのむ吾れから見る世話のいらぬお助けが、嬉しゅうござります。」

或る人「この機がどうも仕方がない」と申しますと、おそのは、

「お前様も、助けてもらうものを沢山もってござるのう」と答えました。

こういう信者の心境は、一般の人々のとは、全く違っているのに気附きます。自力を棄ててしまう時と、他力が全分に働く時とは同時でありますから、人々が嘆くそのことが、直ちに光明に受け取られてしまうのであります。

或る日のこと、伊勢の町をおそのがいつもの如く、念仏を称えながら歩いておりますと、行きずりに一人の女が、その声を聞き、

「婆さんが空《から》念仏を称えて行かれるわい」と独り言を云いました。それを聞きつけたおそのは、

「よう云うてくれた、よう云うてくれた。どこに善知識があるやら知れぬものじゃ」と云いながら、その女の後を追いました。すると女は振り返って、

「そのように腹を立ていでもよいがなあ」と申します。おそのは、

「いや腹が立つのじゃない、御礼が云いたいのじゃ、この婆々の口に称える念仏がもしも功徳になって助かるなら何としょう。まるまる助けられた後の空念仏とは嬉しい。よう知らせてくれた、よう知らせてくれた」と大変喜びました。

平生おそのの念仏の称えぶりは、傍らで聞いていると、何やら有難そうにもなく、味なさそうな念仏であったと云います。それで或る者がこれを嘲って、

「おそのさん、おそのさん、お前さんの念仏は滓《かす》にもならぬぜ」と評せば、おそのは少しも逆らわず、

「有難い、おらそれは初聴《はつ》聞じゃ、わしの称うる念仏が、もしや滓にもなったらどうしよう。それが滓にならぬとは、有難や有難や、南無阿弥陀仏々々」

仏を念ずると申しますが、私の力が念ずる念仏など、どれだけの意味がありましょう。念仏には私が跡方もなく消えてこそ、その光が始めて輝きましょう。滓も残らぬ空念仏となってこそ、本当の念仏と云えましょう。私が念仏するのではなく、私なき念仏、私ののこらぬただの念仏となってこそ、はじめて念仏と云い得る

のではないでしょうか。

ある婦人が、信心が得られずして苦しんでおりました。何とか信心を頂きたいともがいておりました。これを見たおそのは、その女の人に、

「私がきっと安心できる秘伝を授けるで、二・三日やる気はないか」と申しますと、その婦人は大変喜んで、「安心《あんしん》さえ出来ることなら、いかなることでも致します」と。するとおそのは、

「お差し支えなし、御注文なし、という言葉を二・三日云いづめにしなされ」と申しました。婦人は喜んで帰り、右の言葉を繰り返しました。二・三日の後にまたやって来て申すには、

「仰せに従うて三日間朝から晩まで云いづめに致しましたが、何ともござりませぬ。胸の中は相変らずおかしなものでござりますが、こんな心でもようござりますか。」

おその「お差し支えなし、御注文なし」と。

「それでも何ともござりませぬ。へんてつもない心中でござります」というと、おそのは、また、

「御差し支えなし、御注文なし」と申しました。婦人はその時、凡夫そのままでお救いにあずかることに始めて気附き、喜び勇んだと申します。

おそのは、こんな簡単な言葉や、方法で苦しんでいる人々を導きました。

かくして彼女を慕う人々はだんだん殖えて、その名はますます広まりました。彼女は嘉永年間に七十余歳でみまかったと云いますから、幕末にいた人で、安政年間に編まれた「妙好人伝」には、早くもその名が列ねてあります。

田舎にいて別に学問もないながら、あつく安心を頂いている人々を讃えて「妙好人」と申しております。妙好とは白蓮華のことで、浄い蓮の如き信者をかく呼ぶのであります。立派な学僧や住持もさることながら、貧しい名も知れぬ信者の中に、仏法がかえってよくいきいきとしている事実を、われわれは深く省みねばなりま

せん。その妙好人達の中には、沢山の女達が見出されております。田原のおそのはそれを代表する一人でありま す。そういう人々を見ると、まことに活きた仏法をまともに見る想いが致します。妙好人おそのの言行は仏法の残る限り、いつの時代にも想い起されることでありましょう。

〔一九五七年一月発表〕

一遍上人と顕意上人

「安心決定抄」は、古来、浄土真宗で最も大切にしている聖教の一つである。それゆえ、真宗聖典でも編むと、この聖教を抜かすようなことは決してしない。この伝統は特に蓮如上人以来つづくもので、江戸時代の真宗の学者のこの聖教に関する著作も一、二に止まらぬ。蓮如上人はこの抄をいたく尊敬されて、紙が破れるほどに熟読された一書であった。そうして、この本のなかから読むごとに、金を掘るような感じだとさえ言われた。

ところが、不思議なことに、この聖教は誰の手になる著作か、今もってわからず、議論まことにまちまちである。中でも一番多くの人から支持されてきたのは、覚如上人の作という説で、真宗聖教であるから、そう考えるのも無理はない。また、そう考えたいのであろう。覚如でなく、存覚だと主張する人もあり、否々、証空上人、一遍上人の名さえ上っているのである。しかし、盛られた思想をよく省みると、決して純真宗系の著作とは思えぬ。これも早くから気づく人があって、何箇条かの項目を挙げて、必定これが浄土宗西山派の人の手になったものだということが論断された。私もその一人に組みしたい。最近の「安心決定抄」の研究で大きな本を書かれた龍大の瓜生律師も、この問題の個所だけは至極曖昧で、明答は記していない。過日、宮円遵師にお会いした時、或いは一遍上人の著作ではないかという考えを洩らされた。同氏は信頼すべき真宗の学者である。

ところが近時、丹波の国大山の浄土寺の住職宮田芳音師が、いろいろの論拠によって、「安心決定抄」は西山派の顕意上人の作だという断定を下された。これは注目すべき新説であって、最近は岡崎の真浄院奥村玄祐師によって、さらにこれが詳説された。私はこの説を支持したい気持が濃い。真宗は今でこそ、「機法一体」という言葉を度々用いるが、元来、これは西山派の思索が生んだものであって、「安心決定抄」には特に沢山現われてくる。一遍上人の語録に「機法不二」とあるが、同じ意味なのは言うをまたぬ。それで私は、上人の思想と、「安心決定抄」と関連があることを気づいていたが、「決定抄」が顕意上人の作となると、この間の連絡がいっそう必然になる。なぜなら、一遍上人が九州の聖達上人のもとで、浄業を学び修せられたとき、机を並べて勉学されたのは顕意上人であった。顕意のほうが年上ゆえ、いわば法兄に当る。それで長年、法の兄弟として勉学されたから、互いに影響があったであろう。

京都に一遍上人が行かれたとき、よく誓願寺に立ち寄られたが、この寺こそ、顕意上人と関係が深く、上人入洛の際には必ずこの二人は「法」について、「信」について、親しく語り合われ、交わりをさらに温められたことと思う。それゆえ、一遍上人の思想に、特に西山派、深草義の顕意上人の思想が深い関係を持っていたのは、必然と思う。要するに、二師ともに西山派の脈を承けているのは、明らかである。

「安心決定抄」が、時として一遍作と言われたのは、あながち根拠のないことではない。

私は同抄の宗教的深さに驚く者の一人であるが、和語で綴られた浄土系聖教中、最も宗教哲学的に見て深いものだと思う。信仰の書としての「歎異鈔」と思索の書としての「決定抄」と、正にこの二つは和文浄土系聖教中の双璧と讃えたい。私は「一遍上人語録」と「決定抄」との内面的連絡をもっと詳しく述べるべきだが、病臥中、手許に文献もなく、ただ将来、「一遍上人と顕意上人」とは、最も興味深い好題目となるに違いないことを述べるにとどめたい。

聞くところによると、覚如上人は、かつて顕意上人から教えを受けられたことがあるという。こうなると、なぜ真宗に「安心決定抄」が親しまれるに至ったか、その道筋もわかるわけである。「平生業成」という真宗の教義も、覚如上人から始まるのでなく、この思想は実に顕意上人に由来する由である。「機法一体」の言葉が元来、真宗のものでないことは、明らかである。

法然
- 親鸞――覚如
- 証空――聖達――一遍
- 　　　　聖達＼顕意

（覚如・一遍・顕意）同時代

〔一九五七年九月発表〕

老・病・死

釈迦牟尼仏が未だ悉達多太子であった時、老、病、死の三問に逢着され、これが契機で出家して入道され、修業に努め、苦行を重ね、厚く禅定を修して成道され、遂に正覚に達して仏陀となられた。この物語には、仏教を知る程の人は、大方は親しんでいよう。

老、病、死の三問は、かくの如く仏教と共に古いが、しかし今日といえども、何人にも新しい切実な問題だと云ってよい。これからもまた同じであろう。古くして常に新しい問いなのである。

今回私は大患に犯され、長い苦しい病床生活を送った。それが老齢期につきまとう病気で、昔からいう中風であるから「老苦」と「病苦」とを私もつぶさに嘗めた。しかも一時は危篤で、もう手おくれという事だったそうで、私も死線を彷徨《さまよ》ったわけで、「死」とも当面するまでに至った。

そんなことで、この古い三問を私も身をもって味わった。この中で「死」は最大の問題であるが、この問いへの解答で、今も忘れられぬものが二つある。一つは良寛和尚の言葉で、或る人が、どうしたら艱難を免れる事が出来るかと尋ねた時、禅師は次の様に答えられたという。これが素晴らしい答えなのである。

「災難に逢う時節には、災難に逢うがよく候、死ぬる時節には死ぬるがよく候、これはこれ災難を逃るる妙法にて候」というのである。

他の一つは妙好人因幡の源左の答えである。源左は八十九歳で病床に就いていた。ところが彼の友人の直次も同じく老齢で床についた。しかし直次はいよいよ死が近づくのを知って、心が不安に襲われ、何とか安心して死にたいと思った。そこでこれは今のうちに源左に問い合せるに如くはないと考え、姪を使いに出して「どうしたら安心して死ねるか、源左に聞いてごせ」と云った。すると源左はこれを聞いていて、一言「ただ死ねばよいがやあ」と答えた。

この「ただ」の一語に千鈞の重みがあろう。吾々が安心して死ねないのは「死にたくない」とか、「死んだらどうなるだろうか」とか、何れもただ死んで行けないところから来る悩みである。親様（阿弥陀様）に何もかもお任せしてある身、信者である源左にしてみればただ死ねばそれで充分よいのである。直次はこれを聞き、「ああそうであったか」と気附き、まもなくこれ等の二人は、平和に大往生を遂げたと云うのである。昭和五年頃の話である。かつて私はこの物語を、その使いをした姪からじかに聞いて、大変心を打たれた。

「死んでから浄土に行ける身なのか、それとも地獄に落ちるのか、そんな事は一向に存ぜぬ」と親鸞上人がきっぱり強く云われたのを想い起す。また、木喰五行上人は、「仏とも鬼とも蛇とも分らねど、何になろうと南無阿弥陀仏」と歌われた。

禅僧の語録を読むと、この死の問題への明答が至る所にあるが、昔、関山禅師の所に或る人が訪ねて来て、「どうぞ生死の問題をお教え下さい」と云った。すると禅師は即座に「這裡に生死なし」と云って、追い帰された。誠に明答ではないか。

禅寺等に行くと、今もなお「無常迅速、生死一大事」などという句がよく記してあるのを見かけるが、禅林においても平僧にとっては、今以て死が、新しい大問題なのは云うをまたぬ。

しかし誰も生死を分別してかかるが「大乗仏教」の究竟の教え、つまり仏陀が徹見せられた般若の知慧は、「不生不滅」の言葉に尽きる。それで「生」の問題を深めると、「不生」に帰ってゆく。この「不生」さえ分れば、「生死」のみならず、一切の「人生苦」の問題は解ける。それ故、盤珪禅師は一生、繰り返しくりかえし、ただ「不生」の一語で禅意を説かれた。

私の病室には、今「般若心経」の「色不異空」という言葉が掲げてあるが、それを前に眺めて、日夜を送った。この四字の意味さえ分れば、老、病、死の三苦は氷解するであろう。何れもが「空」の様に溶け去って、執するものが残らぬからである。

〔一九五七年十月発表〕

善悪の別

長く降り続く梅雨は、中風の私の体には、工合の悪いものであった。神経痛のある人などは、きっと皆苦しんでいるのであろう。

しかし、雨が悪いと云うのは、私自身の立場からで、元来天候そのものに善悪はない。もしも年々廻って来る梅雨期が、「からつゆ」であって、日照りが続いたら、百姓は困るであろう。私に悪いその天気は、百姓には有難い天候だと呼ばれるであろう。まして植物の身になると、そのあるものには、慈雨とすら思えるであろう。また仮りに私が健康でいたら、この雨をそんなに呪いはしまい。また仮りに雨の少ない朝鮮に今いるとしたら、私には呪いなど消えているのである。これを考えると、天気が悪くて困るというのは、私の立場から云う身勝手な呪いで、天候そのものに、元来良し悪しの別はない。固定した良いとか悪いとかいう性質はない。

それで天気を悪いと呼ぶのは、

（一）私の身勝手な見方に過ぎず、天気その事は空の様なものでそんな固定した性質が実体的に客観的にあるわけではない。

（二）ただ色々の因縁で、現在の自分には都合が悪いというに過ぎない。だから因縁が散り去れば苦しみもどこかへゆく。それ故、もし私本位の個人的立場を離れると、立ちどころに天候の良否は消え去って了う。そうすればどんな天候もそのままで、障りとはならなくなる。天候に良否という絶対性はない。仏教はそれ故、良否など分けるのは人為で妄想のようなものだと云うのである。因縁がそんな言葉を仮りに云わせるに過ぎない。

因幡に源左という真宗の信者がいた。生前から妙好人と呼ばれたほどの篤い信者であった。この源左は信心を抱いてから、かつて時候の挨拶をした事がなかった。「お暑うございます」とか「お寒いことで」とか、「あいにくの雨で」とか「風で」とか、天気の良し悪しに就いて挨拶したことがなかった。どんな天気でも、そのままでよかったからである。彼には天候そのものに寒暖良否の別がなかった。彼の残した逸話には、心を打たれるものが多く残る。彼にはこの世に、排斥し否定せねばならぬものがなくなっていた。彼は口ぐせに「ようこそ、ようこそ」と云った。意味の複雑な表現だが、「有難いことだ、勿体ないことだ、凡てはそのままで、感謝に余るのだ」という心が込めてある。

或る時家の者が「お爺さん、今日の風呂は熱くて悪かったなあ」と云うと、源左「なんの、なんの、しっかりしてえがのう」と云う。「今日のは、ぬる過ぎていけなかった」と家人が云うと、「なんのなんの、ぼんやりしてええがやあ」と答えた。「爺さん、今日のお汁は辛過ぎてすまなかった」と云うと、「塩気は体に大切だがやあ」という。「今日のおかずは甘過ぎていけなかったか」と云えば「甘ければ沢山食べられて、有難いがのう」と云う。「御飯が固くはなかったか」と云えば「いいや、おらはおこわが好きでのう」と云う。「今日のは柔らか過ぎて」と云えば「いいや、おらあはお粥が好きでやあ」と答える。こういうあんばいなので、どんな事も源左には、障りとはならぬ。良し悪しの別のある世界に住んでいないからである。つまり、そのままで何もかも有難いのである。

源左はかつて、転んで怪我をして血を出した。それなのに、「ようこそ、ようこそ」と云っているので、通りがかりの人が「爺さん血まで出して、何が有難いかいなあ」とたずねると、「いいや、片腕折れても、仕方がなかったのに、ほんの血だけで有難いのう、ようこそ、ようこそ」と悦んでいる。かつて、誤って二階の階段から落ちた。家人が驚いて「お爺さん、痛くはないか」と聞くと、「いいや階段から落ちたのは、地獄に落ちたら、どんなに痛いかを、知らせて下さったのだ。有難いことだ。ようこそ、ようこそ」。

こんな妙好人に向えば、何もかも歯が立たぬ。底ぬけの信者だからである。それと云うのも、一旦自分という立場の根を断ち切ってあるので、碍るものが周囲にない。こういう信者の暮らしに、私もあやかりたいものだ。そうしたら、雨もまた暑さもまた否、苦しみもまた私に有難いものに変わるであろう。

〔一九五七年十一月発表〕

「応無所住」の話

私はかつて次の様な話を聞いて、大変心を打たれました。

或る日禅寺でお坊さんの説教がありました。話題は金剛経に関する事でした。そうして有名な次の句についての話がありました。

「応無所住而生其心」

「応《まさ》に住する所なくして、その心を生ずべし」。この句はよく禅寺の牀に掛っている軸物にも見かけます。全くこの句さえ分れば、「参学の事畢んぬ」と云ってもよく、仏法の極意がこの一行に込めてあるとも云えましょう。それだけにその真意を解する事は、生易しい事ではありません。

その日法席に一人のお婆さんが聴聞していました。文字も読めない田舎のお婆さんでしたが、坊さんから、こんな有難い深い句はないと聞かされて、「ああそんな有難いお言葉なのか」と深く信じ入りました。

お婆さんは無学とて、知る力はありませんが、その代りに信じる心はありました。無条件にこの句の有難い事を信じました。しかし悲しい哉、文字が読めず、何と読むか暗記出来ません。

それで「応無所住」オームショジューを「大麦小豆」と覚え、「而生其心」ニショーゴシンを「二升五銭」と覚えました。

そうして分らぬながら、「大麦小豆二升五銭」と口ずさんで、何辺も何辺もこれを繰り返して称えました。そうして日夜を問わず、思い出してはこの句を繰り返しました。

そうしているうちに、我を忘れ、何を称えているかも忘れ、その句にのり移りました。我と句との間に二つがありません。こういう境地こそ、正に「住する所なき」境地です。

そうしてお婆さんは近所に病人でもあると、例の「大麦小豆二升五銭」という有難い句を口ずさんで、さすってやったりすると、不思議とその病人の苦しさが静まったとも云います。

お婆さんは何も知的に金剛経の句が分っての事ではありません。この句の有難さに信じ入ったばかりに、この句を自己流に称えて、そこに我を忘れる事が出来ました。

そこから不思議な功徳が生まれてきたのです。そうしてこの経句通りに「無所住」に入って、おのずからその心を活かす事が出来たのです。そのお説教の日、何人の人が聞いたか知れませんが、恐らくこのお婆さんほど身を以ってこの聖句を体得した人はなかったでしょう。

意味は分らぬので、「大麦小豆二升五銭」は陀羅尼の様なものです。

陀羅尼（ダラニ）というのは、謂わば呪文であって、インド人、西蔵人等は沢山口ずさみます。

一寸訳しようがありませんので、古来音をそのまま漢字にあてたりして棒読みにします。もっとも意味は大いにあるので、訳せないことはありませんが、訳せば知的理解に終って了います。真理の深さは知的分別だけでは分らないものであります。

呪文そのままに却って意味があるのです。そういう意味で、最も深い真理は、遂に陀羅尼に熟せざるを得ません。分って分るのは末で、分らずして分るものでなければなりません。ここが陀羅尼の深みであります。「大麦小豆二升五銭」の句は、この陀羅尼的な深さに達したのであります。この陀羅尼とお婆さんは一つになったのです。ここから一切の不思議が湧き出たのであります。

私共の知的理解の如きは、当底陀羅尼の深みには達しません。深く反省してよい事ではないでしょうか。

お婆さんは、はっきり金剛経をじかに身を以って味わったのです。うぶな心で、うぶに受け取ったのです。その句を丸のまんま受け取ったのです。頭だけで、智慧できざんで味わったのではありません。釈迦牟尼仏もこの話を聞かれたら、さぞ笑みをたたえて悦ばれる事でしょう。

〔一九五七年十二月発表〕

安心について

上

吾々人間には、苦しみや悲しみや、悶えやいろいろ不安が襲いかかる。一生苦厄の連続だとも云える。これがために、心に平静が保たれない。不幸が次から次に続いて来る。つまり安心（あんじん）が決定（けつじょう）されない。

なぜ、こんなことになるのか。この不安が高じると病気になる。神経が衰弱し、これが甚しくなれば、気が狂い、自殺もしかねない。何故こんな悲劇が人間につきまとうのか。

それは詮ずるに、二元の巷に彷徨《さまよ》うことから起る。都合の悪いことに、二元は常に相対し相争う間柄である。争わぬ二元とてはない。その中に沈むから、平静がないのである。

しかも更に厄介なことには、人間はその二元の何れかに加担する。何れかを選び、何れかを避ける。つまり貧富の二元界では、人は富を取り、貧を棄てる。強弱では、強を好み、弱を嫌う。だが吾々の生活は、貧や弱を恐れると絶えずそれにおびやかされて不安を感じる。人間はこれか彼かの好悪の間に彷徨《さまよ》う。吾々の判断とは、要するに、これか彼かであり、然りと否との二元を出でず、しかもその内の一つを取り、他を捨てる事である。かかる二元の巷に彷徨《さまよ》うので、心に平和が保てぬ。ではどうしたら安心出来るか。心を安らかに出来るか。

要するに、二元を断ち切ればよいのであるが、どうしたら断ち切る事が出来るか。仏法が教えるのは、二元的な考えそれ自身が夢幻（まぼろし）に過ぎぬ事を見抜け、というのである。云い換えれば、高低、遠近、上下、左右の如きは人間が身勝手に作為した考え方に過ぎず、元来そんな区別はなく、従ってその各々に自性がないと知り抜けば、二元に迷わされぬというのである。

例えば、上下という、ここに坂があって、これを上り坂とも云えば、下り坂とも云える。坂自身に何も上下の自性はない。ただ、麓から見る人には上り坂となり、頂から見る人には下り坂と見えるに過ぎぬ。その区別は、人間が勝手に自分の立場からしか呼ぶに過ぎない。或る立場を固守するから、同じ坂が上り坂とも下り坂とも見えるのである。つまり麓か頂かその一つを選んで放さぬ故、一方は下り坂、一方は上り坂と決定して了う。しかし坂それ自身にそんな固定性はない。人間の選ぶ立場からの身勝手な見方による争いに過ぎない。

だから、この争いから離れるには、自分の身勝手な立場を捨てればよい。つまり「自分」を固守しなければよい。単に自分を棄てろと云ってもよい。これが出来ると、争いはなくなる。二元の争いがなければ、心に波風は立たなくなる。自分の立場への執着を棄てて了いその繋縛をほぐして了うことである。執心が一切の悩み、悲しみ、苦しみの因である事が分る。ある考えを固定させて、それに自分を縛ってはいけない。自ら足掻きがとれなくなるからである。人間は自縄自縛に苦しんでいるに過ぎない。仏教は「無住心」を説くが、固定させた個所に住むな、という事である。つまり、二元界を心の住所とするな、ということである。その根源をなす自我を、捨てることが無住心となる所以にもなる。ここに達せぬと、永遠に不安は去らない。つまり、人間は自我の故に自由になれない。自由とは、他人から自由になる事を意味するよりも、何より先ず自我から自由になる事である。不自由とは、他人の奴隷になる事よりも、自分自身の奴隷になる事を意味する。常に自分の主人であればよい。これが禅で云う、「随所作主」（随所に主となる）事である。一切の悲しみ、苦しみは自分が自分の奴隷になっている時に起る悩みである。

ではどうしたら、いつも自分の主人になれるか。例えば、人間には何事につけ、自分が負けたくないという悩みがある。それ故負ければ、苦しみや悲しみを感じる。だから負ける事におびえて心が静まらぬ。

どうしたら、この悩みから抜ける事が出来るか。それには、勝ち負けという二元の巷をぬけて了う事である。つまり勝負という事が行われない世界に出て了うことである。そうすると、負けるという事が、絶対になくなる。

適当な例を引こう。仮りに激しい風が吹いて来たとする。この風に負けないようにするには、何かこれに抗し得る丈夫なものにすればよいと誰も思うが、風に抗すれば抗するほどそれに比例して大きな抵抗をうける。だが、どうしても負けない道が一つある。風にとって一番の苦手は、暖簾で風を受け流して、少しも逆らわぬので、風がいくらいきり立っても無駄になる。つまり、強い風も暖簾には歯が立たぬ。それは勝負を争わず、風と争う心を棄てて了っているからである。風の吹くまま吹かぬままに任せて、凡てを受け流して了うからである。

「のれんと腕押し」等という言葉は面白い。インドはこれで英国に負けずに済んだ。言葉を更えれば、英国はインドに勝つことが出来なくなった。強い松の大木は、自らの力に任せて、風に抗するから、時として枝を折られたり、幹を倒されたりする。しかし弱い柳は、風を受け流して了うので、強い風にもなかなか折れぬ。つまり柳は勝負のない世界に出て了うからである。これは大した解決ではないか。

下

それで不安を去るには、
（一）二元を幻と悟る事

（二）自分を棄てる事

（三）二元の争いのない世界に入る事

このほかにもう一つある。例をひこう。夜眠られぬので苦しむ場合、寝よう、眠ろうとすれば、益々眼が覚めて寝られぬ。この場合寝る寝られぬの、二元の争いに身を入れているのでいよいよ苦しむのである。仮りに、寝てよく、寝られなくともよいという道に出ると、直ちに静かになる。つまり二元の取捨をせぬのであり、両方を共に肯定して了うのである。仮りに、寝られぬ場合、これは自分に考える時間を与えてくれるためだと思うと、寝られぬ事に有難みさえ感じ始める。そうなるとどちらに転んでもよいことになり、心に安心が得られる。妙好人と云われる人々の生活を見ると、こういう考え方が大変に目立つ。例えば、人から蹴られるとする。普通なら腹を立てるのだが、別に腹を立てぬ。何故か。蹴られることで、自分の犯した罪業の借金が少しでも減るので、有難いと考えて了う。こうなると、腹を立てる心は消えて了う。つまり感謝で、何もかも受け取る生活をすると、心に安心が熟する。

他人が自分に冷淡であったら、自分の徳の不足に由来すると思えば、他人を怨まずにすむ。却って冷淡にしてくれたお蔭で、自分を責める事が出来たと思えば、二重の感謝になる。二元の相剋から脱するには、取捨をせず双方を肯定すればよい。妙好人源左は、かつて時候の挨拶をしたことがなかったという。

「今日はお寒くて」とか、「雨が続いて困ります」とか、そんなことを云ったことがなかった。なぜなら、源左には寒くてもよし、暑くてもよし、晴れても有難く、雨で有難い心の暮らしがあったからである。喰物の不平などはなかった。家人が「今日のは辛くはなかったか」と問えば、「塩気は有難いものだ」と云う。「甘くはなかったか」と云えば、「沢山食べられて有難い」という。それで、どんなこともそのままで、源左には最上であった。こういう信者には、二元も歯が立たぬ。だから二元の争いから去って、自在な暮らしをすることが出来た。それで口ぐせのように「ようこそ、ようこそ」と云った。この「ようこそ」で凡てを受け取るところに、妙好人の大した暮らしがある。

かつて、良寛和尚は不在中盗人に入られて、何もかも取られた。しかしこの事を知った時、すぐ月見をして喜んだ。「盗人の取り残したる窓の月」。これで盗人への怨みもなく、怒りもなく、恐れもなく、悠々自適の暮らしをした。貧乏して飯を焚く薪木もない時、「焚くほどは風のもてくる落葉かな」で、静かなものである。貧乏の悲しみも、苦しみも良寛の心には近づかない。なにもかもそのままで、肯定される。こういう自在な人となることが、安心を得る道である。

いろいろある二元の対立の中で、人間に一番切実に迫ってくるものは、生死の二である。誰も死を嫌い、生を愛する。これには当然な本能が働くとも思えるが、しかし、この対立のために、異常な悩みや苦しみが伴うのは、ものの考え方に由来するとも云える。悟り終れば心経のいうように罣礙《けいげ》はなくなるから、恐れる死もなくなる。禅僧は「這裡（禅境）に生死なし」と云った。正にそうあるはずである。

親鸞上人は、「極楽に生まれるか、地獄に落ちるか、一向そんなことは存ぜぬ」と云われた。どう転んでも、安心を得ているからである。

妙好人源左の言葉は、度々他にも引用したが、友人から「どうしたら安心して死ねるか」と聞かれた時「ただ、死ねばよいのだ」と答えた。この「ただ死ぬ」が大した答えではないか。何もかも弥陀如来のお慈悲に任せきった身、今後、どうなるか、そんな心配はいらない。ただ、死んで行けば、それで全くよい。これは弥陀のお慈悲への信頼で、生死の二を消しているためである。

　　仏とも鬼とも蛇とも分らねど
　　　何になろうと南無阿弥陀仏

これは木喰五行上人の歌であるが、称名にこれだけ積極的な信頼をすれば、何の恐れもなく自在の身になる。死も悩みの種とはならなくなる。六字にはどんなことも歯がたたないからである。六字の前に生死の二はその差別を失う。禅僧は「未生以前の面目」などという言葉をよく用いるが、悟りとは、二が未だ別れない以前の面目に帰る事だといってもよい。二に別れた巷に在れば、いつまでも苦しみは去らぬ。二を越えずして、安心は保たれぬ。しかし安心が何か苦悩の他に別に在るように思えば、再び二相に陥る。暗さのなくなる所が、直ちに光の在る所で、暗さと別に光があると思うと、再び明暗の二に分れる。先にも述べたが、心を固定させてそこを住居とするなと云うのである。だがこれは決して無住所を住所としろというのではない。囚われた心がほぐれればそれが無住心で、それが自在心即ち安心である。

親鸞上人は「煩悩を断ぜずして涅槃を得」と云われた。むずかしい言葉ではあるが、二元に囚われないと、二元に在りながらも、そのまま二元にいないその風光を見得るであろう。ここに安心が現成される。

〔一九五八年二月発表〕

仏教と悪

善悪の問題は、主として道徳の問題であるが、これに一層の深い考察を加えたのは宗教であって、悪の問題を論ずるからには、宗教の立場から考えるのが、更に至当であろう。キリスト教は原罪の教えを説き、救主は贖罪者として論じられる。仏教の立場は大いに違うが、私は東洋人として、やはり仏教的考え方をすることによって、悪に対する考えを西洋への贈物としたい。

キリスト教の考えとして、私がいつも忘れ得ぬのは、十四世紀頃逸名の著者によって書かれた「テオロギア・ゲルマニカ」である。この小さな本は聖書や聖アウグスティヌスの本をおいては、最も深くルーテルを動かした本だと言われるが、その中にアダムとイヴとが禁断の実を犯して楽園から追われる物語を述べたあと、もし二人が禁断の実を犯したとしても、それを「吾がもの」として食べなかったら、よもや楽園を追われなかったであろうと、しかしながらもし「吾がもの」と考えたなら、食べなくても追われたであろうというのである。つまり、「食べる」「食べない」か《ママ》に問題があるのではなく、「吾がもの」という考えの有無が問題なのだというのである。悪というが、一切の悪の泉は「吾れ」に戻ることを教えているのである。

この考えは仏教の考えとも通じる。しかし仏教はもう一つ逆に善悪の二を分けるそのことに根本的な躓きがあるのを説く。つまり、東西とか、上下とか、善悪、美醜などを分けるが、そんな分別されたものには実在性はない。仏教ではこれを自性がないという。例えば東西というが、場所それ自身にどうあっても東とか西とかいう性質は独在しない。仙台から来れば、同じ東京は西だし、名古屋から来れば東だというに過ぎない。東京という名は関西の人から見た名で東北人だったら同じ東京を西京と呼ぶであろう。東京自身に東西の性質はなく、これを見る立場で、東とも西とも、南とも北とも、上とも下とも言える。だから仏教では、

本来無東西（本来東西なく）

何処有南北（何処に南北あらんや）

と説くのである。善悪とても同じである。

ジォルダノー・ブルーノーは、極悪の人間として火刑《ひあぶり》にされた。数百年後の現代になると、彼は近代思想の偉大な先覚者として同じ処刑されたその場所で、盛大な祭奠が催された。この私でもかつて沖縄の古蹟を撮影した罪に問われて、検事局で尋問をうけた。ところが十数年後の去年、沖縄の新聞社から、沖縄の文化に貢献した功労者として表彰された。善悪の標準は、時と共に推移する。絶対悪などというものは存在せぬ。

共産圏では、何万という人々が粛清の犠牲になって殺された。その殺した人々が平和を叫ぶのだから不思議な感じを受ける。これに対し、軍国主義時代の日本では共産主義者の幾人かは獄中で悶死した。何れにしろ、自分の立場を至上と妄想して寛恕の徳を持たないための悲劇だと言えよう。

儒教では性善説と性悪説とがやかましいが、仏教にはそういう考え方はない。これは縁起説とも関係があり、人間が善人になりまた悪人になるのは、いろいろの縁の重なりにすぎない。善悪にも独立した自性はなく、また人間そのものの本性にも、善悪という自性がないのを明らかにする。だから悪人といえども縁によってまた善をなすし、聖者といえども縁によって悪をなす事があり得るというのである。ちょうど成績が一番の人は、二番三番に下る蓋然性があるし、最下の成績の人は、最も多く上にあがる蓋然性を持っている。それと同じである。だから聖人といえども油断は出来ぬし、悪人といえども悲観の要はない。縁が誘えば何れにも転じるからである。それ故、ここでキリスト教と仏教との対比で面白いことは、キリスト教の神は「審判者」で、悪

人は永久に悪人で地獄に落ちっ放しであるが、仏教の方は、仏は「審判者」ではなく、慈悲の当体で、悪人が地獄に落ちるのは、当然その罪に応じた苛責を受けるためで、これを因果応報と言い、それはかえって浄土に成仏するための支度とその苛責なのである。

ローマのバチカンのシスティン会堂の壁画に、有名なミケランジェロの「最後の審判」の図がある。中央に立つキリストは、むしろすさまじい力で悪人を地獄の底に叩きつけている姿勢である。彼は審判しつつあるのである。

ところが、仏教の方の閻魔大王は怖ろしい形相をしてはいるが、実は慈悲の大王たる事に変りはない。ただ悪人共の罪の軽重の「計量者」であって、「処罰者」ではない。大王の傍には罪を計る秤と、罪を映す鏡とがあるが、それは罪の軽重を計量するだけであって、仏教の地獄図を見ると分る通り、いつも苛責のすんだ悪人共を迎えるために地蔵菩薩を派遣することを忘れない。故に悪人もいつかは浄土に行く希望がある。

ところがキリスト教では、永劫の罰が与えられる。悪人はどうあっても天国には行けぬ仕組である。キリスト教は、人間は原（もと）から罪を以て生まれてきているというが、仏教は罪浄は因縁で、本来はそんな二元性はないのを説く。「本来清浄」という言葉があるが、この清浄は不二をいうので、穢悪に対する清浄の謂いではない。つまり善悪二元を立てるその事にそもそも誤謬があると考えるのである。だから本来無一物なのである。これは仏教の空観によるが、「空」という字は大変に誤解を招きやすい。ただ何もない虚無ということではなく「色即是空」は必ず「空即是色」という言葉と共に考えられているのである。ここがむずかしい点でもあるが、「色即是色」の「色」はこの場合一切の物質や現象の事で、色彩の事でもなくまた女色などの事でもない。一切の事物現象を指す言葉である。かかるものには独立した自性がなく、ただ縁に従って興亡するものにすぎないから、実体がなく「空」だというのである。これに対し「空即是色」というのがなかなか分りにくい。しかし譬えをひけば分りやすいかも知れぬ。善悪のみならず、一切の相対的考えが人為的であるのは、前に引いた東西の例でも分る通りで、強いて東西を分けるのは、色眼鏡で見る如きもので、色を初めから人為的に用いているのである。その色を消して、素透しの眼鏡にすれば、どんな色もそのままに写る。色を空じてこそ、色に即する。人間の眼球は色づいてはいない。だから一切の色をそのままに受け取る。色づいていたら、その色以外の色は受け取れぬ。譬えば絵を画くにしても、色のない白紙に描くではないか。白即ち色が空じられているからこそ、その上に一切の色や線を受け取ることが出来る。空だからこそ色によく即する。この「空」を清浄ともいう。清浄とは、二元の人為的色眼鏡をはずした所を指していう仮りの言葉である。言葉は一切仮りにすぎない。虚仮なのである。だから本当の真理は「言詮不及」「絶言絶慮」である。それ故「不立文字」とも禅では言う。

縁による色界には起伏があり興亡がある。春になり夏になると縁に従って葉が出、花が咲く。しかし秋になり冬になると、また縁に従って散り去る。しかし葉も花も一切なくなればこそ、また春になって芽生えて蕾をもつ。「茶」が入っていない「空」の茶盌《ちゃわん》こそ、一番多く「茶」を受け入れる。だが大いに注意すべきは「空」を実に対させて、何か独在し別在するもののように考えては、「空」の考えはつかめぬ。そんなものが独立に自律するのではない。実を去って「空」があるのではない。ちょうど夜に光がさすと、夜の世界がそのまま昼となるようなもので、夜を否定したのが昼ではない。柿の渋を棄てるのが甘柿ではなく、渋がそのまま熟して甘柿になるのである。渋さこそ甘さに転じる。だから渋さ甘さを二元に分けてはいけない。二元に分けることを、仏教では執着ともいう。悪人でも光がさせばそのままで善人に転じる。善悪を二別するその事がいけないのは、その一つを選び、他の一つをしりぞけることになるからである。本来自性しないそんなものを取捨することに、自分を煩わすのは、妄想に悩むのと等しい。「莫妄想」というが、あたら幻影を描いて、それに苦しむのは愚かではないか。だから「空」だと言って「空」に執するなら、こんな馬鹿気たことはない。それは「実」に執するのと別に変りはない。大慧は「希わくば諸々の実を空じ、慎んでその空をも実とするなかれ」と言った。そうして「この両句さえ判れば参学の事は了る」とまで言った。

臨済録に「仏に逢えば仏を殺し、祖に会えば祖を殺し」などというはげしい言葉があるが、その真意は、仏という概念を立ててそれに執するなら、仏を失う事だと警告しているのである。禅は禅宗という言葉を本来は好まぬ。何故なら禅に執すればたちまち禅を去るからである。全くそうである。禅宗では所依の経典をさえ持たぬ。これは大いに意味があろう。「以心伝心」を旨とするのは当然である。

さて、悪に対して、仏法は二つの道からこれを追求した。一つは智の道から、一つは慈の道から。前者は禅宗が一番これをよく代表し、後者は真宗がそれをくっきりと代表する。「悪」という言葉や、その内容を「二」という言葉に換えてよい。二とは、ものを二つに分け、しかもその何れかに執することである。それ故この分別の二自身に欠陥を見るのである。そうして分別の根は「私」である。つまり自他の二を分けるそのことである。善悪とか美醜とか上下とか、ものを二つに分ければ、すぐこの間に争いが起る。この葛藤に一切の苦厄の根がある。そうしてこの葛藤のうち一番根元になるのは、「自他」の別であり、苦悩として一番迫るのは「生死」の対立である。だから自他の二、生死の二を根本的に洗い去る修行が必要になる。禅修行は、先ず二見からの離脱にある。だから、禅にとって二見そのものが、最も根元的な悪なのである。これを洗い去ると明々歴々の世界が現われる。「無㆓憎愛㆒洞然明白」である。殺戮嫉妬闘争等の一切の悪は、自他の別に由来するではないか。この二を超える修行が必要となる所以である。また凡ての苦悶恐怖は、生死の二を立てる所から起る。それ故この区別を打ち破ると「日々是好日」となる。「這裡ニ無㆓生死㆒」というが、ここが禅の境地で、ここに禅者の素晴らしい理解がある。

さて、かかる二元の奴隷から解放される時に、人間は始めて主人公になれる。禅で「随所作㆑主」というが、この主は一切の二に囚われぬ自由の身を体得することを意味する。瑞巌和尚はこの主を「主人公」と呼び、臨済はこれを「無位の真人」などとも称した。「無位」という言葉に大いに意味がある。何かの位置に住所を持つ限りは、「真人」にはなれぬ。その「住心」に囚われるからである。「真人」とは、「無住心」の主人である。この何物にも囚われぬ境地を「無事」と言い、その「無住心」をまた「平常心」とも言ったのである。つまり「自在心」の主人になることである。「自在心」とは「無碍心」のことである。易しく言えば、何ものにも、何事にも「こだわらぬ心」のことである。これを得れば、「天衣無縫」ではないか。「任運無碍」ではないか。

摩拏羅尊者の偈に

心随万境転　転所実能幽
随流認得性　無喜無憂

（心は万境に随って転ず、転ずる所実に能く幽なり。
流に随って性を認得すれば、喜びもなく憂いもなし。）

ここに見事な禅境があるのである。悪は特に自己に囚われたる心、己れを立てる心にすぎない。自他の二が消える所が、直ちに風光明媚なのである。

禅は「天上天下唯我独尊」という言葉を尊ぶ。これは釈迦牟尼仏の「誕生偈」と言われる。伝説では、生まれるや周方七歩し、右手は天を指し、左手は地を指して、この偈を言い放たれたという。その史的真偽などはどうでもよいが、この言葉には大いに意味がある。しかしこの言葉はとかくやすっぽく受け取られがちになる。自分だけが偉いのだと言っているようにとれる。だがそんな意味は毫もあるまい。「自分」等という二元的な考えに囚われぬ自在の主人公たる謂である。前にひいた「随所作〻主」という禅句は、この誕生偈と別語ではない。だから仏法でいう悪は、道徳でいう悪とは大分違い、もっと根本を見ての悪である。二たる事それ自身が悪なのである。しかもそんな悪は、人間の本来の性質ではなく、因縁によることにすぎぬから悪人を決して見捨てない。

つまり二元に対する徹底的な追求が禅修行だともいえる。これは智の道による徹見だが、しかし前にも述べたように、別に「慈」による見方がある。これを他力の道とも言うが、平たく言えば、自力でいう二元をもっと行為の面に写して考え、「二」という言葉を「罪」という言葉に代えて考える。つまり罪への反省としての道が、他力宗となって現われたのである。だから「智の道」に対して、これを「情の道」と言ってもよい。

さて、この情の道は日本で特に円熟した。支那でも念仏宗となって、善導大士などによって深く進んだが、この念仏宗をそれまでの寓宗の位置から独立した一宗に建てたのは、日本の法然上人以来で、これがまた親鸞上人や一遍上人等によって更に深まり、いわば絶対他力の宗派として栄えるに至った。この道は自らが凡夫であることを徹底的に省みる事から始まる。ちょうど禅僧が二元界に止まる分別心を、徹底的に衝くのと同じである。凡夫というのは何の値打ちもないやくざ者ということである。分りやすく言えば、自分が罪業の身以外のものではないという事実の端的な承認である。

しかしここに注意すべきは一切の人間が、何かの意味で罪人だという事のみならず、その中でわけても自分がその一人だという事への反省である。しかも自分程の罪人は他に決してないという反省である。否、それどころではない。罪人とは、実は自分一人の事を指すのだという内省を伴うことである。

前掲の「誕生偈」の例を引けば、逆に「天上天下唯我独卑」とでも言ってよい。念仏宗の信者達は善導大士の言葉を借りてこれを「無有出離の縁」という。つまり「罪業から離れ出て救われる縁の無いほどの身だ」と言う反省である。どうあっても地獄に落ちる者、つまり「地獄一定すみかぞかし」というのはその叫びである。一つまり禅宗は、易しく言えば自己のうちに大をつきとめる道、念仏宗は小を見つめる道とでも言ってよい。一寸考えると二つは大変に違うが、結果から言うと、禅者も念仏行者も同じ心境に達してくるのである。何故か、自己の無限小を考えるということは、無限大の前に立たされていることである。「地獄一定」と考える事は、仏の慈悲の摂取にあずかることを意味する。これは浄土に往いて生まれることではないか。

念仏するとは、「私」が念ずるのではなく、仏が仏を念ずることになってしまう。念仏に「私」がなくなる。

（小さな自分をそれに任せきるのは、小さな自分がその中に消え去ることである。）その刹那は仏が仏となることで、つまり自分の自力を放棄することは、仏の自力が限なく働くことにもなろう。妙好人庄松に或る人が「他力をお教え下さい」と問うた時「わしは仏様の自力が慕わしい」と答えた。ここが微妙な契機で、これを説くのが念仏宗の教えである。名号を称えよというのは、その「私なき」名号に浄土が現成するからである。称名の働きの不思議は、この奇蹟を目前に実現するからである。

妙好人の詩人才市の詩を読むと、「うれし、はずかし」と言う言葉が交互に度々出てくる。自己の小はどこまでも恥かしい。しかしはずかしいと深く省みる刹那が浄土に迎えられる時であるから嬉しいのである。しかし嬉しさに甘えてはまた大変である。嬉しさは恥かしさを伴ったものでなければならない。

さて、絶対他力の教えの深さは、左の親鸞上人の言葉によく示されてある。

「善人なおもちて往生を遂ぐ、如何にいわんや、悪人においてをや。」

と誠に常識を絶した言葉であるが、こんな真実な教えは他にあるまい。「出離の縁なし」と分らせてもらう時ほど、「出離の縁」を受ける時はない。自分が凡ての罪ある者の中で、一番罪業深いものであるのみならず、天上天下自分一人こそ悪人の悪人だと感じるその刹那は、正に仏の慈悲の正客となっていることを意味しよう。悪人を救うことこそ慈悲の希願ではないか。それなら悪人正機と言えるではないか。最悪のものこそ、慈悲のその相手ではないか。かかる相手を仏の正客と言うのである。

先に引いた妙好人豊前新蔵の辞世の歌が残されているが、如何にも他力宗の信者たる面目が躍如としている。

「微塵ほどよきことあらば迷うのに、丸で悪ろうて私が仕合せ。」

もし自分に少しでも善いところがあったなら増長慢を起して迷う身となるのに、まるっきり悪人であるので、お慈悲を頂くようになり、何とも幸福なことである。

こんな素晴らしい悪への述懐はない。念仏の信者の信心には、悪と救いとを直ちに結ぶこんな見事な解決が握られているのである。道徳は悪を拒けて善人にしようとするが、宗教は悪人をそのままで救ってしまう。またここが仏教における念仏宗の深い点だと言えよう。

しかしここで誤解があってはいけない。悪人が慈悲をうける正客なら悪を行ってもかまわぬことになるとか、悪人こそ幸な人間として讃えてよいのだというふうに、浅はかな受け取り方をしてはならない。利己心に纏いつく悪など微塵も値打ちはないのだ。悪人正機の教えを、悪人が助かるなら善人になる必要がなくなるなどと受け取ってはならない。子供が罪を犯す場合、親の心はどんなに悲しく痛ましいか。不孝でかまわぬなどとは夢にも言えない。慈悲を感ずる者は感ずる程悪を慎むであろう。感謝の生活を送ることと、悪の生活をすることは一致しない。慈悲の光が悪の影を消さないなら、慈悲の光を受けとっていないからである。信心が意味深いのは、この光を素直に浴みるからである。悪人でもよいなどと考えるのは信心を持たない者の愚かな考えに過ぎない。

道徳は悪を拒否する力となるが、宗教は悪をおのずから消滅さす力といってよい。宗教は悪との戦いではなく、悪をも光に浴みさす力なのである。だから悪人の救いが果される。悪人にすら浄土への道を開いて待つのである。慈悲の法を説く仏教はこの道を準備してやまぬ。

妙好人の物語を読むと、腹を立てぬ話がよく現われる。昔、豊前に新蔵という信者が居た。貧乏できたない形《なり》をしていた。或る時村に相撲があったので見にゆくと、一人が投げられて大変な怪我をした。すると仲間が「これは見物人の中に穢い形をした新蔵を見出し「此奴のせいだ」と言って、皆でよってたかって蹴る擲《たた》くのひどい目にあわせた。ようやくここを逃れ出て、家に戻って、妻に言うには、「今日は実に有難い目に逢った。自分が穢い人間だということをありありと知らせてもらった上に、蹴ったり擲いたりされて、罪の贖いまでさせてもらい有難いことだった」と語った。妻も「ああそうでしたか」と夫妻もろ共に歓喜踊躍したというのである。腹を立てるどころか、こんな素晴らしい心の転換がどうして出来るのか。何事につけ、如来の御慈悲を感じるので、立腹の根が切ってあるのである。だから、こんな妙好人は一面まことに「日々是好日」である。因幡の妙好人源左が口癖に、「ようこそ、ようこそ」と言ったのは、それをよく示している。「ようこそ」とは、極めて含みの深い言葉である。「何事につけ、私のようなふつつか者に、よくもまあこんなお慈悲を垂れて下さって、もったいないことだ」という意である。だからどんな境遇に入っても感謝であって、不平など口から出る謂われがなくなる。つまりここでも「任運無碍」の自在人になる。修行の積んだ禅者と、信心の厚い妙好人と、道は異なるがその安心は同じである。悪に対しこれを矯める道や、これを正しきに導く方法はいろいろあろう。しかし宗教的教えほど、根本的な解決の道はない。とりわけ仏法がこの問題に与える答えは、極めて深く鋭い。

〔一九五八年三月発表〕

馬鹿で馬鹿でない話

私は今病臥中の不自由な身なので、次の話の出典を調べるわけにゆきません。その道では有名な話ですから、読者の中には、よく御承知の方もあるかと思います。うろ覚えでは幕末に出た上・下二冊の『妙好人伝』中に載っている話だったかと思います。

昔、三州に夫婦とも篤信な妙好人がおりました。三州は三河門徒と云って、真宗の門徒の栄えている地方であります。有名な妙好人田原のおそのの出た国であります。

ところで右の夫婦が夜寝ていますと、急に嵐になってきました。ひどく雨風が戸を叩く音で主人が目を覚ましました。その時、ふと思い出した事は、御本山の建物であります。御本山とは京都にある本願寺を指します。もしこの嵐で御本堂でもいたむような事があっては大変だと思いました。とても心配になって、側に寝ている妻を起し、「東風がこんなにひどくなって、西方にある御本山に万一のことがあっては大変だから、何とか風を留めよう、お前も起きてくれぬか」。妻も「ほんまにこれは大変なことになりました」と云って、二人共起上りました。主人は出来るだけ大きな風呂敷を探すように、妻に頼みました。

さて、二人はそれを抱えて、嵐の烈しい外に出ました。二人は話し合って、すぐ裏の一番高い丘の上に登りました。そうして夫婦で風呂敷の四隅をしっかり手で持って、御本山の方へそれをあてて嵐を喰い止めようとしました。寒い冷い雨風も忘れ、ともすれば倒れそうな躰をやっと支え、嵐の静まるまで立ちつくしたと云います。名号を称えながら。「これで少しでも風当りが減れば有難いのぅ」、「ほんまに」、そう話し合って、家に戻った時にようやく夜が明けました。

この話が、いつとはなしにその界隈に広がりました。評判は二手に分れました。一方の人々は「何て馬鹿な奴共だ、たかが風呂敷で大風が止まるものか、考えてもみろ、三州から京まで五十里もあろうが、ここが嵐でも、京はそうとは限るまい。長い間雨風に打たれて風邪でも引いたらどうするのだ」。こんな話に悪口を浴びせるのは、いとも易しいことです。如何にも常識はずれの行いでありますから。

ところが一方では、とても感じ入る人々が出ました。「有難い同行だ、吾々の信心はまだまだ足りない」、つまり、何故だかとても説明は出来かねるのですが、何かしらひどく心を打つものがあります。そうして、この話は有名になって、後年その丘に碑が建つに至りました。そうして今でもこの碑にお詣りをして手を合せる人が絶えないと申します。

それを嘲り罵った人々は、合理的に優れていても別に尊敬は受けませんでした。これは馬鹿で、馬鹿でない話ではないでしょうか。

馬鹿と云われるほど、純な信心が人の心を打つのです。結果からみて、例の風呂敷は本山の建物を守る何の役をもしなかったでしょう。しかしこういう純な信心こそ、何より本山を守り、一宗を育てる力となっております。またこんな妙好人を次々に生む所に、真宗の有難さがあるとも云えましょう。こういう信心の栄える地方には、清浄な空気が漂います。そうして、合理的懐疑の中からは、中々温いもの清いものは生まれてまいりません。合理派に組する現代人に、安定した幸福が見られないのは、何故でしょうか。馬鹿と云われた妙好人には、安心の決定があり、幸福があるのは何故でしょうか。

この科学時代に在って、こんな馬鹿者に加担する私も馬鹿の一人と嘲られるかも知れません。しかし科学性がどんな平和を、人々の心にもたらしているかをよくよく省みる必要があるでしょう。案外合理主義者の方が馬鹿なのかも知れません。悧口さが、安心を決定する力となってはいないからであります。ですから文化人はトランキライザー（鎮静剤）を飲むのです。ノイローゼ患者が殖えるので、この薬の製造に会社が熱心になるのです。それで金儲けをする人も出る位です。

馬鹿と云われる妙好人は金持にはなれません。しかし心の煩いをも、貧乏をも忘れる平和があります。これは金持以上の富と云えないでしょうか。

越中五ヶ山赤尾の妙好人道宗は、蓮如上人を活き仏とも仰ぎましたが、一冬誠に厳しい寒さがありました。さぞ御上人様はお寒かろうと考えて、寒三十日の間、毎日火鉢に火をついで床の間に置き、御上人に供えたと申します。年が明けて、山科の御坊に上人をお訪ねしますと、「今年の冬はお前の志で大層暖かかった」と云われ、御礼にとて一軸の名号を贈られたと申します。今も赤尾の行徳寺では、これを大切に保存致しております。そうして村人で、四百五十年後の今日でも、この話を有難く物語らぬ者はありません。この私もかつて赤尾を訪ねた時その「かげ火鉢」の話を聞かされて心のぬくまるのを覚えた一人であります。

今の若い人達はこんな行いを馬鹿気たことと思いがちですが、かかる悧口さが人々に心のぬくもりを贈らないのは何故でしょうか。これは逆に悧口で悧口でないものがあるためでしょう。

〔一九五八年四月発表〕

妙好人の辞世の歌

日本人は辞世の歌をよく遺します。これは禅僧の遺偈などからその風を学んだものでしょうか。ともかく禅宗の坊さん達は、正にその生の終らんとする時、自分の悟入した心境を偈に綴る風があります。その多くは学僧のこととて、もとより漢詩ですが、和歌もなかなか多く、これ等を集めたら東洋人の死に対する覚悟や、人生に対する見方やいろいろのことが覗われて、東洋人の気質を理解するのに、示唆するところが大変多いと思われます。私はここに一首妙好人のそれを御紹介して、共にその法味を味わいたく思います。禅僧等は大した学問のあった人も多いので、むずかしい字や句がしばしば現れますが、妙好人はこれに比べ大概は無学で、ろくに文字も知らず、文法に誤りがあったり、用語が粗々しかったり致しますが、一面では学問に囚われる点がないだけに、とてもうぶで純な感じがよく現わされます。妙好人には中々歌を沢山遺した人がありますが、近頃では石見の才市の如きはその代表的な人でありました。

これから御紹介するのは、その生涯中別に歌を好んだ跡もなく、従ってこの辞世の歌は、死ぬるに際しおのずから口にのぼった、極めて自然な一首であったかと思われます。平常の了解が、自然に会話の如く歌に現れたのでありましょう。歌人ではありませんから、推敲などして作ったものではありません。しかしそれだけに一層素直さがあると思います。

この妙好人は豊前の人で、名を新蔵と云いました。今は詳しい事蹟を調べる由もありません。もともと田舎の極めて貧乏な百姓に過ぎませんでしたから。しかし幸いにも、幕末に編纂された「妙好人伝」初篇巻の下に、その信仰生活の事が幾許か収録されております。そこには大した物語の二、三がありますが、今日はそれ等を別にして、偶然に遺した辞世の歌のことだけをお話し致したく思います。

彼は天保十一年、七十歳を以って没しました。真宗の門徒でありますから、称名もろとも目出度く往生を遂げたと申します。その時の辞世は

「微塵ほどよきことあらば迷うのに
　　丸で悪ろうて私が仕合せ」

「私が少しでも善き行いをしていたら増長慢して迷いの身となるところであったのに、丸っきりの悪人であるため、阿弥陀様のお慈悲にあずかる身となって、なんとまあ仕合せなことであろう」という意味であります。簡単な一首ではありますが、ここに念仏宗の教えがくっきりと活かされ、丸彫りになって示されているではありませんか。「悪人正機」という教えがありますが、その真意が残りなくこの素朴な一首に語られております。

再び申しますと、「自分は大変ふつつかな人間でありますから、善人だというような考えが少しでもあれば、とかく自分に執して迷いの心に沈むところでありましたのが、丸っきりの悪人だと知らせて頂く途端、つまり、『無㆑有㆓出離ノ縁㆒』と顧みさせてもらうたその時不思議にも弥陀如来のお慈悲の真中にいるのを気附かせて頂きました。天上天下自分独りがその悪人だと気附かせて頂いた時、阿弥陀様の正客として迎えられましたので、勿躰ない身の幸いを感じております」というのであります。

悪や罪の問題を最も当面に扱いますのは、道徳でありますが、道徳の志向するところはその悪や罪を矯め正して、何とか善人に更生させようと致します。これもよい見方とは云えましょうが、宗教特に仏教の考え方は全く違って、悪人を悪人のままで救って了う道を説く事であります。この考え方には、大した深さがあると私は思います。凡夫は罪業の身で、どうあっても善人などにはなりかねる身でありましょう。ここを念仏宗は、

つきつめて見ているのであります。どうしても悪人が悪人のままで済度される道がなければ、果して幾許の人が救われるでありましょう。法然上人や親鸞上人はこの道を徹底して考え抜かれた方々でありました。ここに他力道の有難味が深々としております。宗教が道徳より一歩深い所以も、ここにあると云えましょう。ですから、道徳的常識とは全く違って、「善人が救われるなら、いわんや悪人をや」という驚くべき言葉が現れてくるのであります。

ここで「悪人正機」と云っても、悪でよいとか、悪人の方がよいとか述べているのではゆめゆめありません。悪そのものは微塵も賞められるべきことではありません。この事が分ると右の辞世は尽きない教えとして、吾々に大した贈物となって参ります。

妙好人源左は、口癖のように「ようこそ、ようこそ」と申しましたが、含みのある言葉ではありませんか。「この悪い私にかくまでお恵みを垂れて下さるとは、勿躰ない極みだ。よくもまあこの私のようなものに」という心が込められていて、寝ても醒めても謝恩の念に満たされて居りました。妙好人の偉さ深さは、こういう暮らし方にあります。どうして悪がよいなどという考えの入る余地がありましょう。悪人になってもよい等という間違った解釈は、慈しみを知らない者の考え方に過ぎないでしょう。心からの感謝の生活に悪が近づく隙間はないでしょう。

〔一九五八年五月発表〕

受け取り方の名人

私達は何かというと、腹を立てたり、悲しんだり苦しんだり致します。それはものの受け取り方が下手なためだと思います。私は妙好人の伝記や、言行録を読むのを好みますが、なぜかと申しますと、ものの受け取り方の素晴らしい名人を、そこに見るからであります。

どんな逆境も妙好人は、素晴らしい順境として受け取って了います。それですから、誠に「日々是好日」であり、「日々是感謝」であります。

今日は素晴らしいお話を受け売り致します。豊前国中津郡矢富村に新蔵という極貧の人がおりましたが、稀有の信者でありました（この人の信心については前号にも記しました）。或る日の事、近くに相撲がありまして、新蔵も見に出かけました。ところが一人の相撲取が投げられて大変な怪我を致しました。仲間達が話し合いますには、こんな怪我人が出来たのは、定めし穢らわしい人間が近くにいるからだろう。探し出せと云うので、手分けして探しますと、遂に破れ衣を着て髪を藁で結った、穢多のような風情の一人を見出し、ああこの男のためだという事になり、大勢して新蔵を殴るやら、蹴るやら、ひどい目に会わせました。新蔵はやっとの事でその場をのがれ、家に戻るや嬉しそうに女房に申しました。

「今日は近頃にない有難い御意見を受けて参った。」

すると女房は、

「それはそれはお仕合せな事、早く私にもお裾分けして下され。」

と申します。新蔵は言葉を継いで、相撲場でかくかくの事があったと一部始終を話して、

「この世で穢多と間違えられるような身が、来世では阿弥陀様と同体にならせて頂けると約束して頂いておるのに、歓喜の心もとうとしく、毎日を送るこの私に御意見を下されたのだと思うと、喜ばずにはおられぬではないか、お前も一緒に悦んでくれよ。」

と云い、夫婦もろ共、己を忘れて歓喜雀躍したと申します。

ひどい目に逢って居りますのに、それを感謝で受け取るとは、大した受け取り方の名人ではないでしょうか。普通の場合なら腹を立って、庄屋にでも訴訟するところでありましょう。今なら怪我の損害賠償の権利を申し立てる事かと思います。ところがそんな法律も全く必要のない暮らしぶりであります。

こういう妙好人の生活振りを見ますと、さながら天地がひっくり返って了うのを感じます。昔、越中赤尾の道宗が、篤信な者だという評判が界隈に拡まった時、一人の真言宗の坊さんが、どれ一つ試してやれと思って、たまたま草取りをしている道宗を見附け、後からいきなり蹴とばしました。道宗はよろめいて倒れましたが、ただ「なむあみだぶつなむあみだぶつなむあみだぶつ」と云って、また草刈りを始めました。それで二度蹴とばしました。道宗はまた倒れましたが、なおも黙っております。それで坊さんは、

「お前は他人に蹴られて、何故怒らぬのか。」

と尋ねますと、道宗は、

「いいえいいえ、私は人から蹴られるような悪者でございます。蹴っていただけば、それだけ前世からの悪業をいくらかでも償って頂けるわけで、誠に有難く存じます。」

そういって称名しつつ御礼を申しました。この坊さんは道宗の答えに大変心を打たれ、遂に真宗に帰したと申します。

因幡の源左が草刈りしている時、蜂に刺されました。その時源左は、

「ああお前にも人を刺す針があったかや。」

そういって、自分の心にある毒針の事を考え、痛いとも何とも云わず「ようこそようこそ」と云いながらなおも草刈にいそしんだと申します。

事に際し、機に応じ、何という素晴らしい解決を即刻にしている事でしょう。普通なら、「こん畜生」とでも云って、蜂を殺すところです。ところがこうなると、蜂も善知識となって了います。そうして何もかも感謝と歓喜とで受け取り、自らを反省する助縁にして了います。こうなって来ますと、一切の苦厄が霧の如くに消え去り、美しい風光が目前に現れてまいります。

私は長らく病床に在って、いろいろな苦しみを嘗めるにつれ、これ等の妙好人の物語を読み、ふつつかなる自らに云い聞かせている次第であります。私は妙好人伝を読むのが有難く、こんな良い助縁の書は他にない様に感じ、この一文を記して、これを機に皆さんにもお届けし、私も何とかして諸縁を凡て仏縁として受け取れるようになりたいとつくづく思います。

南無阿弥陀仏

〔一九五八年六月発表〕

昼と夜——病中思索

上

病苦に悩み不眠症に陥った私は、夕方になると心が陰鬱で、朝日の出るのを心待ち致します。窓が開くとやれやれと思い、気持ちが明るくなります。暗い夕方と明るい朝、この対比は恐らく多くの人に共通するものでありましょうから、この感じは何も病人だけではなく、一般の通念とも考えられます。そうするとこの様に感じる事は自然な事で、別に誤りとか不正とか評するものではないと考えられます。だから自然なことだとも思えます。しかし果してそうでありましょうか。考えると大いにあやしいと思われます。

例えば重労働に苦役する人がいると、仕事の終る夕方が有難く、朝の明るくなるのは心の重荷でありましょう。ですから「休息の夕と陰鬱の晨《あした》」という言葉も成り立つでしょう。怠け者の学生は早起きはつらいでありましょう。遊び人は夕方になると元気になるでしょう。そうすると、夜と昼、陰と陽、喜と悲等を区別するのは自然の事でなく、人為の事に他ならないとも云えます。人間が勝手に自分の立場から右の二つを分けて、自身の都合のよい一方を讃え、都合の悪い方を呪っているのに過ぎません。ここでもしそういう分別心を払拭し清算して了うと、どうなるでしょうか。どんなにか波静かになるでありましょう。人間の悲《かなしみ》、苦《くるしみ》、怒《いかり》、不平等一切は右の身勝手な分別心に依りましょう。ものをすぐ対立させますから、争闘が起り平和でなくなります。

一切の苦悩はかかる二元心から起ることが分ります。

二元心は人為で、自然ではないでしょう。例えば高低、上下というこの差別は、自然そのものではありません。山は谷から見れば高いのですが、しかし高い山も空から見ればいとも低いのです。早晩・早朝と云いますが、何時が早朝か誰も知りません。晩年というが、何歳から晩年なのか誰も云えないでしょう。皆それぞれ勝手な立場で云うているに過ぎません。花は美しいと云います。これは絶対に間違いないと誰でも云いますが、或る人にとってはその美しさが呪いかも知れません。例えば吾が子が谷間に咲く花の色香に誘われて摘みに行き、誤って谷川に落ちて亡くなったと致しますと、その母にとって、美しい花は恐怖とさえなりましょう。この様に或る立場に立つと、通則さえ不通になります。美醜という事もどこで定められるか、なかなかむずかしい問題であります。

この頃カトリックの教会堂に行くと、マリア像が据えてあります。信者はこれにひざまずいて、何と神々しい御姿かと仰いで手を合せます。ところが少しく芸術心の高い人には、何とセンチメンタルな安っぽい下らぬ彫刻と思われ唾棄したいまでの代物でありましょう。善悪の差また然りであります。共産圏では、どこでも粛清といって、沢山の人が殺されます。これは清くするためだと考え、正しい行為だと云います。ところが或る国では共産主義者を蛇蝎視して投獄します。或る者は悶死しますが、いい気味だと云って笑つて居ります。どうしてこんな裏腹の事が白昼目前に起っているのでしょうか。戦争が始まると一方は聖戦で、一方は逆悪だと云います。名誉の戦死という云い方がありますが、勝手な言葉で、勝てば官軍という表現と同じく馬鹿気た考えでしょう。どうしてこんな見えすいた事実が世界中に科学心を誇る国々にすら天下御免で通用するのでしょうか。誠におかしな事であります。考えれば考える程、一切の誤謬と矛盾は次の順序から起って来る事が分りましょう。

先ず自分と他人とを区別します。そうして自我を立てます。自分に都合の悪いものは皆排斥します。ここで争闘が起ります。自他の衝突であります。この衝突が起れば平和はありません。平和の欠如が即ち苦痛、悲哀、忿怒、陰鬱、焦慮、不平、殺戮、神経衰弱、病苦、自殺、こういう径路を辿ります。これが世界至る所の現状であります。元をつきつめますと、ものを分別するその事が一切の矛盾の起原だと分ります。この分別のうちでも、自他の別が一番現実的に厄介な魔物であります。人間が他の生物と異るのは、分別心があるためだと、一大自慢にもしておりますが、「理性的存在」等という言葉で自分を酔わせているのだとも云えます。

もっとも存在するその事が、分別される事だと致しますと、この魔物は存在そのもののうちに、始めから潜在しているのだとも云えるのであります。神が人を造ったというなら、罪深いものを造ったものであります。何故なら分別という悪の種を植えつけて造って了ったからであります。この悲惨な矛盾を、どう救ったらよいでしょう。「分別は幻だ」と教えるのが、仏教なのであります。一切の差別相は仮空で虚無だと知らせているのであります。故に人間は夢を見て、その夢に苦しんでいるのであります。元来はそんな差別はない、空なものであります。差別されるものには自在性はありません。東西南北、上下、左右などと云いますが、どんな場合にもそんな性質はあろうはずがありません。だから本体は周囲のない中心というようなものなのであります。もっとも本体とか、中心とかいう言葉の内容も夢なのであります。だから仏法は無相を説きます。特に「無我相」を説きます。これをつきつめると、「空」に至るのであります。

しかし空を「有」の対辞として考えると、また空でなくなります。「空」を空じねばなりません。だがこれでは果てしがない否定で、きりがありません。ここで仏教は「空」という否定語に代って、「如」という言葉を生み出しました。これはそのまま、ありのままという心で、云ってみれば人為的に分別される以前のものであります。以前と云って了えば、再びそれに執心致しますから。「如心」とは「無住心」という事になります。どこにも定著しない心であります。この「無住心」を仏心ともいうのであります。しかし「仏心」という固定したものの存在を説くのではなく、執心の消えたその所が、「如心」なのであります。丁度光がさすと、夜がそのまま昼になるのと同じであります。夜の他に昼が別にあるのではありません。

こうなりますと、光がさすと、他が自になります。不幸がそのままで幸福になります。何と不思議な出来事ではありませんか。仏教とは、こういう不思議の中に、日々の生活を入れて了う教えなのであります。どんな境遇もそのまま有難い境遇に入ります。不幸を否定して幸福を得るのではなく、不幸のままで幸福に摂取されて了うのであります。

下

こうした暮らしの妙味を教えてくれるのが仏教であります。妙好人の伝を読みますと、至る所にそういうすばらしい転換の光景があります。

今回つぶさに様々の病気を嘗めた私は、誠に一難去って一難来る想いにかられました。事実一喜一憂でありました。しかし或る時ふと三論の八不中の「不来不去」という言葉を想起しました。（これは元来大般若経の中にある句でありましょう）。またふと摩奴羅尊者の「無憂無喜」という偈を想い出し、はっと気がつきました。私が苦しむのは去来の分別界に住んでいるからであります。また喜憂の二相内にいるからであると気づきました。もし去りもせず来りもせぬ世界に、憂いもなく、喜びもない世界に入れば、苦しみも消えるわけでありまず。かつては不来不去などという場合はないと考えたり、憂いもなく喜びもない生活なんか、何とつまらぬ暮らしだろう等とも考えた事がありましたが、はたと気附くと、一切の苦厄は二元の分別から来る事が分ってみますと、この不思議な言葉は魅力を生じました。そうして幾つかの譬えを考えて気附かされました。

一つは暖簾の譬えでよいのです。勝負の二界におりますから負けるのが苦しく、くやしいのであります。もし暖簾の如く、風を受け流しますと、風も勝つ事が出来ず、暖簾も負ける場合がありません。つまり勝負という箍《たが》をはずす事になるからなのであります。

また、鏡の譬えが仏教にございます。鏡は物を映しますが、映ったとて鏡には増したものもなく、物が去ったとて、鏡に減るものは何もありません。もとの鏡にすぎません。だから鏡は映しても喜ばず、また消えたとて別に悲しみはありません。縁に応じて何でも映します。しかし映しても別に動じません。映せば映す程鏡はその能力を発揮します。しかし一々跡を止めませんので、いつでも新しいものを新たに映すはたらきを致します。ここを禅者は見て、「鳥飛べど空に跡なし」と云って感嘆致します。

ところが吾々は縁のある毎に、一々心に痕跡を残して一喜一憂致します。しかし喜憂の別も相対的で、絶対性がないと致しますと、何のためにそんな「空」なものを「実」としてそれに悩むのでしょうか。だから無業和尚は「莫妄想」の三字で禅を解かれたのであります。否、禅と云わず、ここに仏教があるのであります。

さて、始めに返って、私には物憂い夜の時間は長く、昼間は来客などあると時が早く立ちます。それも勝手なもので、余り会いたくない人が来ると時間の足が急におそくなります。時計で計れば一時間は一時間で、一時間に長短はないはずでありますが、実感ではいつも長短があります。だからいやな夜は時が長く、気のまぎれる昼は、時がずっと短く感じるのであります。

さて、どちらの時間が正しいのでありましょうか。主観的には「夜長、昼短」だが、客観的には夜昼等時であります。しかし科学者が用いる時計だとて人為的なもので、勝手に一時間の単位をきめ、流れる時間を一たん静止状態において一時間を定め、これを六十に割ったりしています。しかし「現在心不可得、過去心不可得、未来心不可得」で、流れる時の川の水を掬ったとて、流れる川はどこにもないでありましょう。時計も畢竟人為で、その刻む時を客観的真理だなどとは義理にも云えないでありましょう。それは科学者の身勝手な仮定というまでであります。時計の客観性など誰も保障いたしません。仮りに火星の人間が、今の二時間を一時間と計算した時計を作ったと致しますと、火星人には地上の時計はのろくて困るでありましょう。こう考えてまいりますと主観の時間も、客観の時間も、皆あやしい「まぼろし」という事になります。すると「莫妄想」という言葉の方が正しいではありませんか。どうやら、「不来不去、無喜無憂」が「如々の実体」という事になりましょう。実体などと云っては、また矛盾の種になります故「空」というより致し方ありません。かと云ってまた「空」に執すれば、それも妄想に落ちます。言葉は全く魔物であります。人間に生まれる事は、この魔物に取り附かれる事とも云えます。言葉を持たない樹や草の方が平和とも思えます。ともかく草木にトランキイザーは必要ありません。だから禅者には自然物の譬えが多いのであります。「落花有意随水流、流水非情送落花」などと歌います。昔長沙景岑が旅から帰ってまいったのを見まして或る僧が、

「老師よ、あなたは何処へ行かれたのか。」

と尋ねますと、

「私は春の香りの一ぱいに充ちた草について出かけ、帰りには落花の道を辿って来ました。」

と答えました。如何にも妙味のある答えだと思われます。近頃或る西洋流の学者がこの問答を詰って、仏教は目的の答えをせず、途中の事だけ答えていると非難致しました。ずいぶんお粗末な理解ではありませんか。こんな素晴らしい最上の最後の答えはなく、またどんな答えもこれ以上目的について明答を与えているものはないのですが、ここでも見方が違うと、とんでもない非難に陥ります。禅者は生活の途上の一歩一歩に究竟の世界をかみしめて歩きます。目的の世界は遠い所にだけあるのではなく、直ちにこの現下にある事を教えます。この批評者には、未だ「落花流水」「柳緑花紅」の境地がないのであります。

さて、私は長々と書きましたが、病中いささか思索の縁に恵まれ、この一文を草し得た事を、病気に感謝したい気持であります。

〔一九五八年八月発表〕

市太郎語録紹介 ―― 妙好人の本

今日は皆さんに是非読んで頂きたい本を御紹介致します。小さな本で、頁数もわずかで、値も安いので、是非一本を座右にお備え下さい。薄い本でも、内容は山より高く、海より深いとでも申してよいでありましょう。本の題は「市太郎語録」と云います。

「語録」というと禅僧の本を聯想致しますが、これはそうではなく、一人の真宗の信徒、念仏の行者が折にふれて書き記した「覚え書」を集めた小冊子であります。「妙好人」と云ってもよい方で、現存されている方であります。最近口も手も利けぬ、不自由な重い中風に罹られ、病臥中なのは、何とも残念な事であります。しかしこの本は活々とした信者の生活を皆さんに卒直に語ってくれます。六字の名号、卸ち「南無阿弥陀仏」の称名に日夜を送る生活の方であります。書いてあります句は短くて含みが多いため、念仏の意味を全く知らぬ方々には、見当もつかぬ句も中にはある事かと思いますが、よく嚙みしめて味わわれたら、あとから、あとから味わいが出て来ますから、よく省みつつお読み下さい。

真宗には種々な特殊の慣用語もありますが、この本にはそんな術語はわずかより現れて参りませんから、そんなに苦労なさらずにすむでしょう。この小冊子は越中福光に白道《びゃくどう》舎という道場（真宗の寺の旧の形は皆道場でありました）を開いて居られる吉田龍象という方が編輯された本であります。同氏は坊さんではありませんが、一般の僧侶に勝る仕事をしておられる方であります。この本を私が知ったのも、同氏から一本を贈られた仏縁に依ります。余り感心しましたので二十冊程すぐ出版元に注文して私の友達に配りました。誰からも大変感謝されました。

この本をお読みになりますと、信心を頂いた方の生活がどんなものだかがよくお分りになるでしょう。また「南無阿弥陀仏」と称える念仏が、実際にどんな働きを日々の生活に及ぼすか、それもお分りになる事と思います。日本の仏教には現在種々の宗派がありますが、次々に在家に有難い信者を生んでいるのは恐らく今は真宗だけでありましょう。市太郎翁は名古屋の方ですが、そのあたりは昔から「三河門徒」の栄えた所で、長い伝統が続き、信心の盛んな所でありまして、日本仏教が今も活きている地方の一つであります。この他「安芸門徒」とか「能登門徒」とかも有名で、北陸一帯は大変門徒が栄え、今も匿れた妙好人に逢えるのであります。九州や山陰も同じく信心深い地方として記憶されてよい所であります。この雑誌からのお便りによりますと妙好人の本をお読みになりたい読者が多い由で、私は手始めに右の小冊子を御紹介する気になりました。もし私の病状が許せば妙好人の数々の本を次々に御紹介したいと思っております。

終りに『市太郎語録』から眼にふれた二、三の句を自由に引用しておきたく思います。

○嫌いなものなし、捨てるものなし、求むるものなし、いつも今が有難や有難や南無阿弥陀仏。
○自分の思いが一切駄目であった事に降参する。南無阿弥陀仏。
○どこへ行かなくても、ここにいるがまま宝の山に変わることである。南無阿弥陀仏。
○念仏は自身の持病をお知らせ下さる。南無阿弥陀仏。

発行所　京都市下京区上数珠屋町　為法館　価　七十円

〔一九五八年十月発表〕

東西南北

東西南北という言葉は誠に平凡な言葉で、かつ便利なので誰でも使う。それだけにことさらにこの言葉について考える人は少ない。誰でも常識で分るように、太陽を中心にして思いついた人間の言葉である。日の出る方を「東」と呼び、日の沈む方を「西」と云い、日に向う方を「南」と云い、日の陰る方を「北」と名づけた。日常誰でも使う、いとも平凡極まる言葉なので、何も問題はなさそうなものの、実はなかなか厄介なのである。少し立ち入って考えると、わけがわからなくなる。

カリフォルニアは日本から云うと東にあるが、ボストンやニューヨークから云うと西なのである。それで日本人が米国に行くと、東海岸とか西海岸とかいう言葉がすぐにはピンと来ない。米国に長く住めば何でもなくなるのだが、米国人の云う西海岸が日本からは東方に当るのでまごつくのである。

東京、東京というので、私も小さい時から東にある都だと思い込んでいるが、少し考え直すとすぐあやしくなる。仙台の人には東京ではなく南京のはずだ。同じく大阪を吾々が西京と心得ても（現にその地方を関西等と呼んでいる）広島の人達には正に東京のはずだ。だからどんな都でも東京とも西京とも、南京とも北京とも呼べるはずではないか。一寸居場所を代えると何とでも呼べる。

支那は近頃「支那」という文字を嫌い出して「中国」だと云い張っているが、いい気なもので、欧洲人から云えば正に東国で、シャムから見たら北国となり、シベリヤからは南国のはずだ。日本からすれば中国ではなく「日の没する国」即ち西国に違いないのだ。だから日本が「日の出づる国」などと威張ってみたところで、どうもあやしい。ハワイ人からすると日本こそ正に「日の没する国」ではないか。日の沈む方向の西海岸と云われるカリフォルニアは、日本からは正に「日の出づる地」ではないか。

こう考えてくると、東西南北などという平凡極まる常識は、相対性原理のえじきみたようなもので、何も絶対性はなくなってくる。この頃は「東西の陣営」などとよく新聞にあるが、何を見て力んでいるのか、古くは「南北朝」等と分けて歴史家が力こぶを入れて一冊の本まで書いたり、これが果しもない論争の種となったりしているが、人間は愚かなものだとも云える。どの人間も、人間の作った言葉の奴隷になって、むきになり、時には刀まで出しかねないのである。どうやらよく考えると、東西南北等という区別が本来あるのではなく、何れも仮りの名で、人間が勝手に造作した代物だという事が分る。言い換えると東西の別、南北の差は人間がただ便宜のために作ったもので、そんなものに本来それ自身の実在性はない事が分る。つまり仮名《けみょう》に過ぎないのである。

早い話が「上り坂」「下り坂」というが、実は同じ坂が下から見れば上り坂、上から見れば下り坂となり、坂に本来上下などという性質はないはずである。「上」という字を、さかさにすると「下」という字に読むまでである。だから人間は徒らに妄想を重ねて、それに縛られてむきになっている事が分る。この悲劇から人間を目醒まそうとするのが仏教の教えなのである。

もう五年程前になろうか。私は北鎌倉の円覚寺主催の夏期講習会に講師として招かれ、講演をした事がある。演題は忘れたが、確か「美醜の別」に関する事であったと思う。ふと思い出して黒板に次の句を書いた。あとで当時聴講したという近藤京嗣君に教わったが演題は「物の宗教性」であったという。

本来無二東西一
何処有二南北一

迷フ故ニ三界ハ城
悟ル故ニ十方ハ空

という五言四行〆二十字の句で、どのお遍路さんの用いる菅笠の上にも書いてある句だから、多くの方々は承知していられよう。この句は例の東西南北の差別的常識を直向から打破してかかる句で、これが分ると仏法の大意は分ったとも云える。

ところでその時黒板に書いた私の文字を傍で見ていられた円覚寺管長の朝比奈宗源老師が私の言葉をさえぎって、「君それは順序が違う、迷故三界城、悟故十方空の二句が先で、東西南北の句は後に来るのだ」と云われた。老師は稀にみる漢学の教養がある老僧で、立派な偈まで作られる数少ない禅僧の一人である。しかも右の四行は仏教の句であるから、私の様な素人の読み方が間違っているに違いないので、なるほど今まで間違って覚えていたのかと省みた。それに漢詩は定まった形式があるだろうから、玄人から見て「迷故」、「悟故」を初めの二行とする方が妥当なのかと思われた。しかし私がその時突差に思い出した事は、菅笠の上にはいつも十字形に記してある事である。よくよく考えると、この四行の句の妙味は、どの行から読んでも意味が同じになる事である。丁度円卓の座席のように、どこにも主座がなく、末座がない。つまり上下、前後をこれで御破算にしてある。朝比奈老師の忠告は正しいとしても、何もそんな読み方にこだわる要のない名句の様に思える。そうして菅笠上の十字形の書き方の方に、大した妙味があるのを感じた。どの行から読まなければいけないという前後の差別を消してよいのではないか。老師の云われるように、前後をつければ却ってこの句の真意を見逃すとも思える。「前後なんかに囚われないようにせよ」とこの句は私達に警告しているのだとも受け取れる。禅修行のある老師としては、不思議な訂正を公衆の前でされたものだと考えるが、老師の意向は別にあって、私の見方が間違っているのだろ

うか。どの行から読んでもよいところに、却ってこの句の一層の妙味があると云うのが私の考えなのだから、私も私のこの考えに別にこだわる要はない。これから老師の忠告に従うようにしても、少しも差し支えない。但しどうして行の前後をはっきりつけねばならぬのかを、もう一度老師にお尋ねしたいとも考えている。

大体この句は巡礼者の菅笠にある句だが、一般に広く日本で用いられるようになったのは、四国八十八ヶ所、西国三十三ヶ所の遍路行《へんろぎょう》が広く行われた江戸時代からで、古く空也上人や一遍上人時代の遍歴者の当時からあったものかどうかは知らぬ。四国の札所は弘法大師と関係があるように云われるから、何か真言系の坊さんの句なのか、それとも札所の本尊は圧倒的に観世音が多いから、これは法華経系の坊さんの句かとも思われる。この道に詳しい方から教示を得たい。しかし何宗派のものだとしても、何時代からの句としても、要するに仏教の本旨がいたく簡潔にこの四行に含まれていて、人生の路を遍歴する時、この四行の真意が了得出来たら、仏教に参じ了ったと云っても過言ではあるまい。そうなると、東西南北等という言葉の箍《たが》が外れて了う。その途端、別天地が現成するに違いない。

西方浄土等というが、東西と云う差別の箍《たが》を外せば、何処も西だという事さえ云えてこよう。そうして東がそのままで西になって了ったりしよう。東に対する西の意味に止まるなら、幾許の値打ちもあるまい。「本来無東西」となると、世界ががらりと変わる。解脱等というが、それは畢竟「本来無一物」（本来無東西）という真理を悟る以外のものではなくなろう。これを悟る時「身心脱落す」等と描写されたりするのは当然ではないか。気持ちがすがすがしくなるに違いない。指方立相などと云って、浄土を強いて西方だと一途にきめるのはおかしい。そんな西ならもともと浄土とは云えまい。

禅語であるのか、一般の仏語であるのか、「前後截断」という句があって、かつて時間の意味を考えていた私はこの句に逢っていたく感心したことがある。だからここでも句の前後等にそうこだわる要はあるまいと思うし、むしろこの四行の句に対して、その前後を厳しく差別してはすまぬ様にも感じるがどうか。

もっとも「前後截断」は決して前後の秩序を乱してもかまわぬという意味では毛頭ないはずだから、老師の云われる様に前後があるなら、それを素直に守る方がよい。私はこの頃省みる事があって、次の句を二様に綴ったが、これはどちらでもよかった。

草ノ原　　踏マレツモ
　路ヲ残スヤ　　道ヲ残スヤ
　　踏マレツモ　　草ノ原

どちらでも読みやすく、覚えやすい方がよいというだけである。

さて、この順礼の偈だが「東西」と「南北」とが対句であり、「三界城」と「十方空」とが対句だから、四行を二列に分けてみる事には自然さがあろう。しかし先にも述べた通り、次の様に入り乱れて読んでも、なおかつ意味を失うわけではない。

迷故三界城
何処有南北
悟散十力空
本来無東西

こう配列しては、漢詩としては一番いけないのかもしれぬが、しかし前述の如くこれを十字形に書いて了うと、配列の規定を全く打破して了い、自由に帰り、なかなかの妙味がこの句に起る。私はここに大いに興味を覚えたのである。

老師の様に漢詩法に詳しいことは大した資格だが、私の様に無智だと、却ってその規則に縛られない有難味もあるがどうだろう。私が云おうとしているのは、東西や前後の分別をしてもよいが、それに囚われるなという事が肝心の要点であったので、老師からの注告を一つの公案として更に反省してみたのである。東西が歴然とあってしかも東西に終らぬもの、却って東西の相即する境地があって然るべきではないか。東西とか前後とか定めて了うと融通のない対立の争いに終って了う。それが「あるままに消える」境地の妙味を更に味わいたいのである。

この世から「東西の陣営」とか、「南北朝」とかいう考えが消える時、初めて平和が来るのではないか。粛清では決して平和は来ぬ。身勝手に「清濁」を定めて自分の立場をのみ「清」だと思い込めば、もう平和は来ない。「般若心経」の「不浄不垢」の句の方に、どんなに深い真理があるか分らぬ。粛清など地獄沙汰に過ぎまい。事実粛清ほど悲惨な暗黒な人間の行為はあるまい。白昼粛清を敢えてするだけでも、共産主義者や軍国主義者は信用がおけぬ。

今も政治は東西の別にしがみついている。とうの昔、宗教（特に仏教）が「本来無東西」と警告しているのだが、政治も科学も宗教よりずっと後れて了った。ただ幾許かの人々が何とか政治を、また科学をも宗教の域にまで深め高めようと努力している。

考えると「本来無東西、何処有南北」という句ほど、今なお新鮮な内容を持つ言葉はないのだが、人間の無明の故に「東西南北」などという差別的な便宜語の魔力に誤魔化されているのである。お互に早く目覚めようではないか。無業和尚の「莫妄想」の声に、もっと素直に耳を傾けたい。

改めて云う。東は東でよく、西は西でよいのだが、ただ東であって東でなく、西であって西でないものがないと、東も西も共に活きて来ぬ。東はどこまでも西でないのだと定めて了うと、共倒れになろう。私はここで東西南北の事を書いたが、一切の対辞、善悪、美醜、是非、貧富、自他、生死、等々についても同じ事が云えよう。考える人間はとかくこれ等の言葉の俘虜になって了って、自縄自縛している。省みると一切の戦争、争闘、嫉妬、怨恨はことごとくこれ等の対辞の一方に執着するところから起る。二元の言葉は人間にとって恐ろしい「まぼろし」なのだ。だから教えは「莫妄想」という事になる。この「まぼろし」から中々目覚めないば

かりに、人間は皆苦しんでいるのだ。かく云う私もまた然りだ。（七月二日於病床）

〔一九五八年十月発表〕

陀羅尼の功徳――「ただ」称名し、「ただ」読経する意味について

石門心学の泰斗堵庵《とあん》の言葉を読むと、彼は盤珪《ばんけい》禅師の法語を尊び、自分の考えと禅師の考えと、ほとんど全く一つだという事を述べているが、堵庵の説く言葉は、盤珪禅を解する上にも大いに役に立つ。

盤珪は誰も知る通り、一生涯「不生《ふしょう》」の一語で法を説き、受用不尽であった。しかし「不生」という言葉はなお一般の人々には分りにくいので、堵庵はこれを「思案なし」という言葉に更《か》えて、道を説いた。人間は思案しなければ、「たくらみ」が消えるから、おのずから悪い行いをしなくなるという簡単な例で、その道を説いている。思案なしなら「ぼんやり」している事かと聞かれるかも知れぬが、そうではない。人間は自分の顔を忘れているが、「顔はちゃんとある」と堵庵は答える。

盤珪禅師の「不生」の教えも同じように説いている所がある。なまじ身勝手な分別を加えず不生に居れば万事整うと教える。

仏寺での法要に列すると、坊さん方がお経を読む。大概は漢訳の仏典を棒読みにしている。余程その道の学問でもないと、何を読んでいるのか皆目分らぬ。そんな馬鹿な、通じもしないお経を読んで何になるのだ。こう考える声がこの頃段々多くなった。それで近頃は棒読みを止めて、和訳して読む事が追々流行って来た。合理時代の著しい傾向で、これを喝采する人々は殖えてくる一方であろう。

ところがお経の中で一番簡単な「般若心経」を和語に直して読んでも、どうしても終りの所に呪文が出て来

て「ギアテーギアテー　ハラ　ギャアーテ　ハラソーギアーテ　ボウジ　ソハカ」という。学者は別として、誰だって何の事かさっぱり分らぬ。真言宗等では、こういう陀羅尼がとても多い。梵音をそのまま、それも多少は日本風に発音する。もとより言葉だから本来は皆意味があるわけだが、梵音のままでは、極東の日本人等には全く通ぜぬ。ただしきたりでそう発音しているに過ぎぬ。一般の人達には意味も何も分らぬ。こんな寝言のような呪文、陀羅尼を、何故今も繰り返すのか。馬鹿気た事だと多くの人々は思うであろう。キリスト教のプロテスタントの教会に行けば、何もかも現代語で、聞く人々にはよく通じる。それも近頃は明治時代の聖書の文語訳までも古いとて、新たに昭和の口語訳がこれに代りつつある。

ところが、カトリックの礼拝に出ると、外国では坊さんがラテン語でお祈りなどをする。また聖句を読む。おまけに多少の抑揚をつけ、節をつけて朗読したりする。恐らくラテン語を知らぬ一般の信者には珍糞漢で、学問のある坊さんだけより通じまい。仏教の漢文棒読みとさしたる違いはない。これを非合理的だとか、非現代的だとか云えば云える。何故、宗教は東西共こんな不合理な陀羅尼的な言葉を用いるのか。私も若い時にそれを考えて、古くさい形に批判的であった。しかし年をとって思想が少しく熟するにつれ、段々その意味が分り、陀羅尼の意義がほのかに受け取れるようになった。特に仏教で、どうして陀羅尼が多いかの理由も段々分るようになった。そうしてもしこの陀羅尼が、仏教から全く消え去ると、仏教は本当の生命を失ってくるように思われるに至った。

早い話が、浄土系の仏教では、名号を称える。いわゆる六字の名号で、「南無阿弥陀仏」と口で称える。これはやはり梵音をそのまま伝えて称えるのである。もとより原語には意味がある。「南無」は「帰命」の意。「阿弥陀」は「無量寿」の意。「仏」は「覚者」の意だと教えられる。しかし梵音そのままは止めて、もしこれを現代語に訳して、その意味を称える事になると、名号の意義は全く異ってくるであろう。

名号はただ「ナムアミダブツ」でよい。既に多くの人々は梵語とは識らず、もう日本語の一つとしてさえ使っている。時には度重ねて云うので「ナムアミダ」更に「ナンマンダ」となったりするが、そんな省略でもよいのである。しかしその意味を問えばほとんど誰もその意味を正確には知るまい。しかしそれでもよいのである。むしろその方がよいのである。何故か。この名号は一番簡単な呪文だと云ってもよく、陀羅尼だと見てもよい。そう云うと真宗の方々は、称名は自力の真言宗等での陀羅尼の呪文等とは全く違うと反駁されるかもしれないが、親鸞上人の言葉を借りて「はからいなき称名」という意味に受け取って貰えば、それですむ。或いは「私の思案」の消えた念仏の意味に解して下さってもよい。意味を思案してから述べる称名ではなく、ただ梵音の「ナムアミダブツ」でよいのである。分り易く云えば、名号に自分の考えが入ってはいけない。自分の知慧・思案「はからい」が加味されては、不純になる。己れを忘れた「ナムアミダブツ」であってこそよい。更に云えば「ナムアミダブツ」に細々《こまごま》とした思想は不用であり、まして解説など、却って邪魔になろう。何故なら、思想や解読を加えると、自分が審き手になる。称名も己れを棄てる道なのである。一々の意味などを問わず、法然上人の言葉で云えば「ただ申すばかり」でよい。一遍上人は一切の聖教をすら捨てて、ただ梵音の「六字」だけを残されたというが、ここが一遍上人の浄土信仰の徹底している点である。

「六字」を称えるのは、この意味で、「空念仏《から》」であってこそよい。有名な妙好人、田原のおそのの「空念仏の物語」こそ大した話だと思われる。自分の称える念仏では、未だ駄目で、私の思案なき「空《から》」の念仏に帰ってこそよい。即ち「念仏が念仏する」、「名号が名号する」に至ってこそよい。その意味で「六字」は実は「無字」に帰してよい。本当の念仏には、少しも自分の思案を交えてはいけない。だから「六字」の意味など一々意識せずともよい。むしろしない方が至純な称名と云えよう。この意味で、名号も一種の陀羅尼風な性格を帯びるのである。「南無釈迦牟尼仏」でも、「南無観世音菩薩」でも、「南無弥勒仏」でも、「南無妙法蓮華経」でも皆同じように、それが意味の絶えた陀羅尼となってこそ、いよいよその意味が光ろう。否、真実には陀羅尼風な性質の事なども思案に入れぬ方がよい。ただ称えるのが最もよい。この「ただ」に大いに意味があるのである。

簡単な例をひこう。人間が歩行するのに、一歩々々どうして歩けるか、何故歩くか、もしや倒れはしまいか。躓きはしないか。それ等を思案に一々入れて歩いたら、とても歩けないであろう。識らずしてただ歩く時が、一番滑らかに歩ける。足でも痛めるとなかなか歩けぬのは、一々歩く事を思案して歩くからである。

歩く道に「大通り」があり、岩や根の多い「山路」がある。「大道」が歩くのによいのは、安心して、一々思案せずに「歩く事を忘れて」歩けるからである。山路は疲れるし、早く歩けぬ。それは歩く事を用心して歩かねばならぬからである。だから思案するという箍《たが》を一旦外して了うと、とても自由に歩ける。自然は吾々の生活に、実にこういう自由を用意してくれているのである。盤珪禅師が、「不生」に居れば凡てが整うというのは、ここを見ての事であろう。人間は愚かにも、一々知識を前に出すので、却ってそれに縛られて苦しんでいるのである。

人間の一切の苦悶は、省みると「考える」「分別する」「思案する」その事から発する。その中で一番厄介な分別は「自他」の区別である。考える事は人間の特徴であり、特権であると自慢するものの、これがためにすぐ二元界に落ちる。二元界は相対界である。しかもその二元のうち、人間は一方を撰んでこれを固守するので、争い、喧嘩、戦争が絶えぬ。東西、貧富、大小、賢愚の間に相剋が起る。

ところがそういう二元的分別は、もともと人為的で、実在性がない事が分る。これを見極めよと警告するのが大乗仏教なのである。人間は自分の持つ分別思想にこびりつく習慣が強いが、かかる分別の多くが如何に根拠のうすいものかを左の例で説明しよう。例えば東京というが、一つの場所に東という固定した性質はない。それは大阪、京都の人々のいう事で、仙台、盛岡の人から云えば、東京は南京とも云えるはずで、名古屋を中京と云うが、東京からは西京の一つに過ぎまい。彦根や大垣から見れば、中京ではなく東京とも呼べる。だから東京という都自身に東西南北の性質は全くなく、東京という名はほんの仮称に過ぎない。皆自分の立場から勝手にそれを東京とか西京とか中京とか呼んでいるのである。そんな実在のない思案に固執するのは、妄想ではないか。

この頃、支那は支那と呼ばれるのを嫌って、「中国」というが、欧洲からすれば「東国」と呼ばれるであろうし、日本からなら「西国」と云う方が当ろう。インドからは、正に北国ではないか。一つの地点に中という性質は全くない、もしあればどこも「中」だと云えてくる。誰からも自国を中国と呼んで欲しいというのは、自分中心の思案の奴隷となっているに過ぎまい。自他の別、生死の別、皆然りと云える。何故こんな事が起るのか。人間の考えるという性質に二元性があって、その二元の一方を自分が選ぶところからくる妄想なのである。ところが人間はこの妄想で日々を暮らしているのが実情である。争い、妬み、怨み、憎み、それに伴う不安、焦慮、苦痛、悲哀、陰鬱、これ等一切の苦厄は人間の「考える」「分別する」「計らう」という性質に由来する。だからこの二元の思案の箍《たが》を外して了うと、一大別天地が眼前に現成する。

近頃の勤評問題の紛擾も双方で自分の考えだけを絶対に正しいと固守する所から来た争いだと云える。

早い話が、午後八時は二十時になる。初めは二十時と云われると、頭が混乱して、はっきり時間が摑めぬ。何故か、午後八時にまつわる種々の判断が頭にこびりついているからである。一旦午後八時という計算を御破算して了えば、まごつく事がなくなる。つまり初めから二十時で教え込まれたら、午後八時は姿を消しているから、邪魔にならぬ。同じように、二十時という考え方にこびりつけばまた融通がきかなくなる。人間は考えの習慣に縛られて、これが事毎に大いに邪魔になる。一切の不安、苦痛は「区別して考える」という邪魔物に由来する。中で一番厄介なのは自他の二で、この箍《たが》を外すと、人生は面目を変える。そうしろと教えるのが盤珪の「不生」、堵庵の「思案なし」の構想であり、教えなのである。

陀羅尼の素晴らしい功徳は、思案の箍《たが》を始めから持たない世界に単刀直入に吾々を連れてゆく事なのである。金剛経の「応無所住而生其心《おうむしょじゅうにしょうごしん》」はこのことを教える言葉だと云ってよい。陀羅尼は吾々の心を、何の思案にも住まわせない。私はこの一文を「陀羅尼の功徳」と題したが、功徳では未だいけない、「無功徳の陀羅尼」という方が更によかろう。

こう書くと、人間の思考を無価値、無意味というのかと詰られるであろう。しかしそうではない。いくら考えても区別してもよいのだが、考えるなら、考えとは何かを、もっとよく考えるのが先決であろう。そうして詮ずるに、仏教の趣旨はいくら考えてもよいが、「考えに縛られて了うな」という事なのである。縛られないと、心が無碍になるから、自由の世界、平和の世界、調和の世界に入れる。そういう境地を仮りに浄土とか、極楽とか名附けているのである。往生するとは、自在人になる事で、それを「解脱する」ともいうのである。ここで無業《むごう》和尚の「莫妄想《まくもうぞう》」という言葉が光ってくる。「考えること」はよいのだが、すぐそれに執着するので「妄想」に陥りがちになる。これを大いに用心しなければならない。「般若心経」の言葉で云えば、考えることがとかく「罣碍《けいげ》」になるのである。人間はなかなか考えの主人公になれず、何時もその奴隷になって了う。ここで瑞厳和尚の「主人公、主人公、諾々」と呼ぶ自問自答が必要になる。人間は先ず以て自分自身の主人公にならなければならない。ところがほとんど凡ての場合、自分を自分の奴隷にしているではないか。「私」の思案を去って、陀羅尼になり切る事と、そういう主人公になる事とは無縁ではない。

合理主義で一切が片附けば、陀羅尼等無用な寝言とも思われようが、理智の周囲には、すぐ突き当る壁がある。智だけで割り切って考え得るような内容は限定の世界で、大した深さはあるまい。不二の世界を体得するためには、どうしても一度は二元の絆を解きほぐさねばならない。陀羅尼の功徳は、吾々にこの不二の妙境を覗かせてくれることにある。ここに分別を越えた般若の知慧が要請される所以がある。般若が見る世界と、思案分別が見る世界とは次元が違う。だから「般若波羅蜜」という仏教の認識論が、ここでどうしても必要になってくるのである。

陀羅尼は、わけの分らぬものでありながら、実はその中に、分る以上のものを分らせてもらう功徳があると云えよう。そこに「般若波羅蜜」の働きが現れると述べてもよい。ただ合理時代には、こういう真理はなかなか分りにくく、盤珪の「不生禅」も遠いものになりつつあるので、堵庵はそれを何とか平易に説く事に努力したのである。仏教の「如」とか「即」とか「只麼《しも》」とか、他の宗教にない言葉が種々あるのは、皆この真理の機微を伝えようとする想いから現れた言葉なのである。「如」も「即」も「只麼」も論理的知識の力だけでは歯も立たぬ世界なのである。禅問答などは、この事実を十二分に示唆しているではないか。陀羅尼を寝言と見る考えの方が、案外ひどい寝言なのだと目醒め得ぬものか。

〔一九五九年一月発表〕

『柳宗悦宗教選集4』新版序

私は、これまで幾冊かの本を書いたが、出版後数年を経ても、引きつづき見知らぬ人々から手紙をもらうのは、この『南無阿弥陀仏』の一冊であって、私の如き一居士の著書が、何かのお役に立っていることを知る時、如何に文字を遺すことに重い責任があるかを、今さらに感じさせられた。幸いにもそれ等の私信は、凡て感謝に満ちたものであったが、ただ一通だけ例外があって、私は非難を受けた。それは九州のとある真宗寺院の僧職にある方からであったが、その手紙には、私の領解が如何に未熟で、信徒等を誤らすものであるかを、公に攻撃した印刷物まで封入してあった。

もともとこの本は、六字の意味を未だ知らない若い人々を目当てに執筆したものであって、宗門の専門家、わけても僧職にある方々には、何の役にも立たぬ啓蒙的な一書に過ぎないことは、既にこの本のどこかに記しておいたとおりなのである。

それにこの本は、今まで、とかく忘れられがちであった一遍上人の、日本念仏宗における位置を明らかにしようと試みてあるので、今までのように親鸞上人をその絶頂と考える人たちに好感を与えないことは、予想されていたので、右の真宗の坊さんの感じられた不満は避け難いものであったかとも思われる。

通覧すると、念仏に関する今までのさまざまな本は、これを三通りに分けることができよう。一つは歴史家の本、一つは宗学者の本、一つは説教家の本である。そのいずれからも私は恩を受けた者であるが、ただ私の経験ではいずれも若い世代の人々には、すぐには親しみ難い欠点があるように思えた。第一のはとかく専門的検討に過ぎ、第二のは宗派的主張に過ぎ、第三のは非知的教訓に過ぎるものが多く、それに仏教に関する著述は、とかく特殊な術語に満ちていて、これが今の若い人たちに近づき難い想いを起させるのだと思える。それで私の如く、宗派に関係がなく、煩雑な教学にも立ち入らない、また説教者の立場にもいない自由な在野人の考察が、却って仏教を人々に親しませる仲介者として役立つかと考えて、この本を敢えて書いたのであった。前述の如く、多くの未知の方々から感謝の手紙を引きつづき受けることを想うと、このいわば素人の自由人の本も、存在理由があったかと考えられ、今回求められるままに、多少の追加を添えて新版をさらに編んで、世の需用に応じるに至った。それにこの種の本としては、普及本も意味があるかと考えられ、初版とは全く違った廉価版として再編されるに至った。

もともとこの本は巻頭の「因縁」の一節にも記したように、美の問題から他力思想の深さが痛感され、自らの美思想を育てはぐくむ上に、私の念仏に関する理解を整理する必要に迫られて書いたのが、その出発であった。そうして今の多くの方々に「南無阿弥陀仏」という呪文にも近い言葉に、どういう内容があり、どういう値打ちがあり、かつまたどういうふうにそれが人間の生活や思想に影響して来たかを追求することは、今の時代に最も欠けた一面を補う上に、大いに必要だと考えられて、敢えて筆を起すに至ったのである。それゆえ、なるべく公明に、念仏思想を順を追って記述はしたが、ただ先人たちの書と、いささか異なる点は、(一)他力思想をただ一宗門のことに止めず、一般思想にまで拡大しようと試みた点、(二)一遍上人の歴史的位置を見直すことによって、自力他力の二門を一つに結び得るきっかけを見出そうとした点にあろう。

一遍上人が歴史家たちから、ほとんど等閑にされてきたのは、時宗そのものの衰頽に依るとしても、私には不当な史観だと思われてならぬ。法然―親鸞―一遍、この三上人の推移にこそ、必然な歴史的発展の意義があると思われ、むしろこれを日本浄土信仰史の一つの連続した大きな流れと見做すほうが妥当であると考えられた。

ただし今から想うと、私が触れずに終ったのは、法然よりさらに慧心（源信）の泉に溯ることと、また一遍より遠く空也に至る一連の念仏行への省察で、この新版を機会に、これ等のことをさらに稿を改めて叙述すべきであるのを感じたが、今は病臥の生活で書斎にも行けぬ不自由な身とて、参考書を繙くこともできず、遂にその望みを果し得なかったことを遺憾に感じる。

ただ、この新版では、病中ながら妙好人に関する一章を追加して、一般の読者の便を計った。妙好人は民衆の中に現われた人々であり、この本がまた元来、在家の読者を目当てに書かれたので、この一章の追加はさらに、その趣旨を徹する上にも役立つであろう。妙好人は特に在家信徒の精華と言ってもよく、もともと民衆仏教としての念仏宗が、称名で人間の一生に何を植えつけ、どんな花を吹かせ、どんな実を結ばせたかを、まともに語ってくれるのが、妙好人であって、その存在は千万の書物よりも活きた仏教の姿として、深く省みられてよいと想われ、敢えて新しく筆を執ったのである。幸いにも妙好人に関する注意は最近とみに加わって、妙好人何某と題した冊子の出版が多くなったことは、名号の意味を解する上に有難い傾向だと思われる。それ等の数多くの本のうち、特に何が重要な出版物であるかをも、妙好人の言行を引用しながら言い添えることにしたのである。

改めて述べるが、前述の如くこの本は仏教を未だ知らない人、またはこれから知りたいと希う若い人々のために、何かの役に立つかと考えて執筆した一冊であって、恐らく専門の方々には既に無用の本であり、また特に宗門の方々からは、素人の勝手な著述とも評されようが、私としてみれば宗門外の者の解説には、却って自由な新鮮な見方が含まれるかとも思われ、勧められるままに今回改めて普及本としての新版を編むに至ったのである。出版に際し、春秋社の社長神田龍一氏及び編集部の葛生勘一氏から並々ならぬ配慮をうけ、原稿の整理校正その他、私の著作をいつも世話してくれる浅川園絵さんの努力に感謝の念を贈りたい。また初版本の出版社たる大法輪閣にも既往の好誼に対し、改めて謝意を表したい。表紙の文字は鈴木繁男君の筆。口絵の製版は西鳥羽泰治氏の労によった。これまた感謝。

昭和三十四年一月中旬

病床にて

柳　宗悦

因みに、求めに応じて最後の一章として載せた「一遍上人」は、もと昭和三十年八月号の『新論』に掲載されたものであって、本書中、既に記した上人に関する個所と多少の重複は免かれぬが、凡てを短くまとめた一文として、また念仏思想を通覧し概説した一編として、読者にさらに役立つなら有難く感じ、敢えて追加することにしたのである。

〔一九六〇年一月発表〕

妙好人

妙好人の言葉や行いに就いては、既に本書の二、三個所で引用したが、妙好人は念仏系の仏教に美しく開いた花の如きもので、一切の念仏の教えが、ここに活きた姿となって現われているとも言えるから、なお幾つかの例を引いて、その面目を伝えたい。また名号を理解するためには妙好人に関する文献は重要だと考えられるので、広く一般の読者のために、そのうちの主要なものの五、六について短い解説を添えつつ御紹介したい。

「妙好」とは、もともと、梵音で「芬陀利華」と記され、元来は「白蓮華」を意味すると言われる。それで「妙好人」とは、白い蓮華のような浄らかな信心を、篤く身につけた信徒たちを讃えて呼ぶ言葉なのである。それゆえ妙好人は、何も念仏系の仏者のみに現われるわけではないが、それがいちじるしく念仏者の間に多く、わけても真宗の信徒に多いことは注目されてよい。

念仏の趣旨を領解するには、もとより三部経や、宗祖たちの遺された数々の高著を繙くことが緊要であるが、それにも増して妙好人の言葉や行実を味わうほうが、直截で簡明でよい。くだくだしい知識などをとおさずに、心に直下に訴えてくるものがあるからである。浄業に関する一切の文字は、実は妙好人を生むための準備であったと言っても過言ではあるまい。

念仏宗の教えは、一遍上人の述べられた如く、詮ずるに一切を「南無阿弥陀仏」の六字に帰入することにあって、そのほかに別に秘義があるわけではないが、この六字への帰入が何を人間一生の上に果すかを、直接にまた最も具体的に示すものこそ、妙好人の生活なのであって、仏教そのものが、人間の日々の生活の場を離れてはない事を示す例としても、妙好人の行実ほど剴切なものはあるまい。仏法百千の教えも、万億の言葉も凡て妙好人を生むために費されているとも思える。「往生要集」も「選択集」も「教行信証」も、その教えの核心は凡て妙好人の中に結晶されているとさえ言えよう。幸いにもそれ等の人々の生活は、断片的にも記録されて、今日残るものが少なくない。私はここに幾つかの例を挙げて、如何に妙好人の生活や言葉が念仏の教えに徹し切ったものであるかを語ってみたい。

幕末頃、豊前国中津郡矢富村に、新蔵と呼ぶ極貧の無学な百姓があった。縁あって一家もろとも真宗に帰依して、日々名号を称える身になったが、かつて外出の砌《みぎり》、村の相撲がかかっていたので、新蔵も見物人の一人に加わった。ところが一人の大男の相撲取りが投げられて大怪我をしてしまった。そのとき、仲間共が、これは必定見物人の中に穢らわしい人間が紛れこんでいるための祟りに違いないと言い出して、その人間を探し廻った。ところが見物人の中に破れた古布を着て、頭髪を縄で結んだみすぼらしい形《なり》の新蔵を見つけ、お前こそ、その穢多だとののしって、必定この人間の祟りだということになり、大勢の者が寄ってたかって、新蔵をなぐったり、蹴ったりして、ひどい目にあわせた。新蔵はようやくその場を逃れて、家に戻ったが妻に向って、「今日は近頃にない有難い御意見を蒙った」と話した。妻も、「それは仕合せな事、早く私にも裾分けして悦ばせて下さい」と申した。そこで新蔵は相撲場でかくかくの事があったと話し、「この世で穢多と見間違えられるこの身を、阿弥陀如来と同躰にして下さると常々聴聞しておるのに、歓喜の心も少なく、うとうとしく暮らしている身に、御意見を下さったと思うと、何と有難い事ではないか、お前も悦んでくれ」と言って夫婦もろとも、歓喜踊躍して悦び合ったという。

また、村に有徳の彦右衛門という人があって、新蔵が余り貧乏であるのを気の毒に思い、或る夏の頃、蚊帳を貸してやると、わずか二、三日して返しに来た。「なぜ、秋まで使わぬのか」と尋ねると新蔵の言うには、「この蚊帳の中に休ませて頂いたところ、余りよく眠って御恩を忘れて暮らしたことが勿体なく、お返しに参った」と言って、またもとの如く蚊にさされながらも念仏を称えていたという。天保十一年七十歳で念仏の息が絶えたというが、一首の辞世の歌を口ずさんだ。

「微塵ほどよき事あらば迷うのに、丸で悪ろうてわしが仕合せ。」

実にこの一首にこそ、念仏宗の百巻の書物が結晶されているとも言えるではないか。自らの愚痴を省み、大悲を身に沁みて頂く信徒の感謝を、丸彫りにしてわれわれに見せているではないか。

さて、右の物語りは「妙好人伝」二編巻下に出てくる話であるが、この本は元来嘉永五年和本（十二冊）で刊行されたが、明治三十年上下二冊の活字洋本として流布されて以来、度々版を重ねたので容易に手に入る本であるが、ただ残念なことに、各々の妙好人に関する記録が短くて、断片的で、その詳細を知り得ない恨みはあるが、ともかく大勢の妙好人に関する記録を収めていることに対し、編者に大いに感謝してよく、また、この種の本の先鞭をつけた好著とも言えよう。一人の妙好人について、やや詳細に多くの記録を集めたのは明治以降で、最も有名なものや、広く紹介されてよいと考えられるものの幾種かを、ここに記し添えたい。

第一は『庄松ありのままの記』で、庄松の死後まもなく編纂され、好評を博して度々版を重ね、明治二十二年、大正十二年、昭和三年等、引きつづき新版が要求されたが、それ等の一切は、昭和十八年鈴木大拙博士著『宗教経験の事実』の一部として収録された。しかし最新版のものは昭和二十四年、楠恭氏の編纂になる『庄松言行録』で、世界聖典刊行協会から出版され、これが一番多くの資料を集めてある。

この庄松は讃岐の人で、全く一文不知の貧乏人であったが、その信仰の徹し方は性格とも相まって、さながら禅僧ででもあるかの如く、機鋒が鋭利で、たった一句で真理の奥底を指摘して余すところがないほどであった。

或る時、寺の役僧が、庄松の無学を揶揄しつつ「大無量寿経」を出して、「ここを読んでみろ」と言ったところ、文盲の庄松は躊躇なくそれを取り上げて「庄松を助くるぞよ、庄松を助くるぞよ、と書いてある」と答えた。誠に三部経の本旨はこれ以外ではあるまい。庄松が誰に代ろうとも。

或る日、庄松が寺の本堂の前に寝ころんでいるので、同行がとがめて「お前はどうしてそんな失礼なことをするのか」と詰ると、「いや親の内じゃ、遠慮に及ばぬ、そんなことを言うお前は義子《ままこ》か」と問い返した。

或る時、同行たちと本山に参った帰りに船に乗ったが、あいにく途中で暴風雨となって、大騒ぎになった。ところが庄松一人は高鼾をかいて寝ている。同行たちが心配して庄松をゆすり起し、「九死に一生の場合だ、大胆にも程がある」と言うと、庄松はただ一語「ここはまだ娑婆か」と問い返した。

かつて庄松が旅先で大病をしたので、同行が病む庄松を連れてやっと在所に送り込み、「さあ、これで安心しろ」と話すと、彼は「どこに居ても、その場所が極楽の次の間じゃ」と答えた。また同行が見舞に来て「お前が死んだら墓を建ててあげる」と言うと、庄松は「石の下には居らぬぞ」と答えた。

この『庄松ありのままの記』に次いで最も優れた文献は、恐らく『信者吉兵衛言行録』であって、幸いにもよく記録され、昭和七年二三二頁の本として刊行された。編者片山専寛、出版所京都興敬書院。

この吉兵衛の言行にも、妙好人の信仰生活の躍如たる面目を見ることができる。或る人が吉兵衛に「あなたのようになったらもう腹を立てることがないでしょう」と言うと、「何を言うのだ、俺《わし》も凡夫だから腹を立てる、しかし根が切ってあるので実がならぬのだ」と答えた。

また或る時、言うには、「有難いことばかり聞かせてもらうことが仏法かと思うていたが、何につけても、何につけても」と口ずさんでいたという。また「よい時ばかり悦ぶのなら誰でも悦ぶ。どのように難儀なことに遇うても、その難儀の底にかかってある仏法や」と言った。

また彼は、おりおりこう話したという。「我れのほう一つ外れたらエライことになるけどなあ、一つ我れのほうが外れると、それから残らず皆活きて来るのや、一つ外れたらなあ」と言った。「自力の心を捨てたら、聞く物柄が無いがと言わねばならぬ。それで聞きぞこないが無いのや」とも言った。

もし妙好人について、何か一冊の本を選びたいと思われる方があったら、私は躊躇なく「信者めぐり」と題した一冊をお勧めしたい。この本は自身妙好人と呼ばれた三田源七という人の修業時代の記録を整理したものであって、副題に「三田老人求道物語」としてある。宇野最勝氏の編で、大正十一年初版、同十五年十一版、さらに最近また版を重ねた。京都興教書院刊、五〇八頁。

これは各地で訪ねた妙好人や、教えを受けた高僧たちとの会話を、驚くべき正確な記憶によって記録したものであって、この一冊を熟読すれば、念仏の教えがどういうものであるかをよく学ぶことができる。この本は二編から成っていて、第一は各地の妙好人と親しく語り合った時の物語を集めたもので、第二はかかる妙好人を育てた有徳の真宗の坊さんたちの言葉を収録したものであって、前者は無学な平信徒の信仰生活を、後者は教養のある仏僧たちの真宗思想を忠実に記録したものであって、いずれもが三田源七なる人の烈しい求道の生活を物語り、また、その領解が如何なるものであったかをよく示すものであって、とりわけ真宗に培われた信者たちが何を考え、何を悟り得ていたかの極めて貴重な記述だと言ってよい。

また、こういう本を読むと、なぜ、真宗に妙好人の多くが輩出するかの理由を、ほぼ窺う事すらできよう。幸い最近新版も刊行されたので、誰でも一本を容易に得ることができる。因みに三田老人は昭和初年頃まで活きた人であって、晩年は西本願寺の近くに宿屋を開いて、上洛する多くの門徒たちの世話をして暮らし、その信心深い一生を閉じた。

つまり、われわれの時代に最も近い妙好人の一人であって、この『信者めぐり』ほど、つぶさに妙好人たちのものの考え方や信心や行いを如実に語る本は少ないのであるから、念仏信仰を了得したいと志すほどの方は、是非一本を備えるべきだと思う。それにこの本には、幕末から明治にかけての有名な妙好人が大勢現われてくる。前述の庄松や三州田原のお園、その他。

次に因幡の源左について数行を費やしたい。庄松や吉兵衛、その他妙好人には並々ならぬ仏教的思索の閃きが見られるが、これを行いの上に示した妙好人としては、古くは大和の清九郎の如き、近くはこの源左の如きがその典型的な人たちだと思われる。幸いにも源左は昭和の始め頃まで活きていた人であって、彼を記憶する人々が今も数多く活き残っていて、比較的よくその行いや言葉が記憶され、伝えられ、これによって念仏の信徒の日々の暮らしを、活々とうかがえるのである。一、二の例を挙げて、この妙好人の暮らし振りを偲ぶとしよう。

源左は目に一丁字もなかった百姓で、いつも畑仕事に励んでいたが、或る日、豆を植えてある自分の畑に行ってみると、見知らぬ男が馬を畑に連れ込んで、豆を喰べさせている。それを見た源左は声をかけて、「馬子さんや、その辺の豆は赤くやけているで、向うにもっとよいのがあるけ、喰べさせてやんなされ」と。これを聞いた馬子は恥じてそこを立ち去ってしまった。

庭に柿の木が植えてあったが、近所の子供たちが登って取りに来る。源左の子供がそれを訴えに来ると源左は梯子を持って来て柿の木にかけてやって、「落ちでもして他所様の子供に怪我をさせてはすまぬ」と言った。

源左は田を廻りながら畔から水もれがしている個所を見つけると、他人の田でもよく直してやった。しかし一度も「直しておいた」ということを田主に話したことがなかった。それで村の或る人が、なぜ言わないのかと尋ねると、源左は「いや直させて頂くのに、私が直したといえば先方で礼をいわれるにきまっている。そうなると五分五分になってすまぬではないか」――つまり直させて頂くのだから、対等になってはすまぬという答えなのである。

柳宗悦編『妙好人因幡の源左』二四二頁、京都大谷出版社、昭和二十五年刊。

妙好人にもいろいろの性格がある。前述の如く庄松のように禅機さえあると思われる人や、才市のように歌をとおして内省を深めた妙好人もあるが、他力宗の信者でありながら自誡の念の厳しい妙好人もあった。例えば越後の貞信尼の如き、赤尾の道宗の如きは、このよい例であろう。なかんずく、道宗の遺した「二十一箇条」の如きは、むしろ厳しく自分を責めるすさまじい言葉の韻律とも言える。
○後生の一大事、命のあらん限りは油断あるまじき事。（一）
○もし今明日も長らえ候て後、法義無沙汰になり候わば、浅ましやと引き破り、たしなみ候べき事。（十一）
○浅ましの我心や、後生の一大事遂げべき事ならば、一命をもののかずとも思わず、仰せならば何処の果へなりとも、そむき申す間敷き心中なり。……我が心、今世は一旦なり、今久しくもあるべからず、飢えても死に、または凍えても死ね、顧みず後生の一大事油断してくれ候な、わが心へ、かえすかえす今申すところ違わず、わが身を責めて、たしなみ切り候べし……わが心へ。道宗（二十一）

こういう切々たる自省の文章は、妙好人伝の中にも稀な例かと思われる。道宗の家系は武士だったと言うが、その血脈が流れていたのであろうか。今から四百五十年も以前、越中の山奥五箇山に住む田舎の人にしては、文章もととのい、趣旨も明らかに述べられているのは、ひとえに蓮如上人の御文によるたゆまざる勉強の賜物であったかと思われる。幸いにも赤尾の行徳寺に遺る多くの文書を見ると、文字もなかなか達筆で、これも蓮如上人を手本として学んだ筆の跡であるということがわかる。時にはその間のけじめのつけかねるほど見事なのさえ見られる。

右の二十一箇条は古くから有名で、これに関する文書はいろいろあるが、中で最もよい一冊は、岩見護編『赤尾の道宗』一八〇頁、昭和二十八年、京都永田文昌堂刊。

この他まだ記したい妙好人の数々があるが、最後に最も最近に現われた一人の人について書き添えて、この一節を結ぶこととしたい。常に自らを省みて書きためた感想文の収録である。

吉田龍象編『市太郎語録』七四頁、京都為法館、昭和三十三年刊。

○自分の思いが一切駄目であった事に降参する。南無阿弥陀仏。

○私が嫌っていたそのものが、私のためであったとはおはずかしい、頭が上らん。南無阿弥陀仏。
○仏が仏の名を呼ぶ。南無阿弥陀仏。
○念仏の働きは面白いものである。お先真暗がりでありながら行きづまりなく、その時その時によって開けてくる。南無阿弥陀仏。
○理窟なしで自分がさがれば、解決がつく。南無阿弥陀仏。
○どこへも行かなくて、ここにいるがまま宝の山に変わることである。南無阿弥陀仏。

その他お勧めしたい本は、『妙好人大和清九郎実伝』一一九頁、京都顕道書院、明治二十四年刊。この本は明治期の出版で、文体も活字も古風であって、近頃の読者には多少読みにくい面もあるが、古来妙好人の典型的な一人として、いつも挙げられる大和の清九郎の言行録であって、彼についての最も多くの材料を集めてある一冊であって、一本を求められる値打ちは大いにあろう。但し古本で薄い一冊であるから中々手に入らぬかもしれぬ。幸い最近のものとしては三品、高木両氏編の『妙好人清九郎』一五二頁、京都永田文昌堂があるが、説明のほうが本の大部分を占める。

『貞信尼物語』大須賀透道編、大正五年初版、昭和二十五年改版、二〇一頁、京都法蔵館刊。貞信尼は幕末から明治にかけて在世した尼で、その信仰深い求道の一生の記録である。

『妙好人才市の歌』楠恭編、三三〇頁、昭和二十四年、京都法蔵館刊。

右は才市の遺した莫大な量に上る宗教歌の極く一部であるが、かかる文筆の仕事を遺した妙好人は少なく、しかもその宗教的思索には、並々ならぬものがあって、妙好人のものの考え方を知る上には、重要な資料だと言ってよい。その二、三の例を挙げて、この一節の結びとしたい。

石見湯泉津《ゆのつ》に下駄作りをして貧しく暮らしていたこの無学な妙好人の方言の言葉は甚だうぶで率直であって、元はほとんど凡て仮名書きや当て字であるが、読者の便を思ってここには漢字を加えておいた。

「才市や　有難いのが　どうして知れた
俺《わし》がつまらんで　知れたのよ
親のお蔭よ」

「海には　水ばかり
水を受けもつ底あり
才市には　悪ばかり
悪を受けもつ　阿弥陀あり
嬉しや
南無阿弥陀仏　南無阿弥陀仏」

「俺の心は　くるくる廻る
業《ごう》の車に廻されて
廻れば廻れ　臨終まで
これから先に車なし
止めてもろうたよ　なむあみだぶに」

この言葉のように、才市の業の車が止って、彼が称名の中に往生を遂げたのは、昭和八年一月十七日、享年八十三歳であった。

因みに明治以降妙好人の値打ちを、広く一般に最初に説かれたのは、専ら禅論を書かれた鈴木大拙博士であって、その名著『日本的霊性』の中にその一文が納めてある。不思議にも真宗系の鴻学の中から、妙好人への礼讃が現われるのが、却って遅れていたのは、恐らく妙好人のほとんど凡てが無学な片田舎の人たちで、教学的にしかく重要でないと考えられていたからではあるまいか。しかし念仏系の仏教を顧みると、妙好人こそはその教えの最も活きた純な姿だといわねばならず、「南無阿弥陀仏」の六字を思うものは、どうしても妙好人の存在を等閑にするわけにゆかぬ。そこには理知を絶して、しかもこれ以上の明智はないと思われるものが閃いているからである。法然上人が「一枚起請文」で勧められた趣旨が、妙好人に丸彫りとなって、端的にそのまま現われているのを感じるのは、よもや私一人ではあるまい。

仏が凡夫に成る仏、
凡夫仲間にいる仏、
南無阿弥陀仏を知らす仏よ、
これは分らん　分らん　これは不思議よ
南無阿弥陀仏　南無阿弥陀仏

才市

「凡夫成仏」、これこそは念仏宗がわれわれに贈る根本的な、また最終的な真理だと思われるので、私はこの一首をもってこの一章を結ぶこととしたい。妙好人こそは、成仏した凡夫そのものにほかならないからである。

〔一九六〇年一月発表〕

『妙好人　因幡の源左』新版序

有難いことに一妙好人を伝えたこの一冊は、大変多くの方々から悦ばれたせいか、早くも版を絶って、一般の需《もと》めに応えることが出来なかった。それに源左老の手次寺であった願正寺の現住職である衣笠一省師その他の方々から、幾つかの新しい材料が得られたので、是非改訂版を出したい望みにかられ、逐次に増補を施していったが、たまたま外遊その他のことにはばまれて、遂にそのまま幾年かが過ぎて了った。然るに今回縁あって京都の書肆百華苑がその普及版を企画してくれる事になったので、遂に待望の再梓が可能になったのである。

然るに近年私は三ヶ年も病室で暮らす身となり、かつ動作の自由を失ったので、かねがね用意しておいた書き入れを浄書することはおろか、凡ての仕事が不可能になって了った。それで一切を衣笠氏にお希いし、幸い同氏から快諾を得たので、この新版が世に出る運びとなったのである。

この出版に際しては、例により多くの方々から援助を受けたが、前述の衣笠氏は云うに及ばず、鳥取の吉田璋也君や山根の鹽義郎君等から受けた配慮は大きく、また色々の雑務では例の如く浅川園絵さんの好意に浴した。病中の出版とて何もかも他からのお蔭なのを深く感じ、一入厚くここに感謝する次第である。

私は今まで幾冊かの本を世に贈ったが、恐らく何人からもまた何時でも人々から愛読されるのは、この一冊ではないかと思える。それは偏えに妙好人源左老彼自身の行いや言葉を、そのまま収録した事に依るのであって、何も私の力がそこに働いているからではない。

妙好人には幾つかの型があって、中々機鋒の烈しい人、穏和な人、思索にたけた人、自戒の念に厳しい人など、その型は色々あるが、源左老はその中で、何よりも「行為」でその妙好さを示した信者であった。それ故決して思索的な妙好人の一人ではないが、その行為が吾々の日常の生活に交ってくるだけに、一層有難みが深いとも思える。

近時、妙好人への注意がとみに加わって来た事は、大変至当なまた有難い傾向だと思えるが、不思議なことに、今までは真宗の学僧達や史家で妙好人を取り上げて、それを充分に伝えてくれた人は、案外少ないのである。それは妙好人達が教学に何も寄与する点がなかったためなのか。またはその無学さを軽く見たためであったのか、ともかく妙好人への注意が起ったのは、宗学の最も栄えた江戸中期頃よりも、やっと幕末に近づく頃からで、却って明治に入って大和清九郎や讃岐の庄松、その他の言行録が冊子として紹介されるに至ったのである。最近宗乗に囚われず、妙好人の値打ちを認められたのは、却って禅思想を伝えられた鈴木大拙博士であって、それ以来妙好人伝で上梓されるものが、急にその数を増してきたのである。

妙好人は大概は片田舎の人で、貧乏で無学な人が多いが、その信仰の把握の純度においては、遠く学僧も及ばないものがあって、千万の信仰文書も、却ってここに結実され、結晶された観があると云ってもよい。それ故法然上人や親鸞上人の教えは、妙好人を得ることによって、初めてその輝きを十二分に発したとも云えるのである。

もとより妙好人は仏教各宗に現れるはずであるが、何故か真宗系の仏徒から、圧倒的に沢山現れてくるのである。これには必ずや何か、はっきりした原因があるに違いないと思える。

妙好人は考えようによっては、宗教的天才とも思われ、特殊な性格の人のみに現われるのだと、考えられるかも知れぬが、決してそうではなく、かかる妙好人が生まれるのは、やはりこれを生み育てる雰囲気があっての事だと思える。つまり真宗の信仰に培われた土地の風潮が、必然に生む信者だと云う方がよいであろう。この事はかかる背景の乏しい宗派、または土地からは妙好人が中々現われてこない事実によっても分ってこよう。

私の見聞は決して広いものとは云えぬが、私は縁あって越中の真宗門徒の間で暮らしたことがあるが、私の心をいたく惹きつけた一つの事実は、如何に門徒達が「聴聞」の習慣に濃いかということであった。例えば別院のある越中城端町では、一年中どこかの寺か在家で、説教のかからぬ日はないのであって、早朝からの勤行にも中々熱心なのである。それに昔からの仕来りもあって、中々信仰の談合が信者間に烈しく行われる。これを「御示談」というが、さながら禅修行者達の問答商量にも比すべき真剣さで、法談が行われる。そうしてかかる地方では、ほとんどどの家にも立派な仏壇があって、灯明や活花の絶えたことはないのである。また在家で説教師を招いて信徒が集る場合も決して稀ではない。実にこういう雰囲気が妙好人を生み育てる母体なのを切に感じる。そうして何故真宗だけに妙好人が引き続き出て、同じ念仏宗たる浄土宗から多く現れて来ないかは、後者にかかる雰囲気が衰えたためだと思われる。それ故妙好人を個人的天才と考えるより、信者全体が育てたその代表者として考える方が至当だと思われてならぬ。妙好人の背後には、実に長い歴史や信心の風習が、深く控えているのであって、この事は将来信仰の顕揚にとっても、極めて重要な問題を吾々に提起していると思われてならぬ。

何れにしても、妙好人こそは大乗仏教が吾々に贈ってくれる浄く美しい花の如きものなのである。「妙好」は白蓮華のことを意味するというが、ここに仏教そのものの象徴があると云っても過言ではあるまい。それ故妙好人にこそ、仏教の仏教がその活きた姿を現わしているのだと云ってもよいであろう。

私はこの一冊が右の真理をよく証明してくれることを信じ、この再版を一入有難く感じ、それを可能にして下さった方々に改めて厚く感謝したい。

昭和三十四年十二月
病室にて

柳　宗悦

〔一九六〇年七月発表〕

地蔵菩薩のことなど

かつて私が京都に住んでいた時、或る日町を歩いていると、どこの通りにもお供物をして大勢の児供が集っている小さなお堂があるのに気が附いた。平常少しも気づかずにその前を通り過ぎていたことが恥かしいほどに、その数が多かった。それは陰暦七月二十四日に行われる地蔵祭であったが、不断はほとんど注意しない家と家とのごく狭い所にお堂がはさまっていて、気附かずに通り過ごしたのに、その中に赤い前掛けや帽子を着せられた石地蔵が思いがけなくも現れてくるのである。その色が鮮かなので、急に私の眼を引いたのである。そうして京都人がこんなにも方々で地蔵さんを、今なお祀っていることに、大変心を惹かれた。それは信心が今も活々と残っていることを語ってくれる。たとえそれが旧習を守る京都人によるためだとしても、今も地蔵菩薩が民間に篤く敬われている仏なのを知って大変心を打たれた。

かつて私は越中城端を出て、五ケ山の赤尾に妙好人道宗の遺跡を訪ねた事がある。たまたま庄川に沿うて幾里かを歩いたが、その沿道の川岸に石の仏が次ぎ次ぎに現れてくる。よく見ると、その凡てが地蔵菩薩である事が分った。それでどうしてこんな淋しい場所にこんなにも沢山の地蔵さんが建てられているかを、村人に尋ねたところ、それはその場所で亡くなった児供への供養のために建てたものだという。恐らく庄川で溺れて死んだり、冬の雪路で過って命を失った児供達への供養なのである。これを聞いて子を思う親の心を考えさせられた事がある。

処は変わるが、かつて信州の美しヶ原に登った時、沿道の畑の中にかなり大きな地蔵尊の石彫が真新しく建てられているのに気づいて、同行の人に尋ねると、一、二年前この辺で、雪の激しい冬の日に、道を失って死んだ中学生があって、その供養のために親が最近建てたのだという話であった。

今度鳥取市の吉田璋也君が、市内やその周辺から、見棄てられた石仏を集めて、それを民芸館に納め、供養の法会をして、記念にその写真帳を作り、それが四、五帳にもなり、写真も百余枚に及んでいるが、その写真帳を贈られたので、病中床上で見ていると、とても簡素なもので、何仏だか一寸分りかねるものもあったが、よくよく見るとそのほとんど凡てが地蔵さんなのである。その幾個かに刻まれている時代を見ると、そんなに古いものはないので、ついこの頃までこんな石仏が引きつづき彫られていたことが分る。何々童子とか、童女とかいう文字が示唆する様に、その一切が亡くなった児供達の追善のためだと分った。吉田君はそのうちの二躰を東京の民芸館にも届けてくれたので、館の庭前の樹蔭に安置させてもらった。

日本の各地を旅すると、石像の多いのに驚かされるが、弥勒仏や観世音や阿弥陀如来も多いが、全体として一番多いのは、やはり地蔵菩薩であろう。仮りに日本全国のを勘定したら、莫大な数量に上ると思える。最近、近藤京嗣君が栃木県徳治郎石で作った仏躰の写真を見せてくれたが、そこにもやはり地蔵尊が大変に多かった。そうしてその村では今もなお石仏を刻む石工が残っている由であった。

もっとも地方によって、刻まれた仏の種類には相違があって、信州松本やその近在の如きは、地蔵尊よりも青面金剛の方がずっと多く、村によって観世音が大変多い処もあるが、それは「三十三観音」の如き群像があるためなのだが、地蔵菩薩にはそんな多数の群像はなく、ひとり「六地蔵」があって、処々方々に見られる。しかしこの六地蔵も一つの石を六面体に切って、その各々に一躰ずつを彫ったのをよく見かける。この六地蔵は、私の知る限りでは、甲州に最も沢山の例が見られた。

かく地方的に或る仏躰に傾く事情が見られるが、ならし全国的に多いのは、恐らく地蔵菩薩だと思われる。

前述の如く、京都の如きは一市だけでも、恐らく何万と数え得るのではあるまいか。そうしてこの驚くべき数は、ほとんど皆亡き児を悼む親の情の現れだと知ると、日本の親、わけても母親の心が今さらに偲ばれてならぬ。それ故地蔵尊像は親の愛の歴史の跡だとも云えよう。

最も地蔵尊は元来六道能化《のうげ》の菩薩と云われ、即ち地獄、畜生、餓鬼、阿修羅、人間、天道の六道。以上の衆生がその業によって趣き住む所を六種に分けてその能化の仏としての菩薩なのである。これに従って左の如く一々地蔵尊を配した。

一、檀陀地蔵　地獄を化す。
二、宝珠地蔵　餓鬼道を化す。
三、宝印地蔵　畜生道を化す。
四、持地地蔵　阿修羅を化す。
五、除蓋障地蔵　人間を化す。
六、日光地蔵　天道を化す。

誰も知る通り「地蔵和讃」を聞くと、如何にも哀調を帯びた句が想い出される。「一重組んでは父のため、二重組んでは母のため……云々。」賽の河原で児供が親を慕う想いを込めて石を重ねて塔を組むという歌なのである。これを鬼が毀しに来るので、これを哀れみ、児供を助けに現れる地蔵菩薩の温かさが歌われているのである。

仏教における地蔵菩薩の位置には、とても心を惹かれることがある。多くの人は気附かぬかもしれぬが、東洋でも西洋でも天国と共に地獄の相を沢山描いた。そうして特に地獄の相は共に凄惨を極める。この事においては東西ともに共通するのだが、ただ一つ根本的に異なる有様が見られる。キリスト教では、地獄に堕ちた者は永劫に堕ちて、もう天国には行かれぬのだが、仏教では大変違って、地獄に堕ちるのは犯した罪の量だけ呵責を受けはするが、それは浄土に往くために背負わねばならぬ罰だというに過ぎない。だから永久に地獄に堕ちるのではなく、云わば浄土に往くための受けねばならぬ苦錬なのである。だから「十王図」でいつも見られる通り、罪を裁く閻魔大王は罪の重さの量り手であって、そのために秤や鏡がいつも側に置いてある。しかしその罪の重さが閻魔帳に記載されるだけで、決してもう浄土には行かせるなとは獄吏に云いつけない。ここが特色ある点で、その証拠にはいつも地獄に堕ちた者を浄土に連れてゆこうとする使いが描かれてある。そうしてこの使いこそは地蔵菩薩であって、いつも錫杖をついてわざわざ地獄に出かけてゆく様に描いてある。それ故地蔵菩薩は謂わば亡き罪人への無上の慈しみの仏なのである。そうしてこわい顔の閻魔大王や奪衣婆といえども、単なる冷酷な審判者ではなく、地蔵菩薩を遣わすことを忘れぬ慈悲心の現れだとも云えるのである。かく考えると閻魔大王は、決して単なる厳しい審判者ではなくして、むしろ慈悲者だとも云えるのである。つまり仏教では、仏は慈しみの仏であって、審き手ではないのである。ここがキリスト教の審判者としての神とは大変に相違する一点なのである。

こういう地蔵菩薩であるから、わけても亡き子供達への親代りとしての慈しみの仏で、肉身の親を失った子供達にとって、霊界での親なのである。それ故子を失った親にとっては、地蔵菩薩が何より有難い仏になる。親達の身代りになって永く子供を守ってくれるからである。日本に地蔵尊像が何故多いかの理由がここに見られる。私は支那や朝鮮の事情を詳かにせぬが、恐らく地蔵菩薩をかくも沢山刻んだり描いたりした国は、日本の他にはないのではあるまいか。

話はやや違うが、近頃私は縁あって仏版画を民芸館のために集めているが、その古版画に「当麻曼陀羅」が意外に多いのに驚かされた。それは込み入った細画であるから、民画としては手間もかかり、不適当な図相と思われるのであるが、その版画たる曼陀羅で民間に流布されているものが意外に多いのである。三尊仏が多いのは、これが来迎仏であって死に臨む人々のために用いるのでその理由は分るが、どうして「当麻曼陀羅」の如きものが、民間にかくも流布されるに至ったのか、誠に不思議であった。ところがかかる曼陀羅をよくよく注意して見ると、もとより中将姫の作ったという有名な大和の当麻曼陀羅に由来するものではあるが、その下段の九品往生を示した個所の中央の一欄に文字があって、何々女と記したものが多い事が分った。察するに女の児が死んだ時、その親が追善供養のために中将姫が織ったという物語にもあやかって、この種の曼陀羅を牀に懸けて法要を営んだことが察知される。この版画曼陀羅には種々あって、中には大いに豪華に金泥を用いたものがあるが、これは恐らく庄屋か何か金持ちの親が、特別に摺らせて、手彩色を施させたものだと考えられる。

もとよりこの曼陀羅の本尊は阿弥陀如来であるが、浄土を司るこの仏に、おのが愛女を托したい親心の現れがこの浄土曼陀羅を長い間求めさせた理由だと思われる。大体この様な曼陀羅は教義的にはむずかしく、また込み入っていて、一般の人々にその意味など分るわけはないと思われるが、ただ子を想う親心がこんな図を要求し、長い時を経て、遂には版画という一つの民画にまで熟したのだと考えられる。

これは何も地蔵尊とは関係はないが、阿弥陀仏は同じ慈悲の仏で、観世音菩薩と共に仏教の教えの一性格を示すものとして、大いに留意されてよいと思える。実際時には地蔵菩薩は阿弥陀如来の因位たる法蔵菩薩と一躰視されたりしているので、地蔵尊と阿弥陀仏とは無縁ではないのである。否、時としては地蔵尊は来迎仏にさえ描かれている。

ともかく民間に親しまれた仏躰として、地蔵菩薩が如何に厚く日本民族の生活の中に活きてきたかは、大いに注意されてよいであろう。歴史的には地蔵信仰は日本では平安朝頃から盛んになったと云われている。因みに地蔵尊像は石彫に最も多く、次には版画であろうか。前者は長く風雨に耐えるため、後者は誰でも購い得る安絵であるために持て映やされたのかと思われる。地蔵尊は菩薩であるが、いつも比丘形となって現れてくる。それは一段と人間世界に深く親しみ交わるのであって、人々から高く遠い仏とは思われないのであった。元来菩薩行は衆生済度のためであるが、地蔵尊は中でも人界に（前述の如く地獄界すら）現れ、とりわけ亡き人々の霊を守ろうとして冥界にまで来てくれる慈しみの仏なのである。

特に児供と縁が深いのは、各地に「子守地蔵」や「子育地蔵」が祀られていることでも分る。時には「延命地蔵」とか、更にまた「勝軍地蔵」まであって、その性格の種類は甚だ多い。よくある一般の図相としては、宝珠錫杖を持ち、また蓮台上に幢をもつ。相貌は柔和なのはもとよりである。ともかく観世音菩薩と地蔵菩薩とは、共に日本人に最も親しまれた菩薩なのであって、今も崇仰の念は各地に盛んなのである。

そもそも地蔵菩薩は通説としては釈尊の附嘱を受け、弥勒成道の日に至るまでの無仏の世に住んで、声聞形になって六道の衆生を能化する菩薩だと云われる。

終りに例の「地蔵和讃」の中から数句を抜いて、この一文を結ぶとしよう。

［さいの河原地蔵和讃］

さいの河原にあつまりて
父こいし母こいし
この世の声とはことかわり
悲しさ骨身を通すなり
かつみどり子の所作として
河原の石をとりあつめ
これにて廻向の塔を組む
一重組んでは父のため

日も入相のそのころは
地獄の鬼があらわれて
積みたる塔を押しくずす
その時能化の地蔵尊
ゆるぎ出でさせ給いつつ
われを冥途の父母と
思いてあけくれ頼めよと
幼きものをみ衣の

二重組んでは母のため
三重組んでは故里の
兄弟わが身と廻向して
……………………
錫杖の柄にとりつかせ
忍辱慈悲のおん肌に

もすその内にかき入れて
あわれみ給うぞありがたき
……………………
いまだ歩まぬみどり子を
いだきかかえて撫でさすり
あわれみ給うぞありがたき

人口に膾炙されたこの和讃は、実に平安朝にいた捨聖空也上人の作だと言い伝える。

〔一九六〇年九月発表〕

来迎の思想

真宗では、「不来迎」の説を唱える。一理あって、臨終時に阿弥陀仏が観音勢至二菩薩を従えて、目前に来迎するという奇蹟的光景に頼りすぎた当時の信仰を、もっと正常に戻そうとする志が働いたためもあろう。「不来迎」の説を唱え、これと共に「平生業成」の考えを推し進めた。これは正に浄土思想の一展開であるといえよう。往生をただ臨終時とか、または遠い未来に求めずに、即今の這裡に見つめるのは、往生思想の円熟を思わせる。

しかし来迎に対する不来迎とか、臨終往生に対して平生業成とかいう考えを立てるのは、どうも二元性が残っていて、未だ徹底しないものがあるように思われてならぬ。この点では、一遍上人の考えの方が、一段と深い。浄土宗の来迎説から、真宗の不来迎説に移ったものを、再び結び付けて、「平生即ち臨終」と見つめて、「平生来迎」、「常来迎」を説いた。私の考えでは、ここに時宗の歴史的意義があると思える。臨終思想を、死の上に置いたのでもなく、平生と区別して見たのでもなく、平生に即して見つめたのである。

「往生」というと、人間が浄土に往いて生まれるという風に受け取りやすい。「来迎」といえば、仏の方から来り迎えて、浄土に導く意味になる。私の考えでは、往生は仏と仏とのはからいの上に行われるので、人間はどこまでも受身にあるべきだと思われてならぬ。「叩けよ、開かれん」というが、「開かれているので」叩くという方が当ろう。仏の方から迎えられずして、どうして我が力で往き得よう。他力の道なら、往くのではなく往かせてもらうという受身のはずである。絶対他力なら、来迎なくして往生が成り立つわけはあるまい。引接というが、正にそうで、このことなくして往くことはできぬ。仏を追うというが、それは仏に追われる身となる以外に意味はあるまい。私が追うなら、追うことも迷いに終るであろう。追うことは追われること以外に深い意味があろうはずはない。一切の浄土系の思想は、受動思想の体系上にあるべきである。

追われるとは、迎えられる身となることである。それ故、来迎なき往生思想などは、まだ自力的な考えが残っていると云いたい。何もかも仏の方から準備されている身なのを見出すことが、信仰の世界に入ることではないか。私は来迎思想に深い宗教性を見ないわけにゆかない。来迎を奇蹟視すれば、不合理な考え方とも取れようが、来迎こそ最も厳粛な宗教的体験だといわねばならぬ。往生と来迎とは、二つの異ったものであってはならぬ。

歴史上不来迎の思想は一進展ではあるが、来迎に対して不来迎を説く限りはそこにはまだ二元的な滓が残っているのを感じる。「平生即臨終、念々来迎」の思想への展開が必然だと思われてならぬ。この意味で、一遍宗学はもっと研討されてよい。溯って法然教学も見直されてよい。第十八願だけが大切なのではなく、第十九願にも深い意味を見出すべきではないか。来迎思想をただ過去の考えだといい切ることはできぬ。道元禅師「正法眼蔵」中の「生死の巻」などにも来迎思想への深い内省が見られはしまいか。絶対他力の一遍教学と禅宗とはしかく離れたものではない。私はこの事実に強く心を惹かれる。当然かくなるべきはずである。自力他力共に徹すれば同じ不二の嶺で相会える。ここに至らないなら、共にまだ途中にいることを反省してよい。

もっともここに注意したいが、来迎は不来迎という考えへの対辞であってはならない。仏の方より来り給うことであるから絶対来迎の意である。この仏の方より来り迎え給うその来迎には二元はない。人間の行いの場合なら「来る」といえば、なお二元性を含むが、仏の行いとしては不二の性質を示すものである。それ故来迎は決して不来迎の対辞とはならぬ。不来迎の否定としての来迎なら意味は浅い。それ故少しく逆説的な言葉で分り難いかも知れぬが、来迎に預るとは去来の二元を越えることを意味する。往生するとは「不来不去」の不二に即することである。不二に導くことにこそ来迎の本旨があろう。

〔一九六〇年十月発表〕

三首の法歌

私はここに三つの和歌を介して、「浄禅」の二道について考えてみたい。「浄」というのは浄土門の事。それ故浄家または浄徒と云えば、自己の罪業を省み、弥陀の本願を信じ、六字の名号を称えて「浄土」での往生を願う人々の事。これは他力の道を進むが故、他力門徒とも云われる。禅はもとより禅門の禅。禅者とは自己の中に、「主中の主」を見つめて、解脱に徹する事を求める人々。道は自力に立つが故に、自力門徒と呼ばれてもよい。一般には「浄土」「聖道」の二門として考えられ、更に易しくは他力、自力の道として相対するものに考えられる。

そのためか、これ等「浄」「禅」の二道は、異なる別の道として、しばしばその上下や優劣が論じられた。ために両者相争う事さえ稀ではなく、今でもその反目は絶えないのである。しかしこれ等の二道は、果してそんなにも相反し矛盾するものであろうか。それは一つの嶺を持つ山に、左右の道から登るようなものではないであろうか。麓では道は分れていても、上り尽せば、同じ頂で相会うのではあるまいか。この事につれ、左の三つの和歌が思い出されたので、私はそれ等の歌を介して、自他二門の事について考えを進めてみたい。

或る時一遍上人が法灯《ほっとう》国師に出逢われた事がある。一遍上人は時宗の開祖で、鎌倉末に出られた大徳であり、他力門を徹する所まで徹せられた念仏行の聖人であった。法灯国師は紀州由良の人。興国寺の開山であり、普化宗の祖であった。支那にも渡って勉学し修業された当時第一流の禅師であった。

一日両人が出逢われた時、国師は「念起即覚」の語を示して、上人の答えを求められた。その時上人は、一首の和歌を呈して答えとされた。

（一）「称うれば、仏も吾れもなかりけり
　　　なむあみだぶつの声ばかりして」

「称う」はもとより、弥陀の御名を称うること、ここでは「南無阿弥陀仏」の六字を口で称える事を意味する。即ち口称念仏なのである。この六字の称名が、時宗の中心の中心であった事は言うをまたない。それで一切をこの「声ばかり」に集めて、他を忘れ去る時、仏と吾れとの二が消え去る事を、右の一首に托されたのである。ところがこれを聞かれた法灯国師は「未徹在」と云われた。つまり「未だ徹しないものがある」との評なのである。これを聞かれた一遍上人は、すぐ別の一首を口ずさんで答えとされた。

（二）「称うれば、仏も吾れもなかりけり
　　　なむあみだぶつ、なむあみだ仏」

上の句は前のと同じで、ただ下の句が違うのである。これを聞かれた法灯国師は、即座に禅の印可を上人に贈られたというのである。ところが後年これ等応答の和歌を読まれたのか、無難禅師は更に左の一首の歌を綴られたという。禅師は至道庵主、宝永四年に示寂された臨済宗の極めて優れた禅僧であった。遺されたその和歌に、

（三）「称えねば、仏も吾れもなかりけり
　　　それこそそれよ、南無阿弥陀仏」

さて、これ等相似た三つの法歌について、私見を述べさせて頂く。真の称名とは、私が称えるのではなく、何か私をして称えさせるものが、奥深く潜む事によって、初めて称名の称名となるのである。これを仏が仏自らを呼ぶ声だとも云えよう。つまりここで称える私と、称えられる仏との二つが消え去って了う。その時、ただ

残るのは「南無阿弥陀仏の声ばかり」になる。

かくして「称うれば仏も吾れもなかりけり、南無阿弥陀仏の声ばかりして」と上人は歌われたのである。含まれるその趣旨には、深いものがあろう。特に「独一の念仏」をつねづね語られた一遍上人としては、ただ「南無阿弥陀仏」の六字だけが、残された唯一のものであった。名号の意味を徹して考えぬかれた上人の口から洩れる和歌としては、けだし当然の一首であったと云ってよい。

しかし「声ばかりして」という句は、声以外のものと相対している考えが、未だ残っているとも云える。この事は心の一切が、未だ「不二」に徹していない事を語ろう。不二法門が仏法だとすると、「声ばかりして」では、未だ徹した声だとは言いかねる。仏と吾れとを消した上の句とは違って、下の句には未だ声と声に非ざるものとの二つの跡が、わずかながらも残されているのである。ここが国師から「未徹在」と評された所以である。この場合、法灯国師が一遍上人の信仰を試されたのか、或いは逆に一遍上人が法灯国師の信仰を試されたのか、それは別として、上人の即座の解答は第二の和歌であった。「称うれば、仏も吾れもなかりけり、南無阿弥陀仏、なむあみだぶつ」。

この第二の和歌は、ただに上の句において、仏と吾れとの二が消されているのみならず、続く下の句においても、もはや二の跡が見えない。「なむあみだぶつ」という称名が、ただ重ねて口ずさまれているのである。かくなるとさながら陀羅尼の如きもので、意味さえも消える呪文の如きものに帰ってゆく。称うる私もなく、また言葉の意味さえも跡を止めない。ここに至って、初めて名号の真意が残りなく示されてきたと云える。ここが国師から禅の印可を、直ちに得られた所以であろう。もはや「声ばかり」という私の分別さえ絶えて、ただ名号が丸彫りになって、名号が名号を呼んでいるのである。この時こそ、真に「仏も吾れもなかりけり」の面目が躍如としてくるのである。上人が第二の歌を呈せられ、国師がその第二の歌に至って、初めて禅問への全き答えを認められたのは、大変意味深い応答として、永く仏門の間で語り草となるであろう。ところが別に第三の無難禅師の一首が現れてきたのである。

「称えねば、仏も吾れもなかりけり
　　それこそそれよ、南無阿弥陀仏」

この三つめの一首は何を意味するのであろうか。冒頭の「称うれば」が「称えねば」と逆に変っているから、一見するとさながら念仏を否定してかかる言葉の様にも受け取れる。しかし恐らく真意はそうではなく、同じ真理を裏から見つめているのではないであろうか。

仏法の究竟は「如々」の教えに尽きる。「仏も吾れもなかりけり」とは、未だ二つに分れない「如」の境を歌ったものと云える。この仏我一体の句では三首皆同じなのである。無難禅師の「称えねば」の一句、さながら称名を否定するように見られはするが、未だ称えざる「如」（そのまま）の境を指す言葉として受け取ったら、どうであろう。また称えて称えぬもののある境地の表現として見たら、どうであろう。即ち念仏を越える様を「称えねば」と歌われたと見たらどうであろう。「称える」「称えぬ」の二が、未だ発しないそのままの所にこそ、仏も吾れもない境地があるのではないか。未だ称えぬこの不生の境を見つめて、「それこそ、それよ」と云われたのである。そうしてかかる如々の相こそ、南無阿弥陀仏の端的ではないであろうか。「称えねば」と書き出しながら「南無阿弥陀仏」と称えて句を結んでいる禅師のこの一首に、尽きぬ妙味を感じないわけにゆかない。かくして一見して第二の歌と矛盾する如きこの第三の歌は、実に同じ高嶺を眺めつつ登る、表と裏との路の違いに過ぎなくなってこよう。

誠に「称うれば」も「称えねば」も、六字一つに結ばれる所に、これ等二首の尽きぬ妙意が潜むと思われてならない。金剛経に「般若波羅蜜は即ち般若波羅蜜に非ずこれを般若波羅蜜と名づく」と記してあるが、「称名は称名に非ず、これを称名と云う」と考える即非論を想起しても、一遍上人の第二の歌から、無難禅師の第三の歌にうつる所に、言い難い妙趣が輝くように感じる。

ここで浄徒の「安心」と禅者の「見性」とが、全く一つに結ばれているのを覚える。一寸考えると今挙げた三首の和歌は、互に異なる様に見られはするが、決してそうではなく、一つの真理を異なる角度から見守っているものと云ってよい。

私はこれ等の相似て、しかも異なる表現を介して、また異なるようで、しかも一つに結ばれている表現を通して、浄禅不二の境を見ないわけにゆかないのである。そうして何れも仏法の不二法門たる事を、よく伝えているものと考えられる。

ただ第一の歌は、その内容においてやや不充分であるとしても、一般の人々にはこれが却って一番分り易く、相対的意義に深いものと考えてよい。つまり初めて仏門に参じる人々にとっては、この第一首が、恐らく一番実際的価値を持つ名句であると評してよくはないか。ただ宗教への理解が進むにつれ、どうしても第二の法歌へと進んでゆくのが必然である。そうして更に第三の和歌をも迎えるようになってこよう。ただ第二のを表の歌、第三のを裏の歌とでも評したらよいか。そうして第一のは浄家の歌、第三のは禅者の歌、然るに第二のは一遍上人と法灯国師、即ち浄禅の二道を結ぶ一首と見てもよかろう。三種の法歌は、言葉を変えながら、それぞれに光を放ちつつ、尽きぬ教えを吾々に垂れてくれるのである。

かく考えると、自他二門の別、浄禅の差など「なかりけり」という事になりはしないか。これがこの三首の法歌から、私に授けられた真理なのである。

因みに云う、

私の考えでは、一遍上人は浄土門を到り尽すところまで至らせた念仏門の聖人であるが、遺された言葉や言行を見ると、浄門の上人は既に禅門の人かと見間違えられる程に、「他を自に」結びつけ得た人として、深く反省されてよい歴史的存在だと思われてならない。実に自他相即の暁を報らせた人が、一遍上人であると思われてならない。もう仏教界にも、「自他不二」「浄禅一体」の一門が建てられるべき時期に達してはいないであろうか。

「自力他力は、初門の事なり」

一遍上人

〔一九六〇年十月発表〕

奴
――自力・他力の相会う一点

無門関第四十五則に、東山演禅師の言葉として「釈迦弥勒はなおこれ他が奴《ぬ》」という言葉があります。至上な釈迦や弥勒すら、なおかつ「奴《ぬ》」のようなものに過ぎぬというのであります。これは御承知の通り、自力門に立つ禅者の口から現われた言葉であります。

ところで禅者とは大変違う道を歩むと云われる門徒の一人であった妙好人源左の言行録を読みますと、或る人が源左に出合いました時、「源左さんですか」と問いかけますと、この信者は答えて「はい源左奴《めい》でございます」と申しました。この言葉は御承知の通り他力門中の他力門と云われる浄土真宗の信徒の口から洩れた言い方であります。

ところで双方共に「奴」の一字を用いております点で、私の心を大変引きつけました。それでこの一字を介して、自力他力両門のことを更に考えたいために、私はこの一文を書きたく思い立ちました。

禅語の方は続く言葉として「他はこれ阿誰《た》ぞ」とあります。「他」とはここで、何かかく云わしむる或る主を指しておりますが、その主こそ至上な釈迦や弥勒をすら「奴」たらしめる程の者だが、その主人とは一体誰なのだと、そう問いただしておりますのが、この第四十五則の要旨なのであります。

ところで禅修行では、どこまでも「主中の主」「心王」「随所に主」たる自らを追って止みません。それ故「天上天下唯我独尊」という釈尊の言葉が、いとも重い意味を持つに至っております。然るに他力の道を進む者は、行き方が正に逆で、「出離の縁あるなし」とまで、自らの罪業を徹底的に省みまして、ひとえに大慈大悲の済度の誓願に、道を任せ切ろうと致すのであります。それ故この一道は、自らの極悪極小を省みる道と申すことが出来ますから、先に引用しました言葉とは逆に、謂わば「天上天下唯我独賤」と観ずる道だと申してよいでありましょう。それ故にこそ、もはや「源左」ではなくして、「源左奴《めい》」のみがあるのであります。

ところでこれ等の二つの考え方は、全く逆の道を進むように見受けられます。一方では釈迦をすら「奴」たらしめるものを見、他方はいつも「奴」の様な自分を見守るのであります。それ故一見しますと、全く違う考え方の様にも見受けられます。しかし果して、そんなにも二つの考え方は逆なのでありましょうか。これ等の道をしかく左右の二、自他の二と、きっぱり分けて考えてよいでありましょうか。それはほんの仮りの差別に過ぎないのではないでしょうか。それ故同じ「奴」という字を、全く別のものと見るのは間違いだと思われてなりません。

よくよくこの禅僧の句を考えますと、釈迦や弥勒さえも「奴」にするほどの主人が、人間の中にいるのだが、その主人とは、そもそも何者なのかを尋ねておるのでありますし、この言葉にまた別の見方を加えれば、釈迦や弥勒に執着するような心は「奴」にも等しいもので、どうしてそんな迷いから早く目覚めて、おのが心を主人にさせないのかとも云っているように思われます。

然るに源左が「源左奴《めい》」と自らを卑下し尽すその刹那こそは、最も厚く大悲の懐に抱かれているその時なのではないでしょうか。これは「奴の源左」に代って、仏が「源左の主」となって、一切のことを行っている事になって参るからであります。

かく考えますと、「主中の主」とは、仏自らに他ならない事にもなりましょう。禅僧と無学な信徒との言葉は、如何にも異なった内容を持つものの様に思われは致しますが、実は同じ主を、表と裏とから見つめているのではないでしょうか。

ここで想い起しますのは、有名な妙好人庄松の言葉であります。彼はさながら禅者を思わせるほどの門徒でありましたが、或る日同行達が「他力他力」と申すのを耳にして、「人は他力他力と喜ぶが、俺は阿弥陀様の〝自力〟が有難い」と申しました。己れを棄てて他力の弥陀に帰入すれば弥陀の自力の中に活きる事になりはしないでしょうか。

昔から自力、他力と二つに分けますので、互にその上下を争ったり、優劣を論じたり致しますが、よくよく考えますと、そんな分別こそ「奴」の位置に自らを落とす事になりはしないでしょうか。それ故かかる分別を「奴」と観ずる主人が、吾等の中に現われてこそ然るべきではないでしょうか。つまりこの事は、自らの現状が「二元の奴」そのものに他ならないとの自覚を伴うことになって参りましょう。そうして実にこの自覚を持つ時にこそ、主人の顔が現われ初めるのではないでしょうか。ここで不思議にも他力の道を歩みますと、「奴」の己れが「主」の仏に即する事になって参ります。また自力の道に徹しますと一切のものが（釈迦弥勒さえも）「奴」になって、ひたすら主に仕える事になって参ります。そうしてその「主」こそは目覚めたる人（即ち仏）を意味する事になりはしないでしょうか。それ故、浄家も禅家も「奴」の一字を用いる時、お互いにその場を異にしつつも、同じ「主」を見つめているのだと思われてなりません。「信心銘」にも、「極小は大に同じ、極大は小に同じ」等と記してありますが、自らの小を観ずることと、自らの大を見ぬく事とは、しかく違った考え方だと云えるでしょうか。道を自他に分けて、これに執する限りは、却って「主中の主」を見失って、済度からはいよいよ遠のく様に感ぜられます。それ故、自他相争う見方を離れて、不二の一道を見守ってこそ、よい様に思われますが如何でしょうか。禅宗も真宗も、実は同じように此の不二の一道を見つめているのだと思われてなりません。妙好人才市の歌に、左の様な問答体のものがございます。

問「才市よい。」

答「へ。」

問　「他力を聞かせんかい。」

答　「へ、他力自力はありません。ただ、いただくばかり。」

結局はこの「ただいただく」所に、自他二門の相会う一点がある様に感ぜられてなりません。門徒の「ただいただく」を、禅語の「直下《じきげ》即是」とか「直下承当」とかに結びつけて受け取るのは、私の間違った解釈でありましょうか。

〔一九六〇年十一月発表〕

無対辞文化

一

「対辞」（Anti-thesis）とは、「相対する言辞」の意であるから、「無対辞」とは、反面に相対する言辞のない事を意味する。つまり「対立概念を持たない言葉」と解して下さってもよい。ところが一切の吾々の分別による判断は、「対辞」なくしては行われない。何故なら「知ること」はものを「分割」し「比較」し「取捨」する事に他ならないからである。例は枚挙にいとまがない。上下、左右、大小、東西、真偽、善悪、美醜、剛柔、取捨、寒暖、賢愚、自他、生死、その他無数の例が浮かんでくる。この事は、一切の分別は対辞を持ち、従って吾々の判断による言葉の凡てが相対性対立性を持つ事を意味してくる。人間が「知る」生物である限り、この相対概念、即ち二元の相から、離れる事は不可能だと云えるであろう。

　しかしこの相対する二元界に彷徨《さまよ》うが故に、実は一切の悲しみや、苦しみや、悩みや、迷いが現れてくるのである。何故なら対辞の世界は、矛盾とその反目との分野であって、その間にいつも争闘が現れて、平和を結ぶことが極めて困難になって了う。何故なら「知ること」は「分けること」であり、分ける事は互に「反すること」であり、また両者の中の一方を選び、一方を捨てることになる。「東西の陣営」とか「上下の階級」等いう言葉は、既にその間の争いを示して了う。ここで憎愛取捨の別が行われて、互に相争うに至らざるを得なくなる。「黒白を争う」とか「是非を正す」等とも申しますが、何れも対辞の世界での言葉で、自他の区別の如きは、その典型的なものと云えよう。かくして相互に矛盾する対辞の世界では、平和や調和は望み難くなって了う。この世に見られる断えざる争闘の連続は、実にこの相剋する対辞の生活に、深く由来しているのである。この事を想うと、何とかかかる対立相剋の生活から、離脱し得ないかが当然に、切実な心の問題となろう。

実に、かかる希願への解答を与えようとするのが、東洋の宗教思想の一般的特色なのである。

二

誰も知る通り、西洋文化の一大特長は、その論理性にあると云われる。実にこの故にこそ、科学が西洋において異常な発展を遂げるに至ったのである。実に近世の目ざましい機械文化の進展も、要するに論理的知性の賜物だと云う事が出来る。

しかし論理性とは何を意味するのか。論理学の法則がよく示す通り、先ず矛盾する二つの内容を仮定してかかり、その間に見られる必然の法則を考究する学問が論理学なのである。つまり「甲が甲だ」という事は、「甲が非甲ではない」という事になり、このことはまた一切が「甲か或いは非甲か」の何れかだと考え、その中間は存在しないと主張されるのである。これが論理学で云ういわゆる「同一律」、「矛盾律」、「排中律」の三大法則なのである。それ故一切の判断は、「甲か非甲かの対辞」を予想して、その取捨に及び、終りに是か非かの断定で結ばれるのである。これがいわゆる「結論」であって、答えがいつも「真」か「偽」か、「肯定」か「否定」かの何れかで示されるのは、そこがいつも対辞圏内に在るからである。

この事から一つ特に注意されてよい性質を知る事が出来る。論理的に得られる一切の結論は、明瞭でまた正確であるとしても、それが畢竟対辞としての性質を一歩も出ていない事が分ってくる。つまり論理的判断は、それが如何なるものであるにせよ、永久に二元的相対的対立に始終して了うのである。

しかしこんな相剋の世界に、心の平安は得られるであろうか。この難問に答えようとするのが、東洋の宗教思想の一般的特色なのである。それ故東洋的考え方が、しばしば論理的理解を超えて、時には非常識とさえ思われがちになるのも止むを得ない。東洋では「知性」よりも「直観」が主な働きとなっているのも、そのためなのである。一見して非常識だと思われる考え方の最もよい一例は「金剛経」に見出される論法であろう。「甲は甲ではない、これを甲と名づける」というのである。こんな論法は、正に一般論理への破壊だとさえ受け取られるであろう。アリストテレスの論理学には、全く当てはまらないからである。しかし東洋の宗教的表詮には、如何にも不条理に見える、かかる矛盾した言句が、夥しく現れてくる。「煩悩即菩提」とか、「娑婆即寂光」とか、「持犯不二」、「善悪不二」、「生死不二」等々。また東洋の思想に否定語が如何に多いかは、誰も知る通りであるが、それは要するに対辞の二を超えようとする要請に由来するのである。「不来不去」、「不増不滅」、「不一不異」、「不生不滅」というが如き、皆かかる否定語の好個の例だと云ってよい。

それ故かかる真理への理解は、知識だけでは近づけないのであって、ここで直観がどうしても必然に要請されて来るのである。とかく東洋人が非論理的生活をするのも、何かにつけて対辞の分野を去ろうとする気質の現れだとも云える。それ故東洋で、どうして科学の発達が遅れたかも、東洋人の持つ非論理性に淵源しているのだと云えるであろう。

もとより論理性の美点は、その明確性にあるが、同時に決定的であるためにその考えに融通性が乏しいのである。これに対し非論理性の欠点は、どこか曖昧で不確実不明瞭な点であるが、美点は逆にその融通性にあるとも云える。

今東洋思想の非論理的性格について述べたが、実にそれが持つ融通性こそはその特色であって、「無碍」なる言葉こそは、東洋的理念を如実に示している妙語であると云えるであろう。この句に、早くも対辞からの離脱が現れているからである。

昔道元禅師が、支那から帰朝された時、或る人が「何をかの地で学んでこられたか」と尋ねると、禅師は「柔軟心」を学んで来たと答えられた、実にこの「柔軟心」が「無碍心」の謂なのである。

三

ここで私は色々の言葉や考え方を介して、この東洋的無碍の思想に就いて語ってゆきたい。

勝負（または勝敗）なる対辞は、常に人々の口に上る言葉の例であるが、東洋の考え方を注意してみると、勝つとか負けるとかの二元相剋の束縛から、脱け切ろうとする願いを込めた表現が中々に多い。例えば「柳に風」とか「暖簾に腕押し」とか、「急がば廻れ」とか、「負けるが勝ち」とかいう里諺は、平凡に見えていて、中々の妙味が含まれているのを感じる。柳はか弱い風情であるが、風のまにまに逆らわないので、強い風すらもこれを容易に折ることが出来ない。これに反し、大きな太い松の幹や根は、如何にも逞しく見えはするが、風に逆らうため、しばしば折られたり倒されたりして了う。つまり柳は強弱の箍《タガ》を外し、松は勝負に出ようとする。後者を西洋的と云えば、前者を東洋的とも云えるであろう。「暖簾に腕押し」という言葉も、勝負の世界をかわして、無勝負の世界に出る事である。ここにこの句の妙味が潜むのである。勝とうとすれば負けることもあろう。ところが一旦勝負の箍を外して了うと、勝ちもなくまた負けもない境地に入って了う。こういう無対辞の境地にこそ、東洋人は深くその心を惹かれて来たのである。前述の「柔軟心」も「無対辞心」に外ならないと云えよう。

過日私は漢法薬の効能書を読んでいたら、如何に近代の化学薬の効能書と異なるかに驚かされた。後者は「効く効く」とばかり述べてあるが、前者には「効くとか効かぬとかいう事はない」と記してあった。ここが如何にも東洋風な考え方で、大変に私の心を惹いた。

さて、一切の論理的判断は対辞に始終するが、無対辞の境地の妙趣を見つめた仏者達は、遂に対辞を持たない幾つかの宗教語を創り出した。しばしば仏典に現われる「如」の一語は、かかる「無対辞」の言葉の好例だと云ってよい。つまり「如」には対立する言葉がないのである。またかかる意味でこの一字が用いられているのである。また仏者は好んで「即」の一字を用いるが、これは二にしてしかも一を示す言葉だと解してよい。則ち「即」で一切の対辞を、無対辞に置き更えて了うのである。また好まれた東洋の宗教理念の一つに「中」の一字があるが、長く中観論として発展し中道の意がよく説かれた。「頓悟要門論」にも「中道」について「中間なくまた二辺なき即ち中道なり」とある。「中庸」の著者子思に依ると、「中」は「未発」の意だと云う。この「未」の一字もまた、無対辞の境を示唆しようとして現れた一語だと解してよい。つまり対辞の二が未だ発しない境地を指すのである。仏者が「即」の一字を、特に好んだことを述べたが、その真意を更に「不即不離」なる一句で示そうとさえしたのである。ここにこそ、最もよく「即」の真意が見られるのであって、こんな表詮は西洋にはほとんど見られないであろう。また「円融」とか、「円相」とか、更にまた「円宗」とか云って「円」の一字を重く見て来たのも、この円相に二極が相即する相を見守っているからである。つまり「円」に無対辞の境を見つめているのである。

昔一禅者が、地上に一円相を描いて、弟子に云うには、「入るも打ち、入らざるもまた打たん」と迫ったというが、不入不出の円相に無対辞の境を説いたのだと見てもよかろう。「水は方円に従う」等という句もあるが、水がどんな形のものにも順応するので、一定の形に固定されない自由さの深みを示唆する言葉として受け取ると、この平凡な譬えも、甚だ妙味のある句なのを感じる。つまり水の形には対立するものがないのである。即ち「融通無碍な無対立」の中にいるのが、水の本性なのである。こうなると、争う何ものも周囲に無くなるではないか。だから無対辞性こそ、水の本性だと云えてくるのである。

四

誰も知る通り、西洋の心の故郷とも云うべきキリスト教は、いつも「愛」を説いて止まない。これに甚だ近い仏教の言葉は「慈」であるが、キリスト教の「愛」と、仏教でいう「慈」とは互に極めて似ていて、しかも大いに似ないものがあるのである。どこが違うのであろうか。

誰も気附くであろうが、キリスト教でいう神は「愛の神」ではあるが、同時に「審く神」でもあるのである。その最も著しい表現は、誰も知るローマのバチカンにある有名なシスティン会堂内の大壁画に見られる。そのミケランジェロの描いた「最後の審判」の光景を見仰ぐと、よく「審き手」の考えが示されているのを感じる。そこでは「審判者」としてのイエスが、手を高く掲げて、邪《よこしま》な者、偽れる者、悪しき者を、将に奈落の底に落とそうとしているのである。見ると、すさまじい力のイエスをさえ感じるのである。

キリスト教の一般の教義では、罪深い極悪の者は、永劫の罰を受けて地獄に落ちると、再び天国には戻れないのである。つまり審判によって、永久の刑罰が決定されて了うのである。

この怖ろしい地獄相は、キリスト教でも仏教でも、共に沢山描かれていて、類似する描写は数々あるが、ただ一点だけ根本的に違うところが見られる。仏教では罪ある者が地獄に落ちるのは、受けねばならぬ当然の苛責ではあるが、決して永久の刑罰ではないのである。その証拠には、いつも地獄に落ちた者共を、迎えに来る地蔵菩薩を添える事を忘れていない。それ故、仏は決して「審判者」ではないのである。あの恐ろしい容貌をしている閻魔大王といえども、決して「刑罰者」ではなく、単に罪の重さの「計量者」に過ぎない。大王の傍らにある鏡や秤はよくその事を語ってくれる。それ故「地獄に永劫に落とせ」等とは獄吏に言い附けてはいない。時が充ちれば極楽浄土へ迎えるために、しばらくの間地獄行きを命じているに過ぎないのである。それ故慈しみの菩薩たる地蔵尊を迎えによこす事を、決して忘れてはいないのである。

それ故「愛」と「慈」とには、互に近似した性質はあるが、大いに異る一点が見られる。それは「愛」は対辞として「憎」を持つが、「慈」は畢竟「無対辞」の一語たる事が分る。つまり「慈」は一切のものを迎えて（善者悪者の別もなく）受け容れて離さぬ究竟愛なのである。それ故「慈」の反面には「憎」や「嫌」はないのである。或る人は「慈」即ち「いつくしみ」には「にくしみ」の対辞があると云うかもしれぬが、そうではなく、迎え摂る者に決して上下や、遠近や親疎の別を立ててはいないのが如来の心なのである。一切の者を洩れなく摂取するのが「慈」としての仏の悲願なのである。それ故仏を「大悲」とも云い、彼の悲願を「大願」とも「本願」とも云うのである。対辞を持つなら、もともと「慈悲」とは云えない。ここに「愛」と「慈」との本質的違いが見られる。「慈」には「審き」の質がないのである。

仏法では如何なる意味で「如」とか「如々」とか「如語者」とか、かくも「如」の一字を大切に用いるのであろうか。「如」はこれを易しく云えば「そのまま」の義なのである。「そのまま」とは、何ものも未だ二つに分れていない「もとのまま」の姿を示唆する言葉だと解してよい。それ故「如」の相には如何なる対辞も現れてこない。否、何の相すらないので、これを「無相」とか、「無相の相」とか云うのである。「慈」を吾々はかかる「無相の相」で受け取らねばいけない。ところが「愛」は対辞を持つ限り「有相の相」なのである。

仏法は要するに「不二の法門」だと云うが、「不二」とは畢竟「無対辞」の世界を示すに外ならないのである。「不二」を「一」と云ってもよいが、「一」にはなおかつ「二」とか「多」とかの対辞があるので、一切の二元に終らぬものを示唆しようとして、仮りにこれを否定的に「不二」（「二」ならず）と云ったのである。それ故にこそ、仏法は「不二の法門」だと云われる。否、一切の真実な東洋思想には、どこかに「不二」への理念が潜んでいると云えよう。「無対辞」界への要請が著しいからである。

五

仏者の修行とは何なのであろうか。詮ずるに、一切の行いを「無対辞」の境に活かす事に外ならないのである。私は他の個所でもしばしば引用したが、「本来東西無く、何処に南北有らんや」の句が、凡ての順礼者の菅笠に記してあるが、ここにも無対辞への要請が明らかに見られるのである。特に仏教では「東西」とか「南北」とか、「自他」とか「生死」とかいう様々な対辞は、その一切が人間の妄想に過ぎない事を説いて止まない。つまりかかる対立的二元観は、畢竟人為的なものに過ぎない事を指摘しているのである。禅句に「下山の路はこれ上山の路」とあるが、上下の対辞の如きは自己の立場への執着から起る妄想に過ぎないではないか。元来ものに上下等はなく、本来的なものは、常に「未分」であり、「不二」であり、「不生」であり、「如」なのを説くのが、仏法の特色なのである。

そうして一切の人間の苦悩や不安は、この人為的な対辞妄想に由来する事を、明らかにしようとするのである。対辞の二元界に彷徨《さまよ》う限りは、人間は遂に不安から離脱する事が出来ない。それ故「無対辞」、即ち「不二」の門に入る事のみが「安心」を与えてくれるのである。しかしこの事は決して「二」を排斥して「不二」が得られるのだと説くのではなく、また「二」の外に「不二」があると云うのでもなく、「二」に在って「二」に煩わされない心境においてこそ、真の「安心」に入れるのだという事を教えているのである。それ故単に対辞界を拒否するのではなく、一旦無対辞界に入って対辞を包もうとするのである。妄想に在って妄想に縛られない心境のみが、真の「安心」を約束することを教える。「煩悩即菩提」というが、菩提は何も煩悩の排除にあるのではない。親鸞上人が「煩悩を断ぜずして涅槃を証す」と云われた点にこそ、真の無対辞、即ち「不二」本来の面目が活かされているのである。ここで私は抽象的な叙述を去って、もっと具体的な実例で、無対辞の活きた姿を描き出してゆきたい。それには宗教的な人達の信心生活から、その活きた例を引くに如くはあるまい。

六

よく人口に膾炙された話であるが、良寛はかつて盗人に入られて、一物もなくなった時、ふと窓外に月を眺めて「盗人の取り残したる窓の月」と歌ったという。また貧乏して薪木もなくなった時、「焚く程は風のもてくる落葉哉」と詠んだというが、何れも不幸を即座に幸福に切り替える心境が示されているのである。それ故彼は幸不幸の対辞に縛られる生活からは脱していたのである。かかる悟入の人にとっては、どんな対辞もおのずから消え去って了うのである。

昔越中の五ヶ山の赤尾に、道宗という信徒がいて、かつて草刈りをしている時、他人から急に足蹴りされたが、一向にかまわずなおも草を刈りつづけた。そこでその人は再び道宗を後ろから足で蹴飛ばしたので、道宗はのめって倒れた。ところが道宗はなおも黙っていたという。如何にもその態度が不思議なので、その人が「お前はなぜ怒らぬのか」と尋ねた。その時道宗は「いやお礼をこそ申し上げたいのです。この悪い私が足蹴りされれば、それだけ私の罪の重荷が減りますので、有難いのであります」と答えた。つまり怒るはずの心を、即座に怒りのない感謝の世界に静める道を彼は体得していたのである。

妙好人因幡の源左が草刈りをしていた時、蜂に刺された。源左は「おお、お前にも人を刺す針があったのか、ようこそ、ようこそ」と云って法味を味わったという。こうなると痛みさえも即座に法悦に変って了う。「ようこそ」とふつつかな自分を省みての感謝の表現なのである。

こういう話は、妙好人伝を読むと枚挙にいとまがない程に沢山現れてくる。『吉兵衛言行録』に次の様な話が載せられてある。かつて彼が或る人から侮辱された時、少しも腹を立てないので、居合せた友人が不思議に思って、その故を尋ねると、彼が云うには「いやいや、私も凡夫だから腹は立つのだが、根を切ってあるので、実らないのだ」と答えたという。どんな根を切ってあるのであろうか。私に云わせると、「対辞の根」が切られているのである。かくして無対辞の心境にいる故、立つ腹がなくなってくるのである。前にも記したが、暖簾が風を受け流す様なもので、何ものも彼を怒らせる事が出来ないのである。つまり「勝負」とか、「憎愛」とか、「黒白」とかいう、もろもろの対辞が消え去る世界で暮らしているのが、妙好人の「安心の生活」だと云える。

三州田原にお園と呼ぶ老婆があったが、稀有の妙好人であった。彼女は行住座臥を称名で暮らしていたが、一日歩きながらいつもの如く念仏を称えていると、行きずりに会った村人が、「ああまたお園さんの空念仏《から》か」と嘲って通り過ぎたが、これを耳にしたお園は、その人の後を追った。村人はお園が怒りに来たのかと思うと、彼女が云うには、「空念仏とは誠に有難いお言葉で、御礼こそ申し上げたい」と述べた。その意味は「もし私の念仏が功《てがら》になって助かるならば、どう致しましょう。まるまるのお助けの後の空念仏とは、よくもお教え下さった。どこに善知識がおられるか知れないものだ」との心で、大変村人に感謝したという。ここでは嘲りがそのまま、尊い教えに置き替えられているのである。つまりここに念仏行を徹して、無対辞の心境に活き得たお園の姿があったのである。

七

凡てのこれ等の妙好人達の暮らし方や言葉は、如何にも彼等が「無対辞」の心境に活きて、よく安心を得ているかを、語ってくれる。実は宗教的生活とは、凡てかかる無対辞の境地に入る事ではないであろうか。他にも述べた通り、「無対辞」を「不二」の言葉に言い換えると、宗教とは、要するに「不二の法門」以外のものではなくなってくる。それにこの法門に参ずれば、一切の矛盾が矛盾のままで調和を示して了う。だから「娑婆が寂光に即し」「煩悩がそのままで菩提に即する」のである。それ故一見矛盾して見えるかかる非合理的な言葉をも素直に受け取れるに至るであろう。

しかしこういう境地は、何も宗教の事のみではなく、恐らく一切の芸術的作品も、それが無上に美しい場合は、無対辞的な要素のあるものと云ってよくはないか。即ち最も美しい作は、醜に対する美というより、美醜の対辞を超えたものと見做してよいであろう。美しいものほど「美醜未生」の境地に根ざしていると解して、大過はあるまい。大体芸術の歴史を見ると、時代が溯るほど、美しさが増すのを通則とするが、何が然《し》かさせているのであろうか。私の考えでは美醜の対立が昔に溯るほど静かになる故だと思う。この事は、最も古い様相を伝える原始作品の事情を考えると、その消息がよく分る様に思える。つまり原始の時代では、美と醜との対峙がほとんどないのである。ただあるがままに、そのままで、ただ作られたと云ってよい。禅僧は好んで「只《し》麼《も》」という言葉を用いたが、只麼に在る事は、即ち「如」に在る事であって、無対辞の境に在る事を意味する。原始作品の美は、かくして「只麼に作られた」その事から発しているのである。ここで「只麼」は「不二に居る」ことで、対辞の境からの全き離脱を意味してくる。それ故宗教のみならず、無対辞こそは一切の優れた芸術の原理でさえもあるのである。長らく「渋さ」は美の理念となったが、この言葉の面白さは反面に対辞をもたない事なのである。「派手」が対辞だと云う人もあろうが、その対辞は「じみ」であって「渋さ」ではない。ここに渋さの深さがあると云えよう。

それで大体として東洋の文化は、無対辞の境地を求める伝統的性質に培われているが、この無対辞の理念こそは、一切の文化の基礎であってこそよくはないか。この理念こそは凡ての文化を、究極の方向へと導くものではないであろうか。

八

私はさきに西洋の文化が、極めて論理的で、是か非かの明確な対辞に根ざすものであり、そこからその科学の発展が現れている事を述べたが、西洋にもかつては「無対辞」を理念とした時代の閃きが、少なくとも一度はあった事を注意しておきたい。それは中世紀のキリスト教文化に示されている宗教的体験と思索とであって、そこから極めて興味深い幾つかの言葉を拾う事が出来る。その多くはいわゆる「神秘思想」から発しているものであって、この事はキリスト教は中世紀の「神秘思想」において、甚しく東洋思想、特に大乗仏教の思想に近づいていた事を示してくれる。例えば師エックハルト Meister Eckhart の書き遺したものを見ると、「無」とか「空」“Nichts” の言葉が時折出てくる。彼はその故もあろう。異端者としてカトリック界から永久に追放されはしたが、彼こそは天才的宗教思索者であったと思えてならない。彼のいた時代の前後に、否更に古くからある一連の宗教的神秘思想家の言葉を顧ると、無対辞の理念を示す、幾つかの驚くべき内容を持つ言葉に逢えるのである。

先ず有名なプロティーヌス Plotinus の遺著「エニアード」の最後が「独一から独一への飛躍」“Flight of the Alone to the Alone” という様な表現で結ばれているが、ここには一切の対辞が絶えているのが見られる。また五、六世紀頃の人と云われる偽ディオニシウス・アレオパジテ “Pseude Dionysius Areopagite” の本を読むと「赫々たる暗黒」“Illuminated Darkness” なる句が見える。つまり相反する対辞が相即する言葉なのである。また例の「十字の聖ヨハネ」“St. John of the Cross” の言葉には「日に輝く夜」、“Sunny Night” なる句が現われてくる。ここでも日と夜とが一つとなって何れも無対辞の境を見つめての深い言葉だと云える。しかし中世紀以後、この無対辞の表詮は余り現れていないが、既に古く聖書にもその閃きはある。

かつてイエスがベタニヤの里にマルタとマリアの姉妹を訪れた時、マリアは黙して何も働かないので、働くマルタがこれを詰ると、イエスは「なくてならぬ一つのものを、マリアは持っている」と云われたという。このマリアの沈黙こそは「饒舌なる沈黙」“Eloquent Silence” と呼ばれたり、「多忙なる休息」“Busy Rest” と云われるものであって、イエスはやはり対辞を超えた心境の深さを、見ていたのだと解してよくはないか。そうして沈黙の深さは、矛盾する二つのものを、直ちに即さしめているのである。「維摩経」を読むとその「不二法門品」に「維摩の沈黙」の話が出て来て、古来甚だ有名であるが、それが「雷の如き沈黙」と評されてきたのも、その「黙」が無対辞の黙を示すからである。

九

かく一旦眼を東洋に移すと、無対辞の深みを示す句は、その美を競うほどに数多く現われてくる。有名な禅宗の第三祖、僧璨の著「信心銘」を読むと、そのほとんど一切の句が矛盾する対辞からの離脱を説いている事が分る。試みにその幾つかの例を挙げてみよう。

但し憎愛莫《な》ければ、洞然として明白なり。
現前を得んと欲せば、順逆を存する莫《なか》れ。
良《まこと》に取捨に由る、所以《ゆえ》に不如なり。
唯両辺に滞らば、寧《いずく》んぞ一種を知らん。
二見に住せず、慎んで追尋する莫れ。
纔《わず》かに是非あれば、紛然《ふんぜん》として心を失う。
一心生ぜざれば、万法咎め無し
迷えば寂乱を生じ、悟れば好悪なし
得失是非を、一時に放却せよ
真如法界、他なく自なし
在と不在と無く、十方目前なり。

ここで「両辺」とか「二見」とか云っているのは、対辞の二辺を指しているのである。
何も「信心銘」のみならず、禅句を見れば随処に二見への考え方が見られる。

「理上に疎親を絶し、法中に彼此無し。」
「坐底に立底を見、立底に坐底を見る。」
「両頭共に坐断して、八面清風を起す。」

これ等の禅句は如何に禅者が対辞の両頭を超えようと志していたかを告げてくれる。

詮ずるに禅の修行は無対辞即ち「不住二見」の体得に外ならないのである。それ故真の宗教家とは、謂わば「不二人」と呼んでよかろう。仏教は安心《あんじん》（心の安らかさ）を説いて止まない。「不二の人」となってこそ、初めてこの「安心の人」となれるのである。かくして不二に在ることが、「不退転の信」を得、この信を得ることが、「安心」を得る所以なのである。

私は仮りに、その「安心」を「無対辞心」と呼びたいのである。この「無対辞心」の体得が東洋思想の帰趨なのである。

「天衣無縫」という句があるが、縫い目のない衣こそ、天衣即ち不二衣なのである。こんな妙句は西洋には中々見られない様に思える。

十

それ故先にも述べた通り、大まかにこれを通覧すると、西欧の文化は「知識の文化」即ち「対辞の文化」、東洋のは「無対辞の文化」即ち「直観の文化」と考えても大過はあるまい。またこれが何故西洋が科学の西洋であり、東洋が非科学的で非合理的な東洋であったかの所以でもあろう。しかし将来は両洋が互に即して、東西の対峙から相即の文化へと熟する事に、人類の帰趨を見出すべきであろう。南北や東西が相対している限りは、不幸は引き続き起るに違いない。しかしこの事は、東西の特質を互に抹殺する意味ではなく、東は「東であって東でなく」、西は「西であって西でない」ものに活きる意味でなければならない。その時にこそ、全き東西の相即が実現されるであろう。ここで先に引用した巡礼者の標語ともいうべき四行の偈を、各々の国と各々の人とが体得すべきなのである。「本来東西の別があるわけではなく、何処にも南北などはないのである。それ故迷ってお互に隔てを作るのを止めて、悟って互に融け合う所がなければならない。」そうこの偈は教えているのである。

人類はこの時にこそ、初めて「自在人」としての生活を、お互に完うし得るであろう。「自由、自由」と近代人は叫ぶが、真の自由は要するに無対辞においてこそ、初めてその全き具現を得るのである。それ故自由主義に囚われたら、新しい不自由を嘗めるに過ぎまい。禅語に「随所作主」という句があるが、言葉を替えれば、「随所作無対辞」の意に外ならないのである。

中世紀の一聖者が、神を定義して「至る所に中心を持つが、何所にも周辺がない」と考えたのは、深い内容があると信じる。要するに神は無対辞の当体に他ならないのである。

かく考えると、神を「創造者」としたり、「審判者」と考えたりするのは、神の内容を対辞に縛る事になろう。仏教はそれ故に、決して造物主としての仏を説いた事がなく、また審き手としての仏を説いた事もなく、また憎の対辞としての愛をも説いた事がない。つまり一切の対辞を絶する仏、即ち一切の衆生を摂取し、引摂して止まない「慈」としての仏を説いて止まないのである。慈は前述の如く、無対辞の言葉の一つなのである。そうしてかかる無対辞の境を現下に、また即今に体得する事こそ、一切の仏法の帰趣だと云える。それで仏法は長い歴史の間に、幾多の宗派に分れはしたが、どんな宗派も「不二」を理念としないものはないのである。そうしてこの不二を別の言葉で示すものが「無対辞」なのである。つまり「対辞の二がない」ことが「不二」の意に外ならないのである。ここに心の安住の場を見出す事が、仏徒の希願なのである。それ故「無対辞文化」の具現こそは、凡ての人間の悲願であると信じるのが、仏徒の信念だと云ってよい。

十一

ヘーゲルの有名な論理に「弁証法」Dialecticsがあって、社会の一切の現象は、いわゆる「正」Thesis「反」Antithesis「合」Syn-thesisの三段階を重ねて、常に新しく進展すると云うが、この論理の著しい特質は、畢竟「正と反」との終りない反復であって、結局は対辞の世界を出ない点で、その故にこの論理では対立が終りなく続くに過ぎない。

「合」は綜合で、如何にも対辞を解消させるようにも見えるが、それは畢竟は新たな「正」であって常にこれに対する「反」を招くに過ぎず、結局はヘーゲルの「合」は、仏教の「即」とは全く違って、両も対辞性を出る事が出来ない。これは本来その二元性に立つ論理から導かれる当然の結果であって、如何に無対辞即ち「不二」の深さを見つめる東洋の見方と、本質的に違うかが分るではないか。

好んでヘーゲルの弁証法に立つ共産主義が、どうして至る所で争闘を起すかは、対辞を出ない考えの当然な結果だと云えるであろう。しかし平和は決して対辞界には実現される事はあるまい。かくて弁証法は最も深い「平和への論理」ではなく、無対辞の文化においてのみ、平和は確約されるのである。

ここで如何に「如」とか「即」とかまた「中」や「円」の如き東洋思想が、深いものだかを感ぜざるを得ないのである。一切の対辞を解消させる、それ等の理念にこそ「平和」が実るのを、いつ人類は了得するのであろうか。これと同じく「自由」もまた無対辞の場を離れては有り得ないのである。

十二

終りに一挿話を添えて、この一文を結ぶ事としよう。過日私は禅籍に左の問答を見出して感を深めたが、それは大隋真禅師と一門弟との間に交された左の問答であった。

或る日弟子が寺を去ろうとするので、禅師が、
「お前はどこに行くのか」と尋ねた。弟子は、
「私は西山に在る家に帰ります」と答えた。
禅師は重ねて、
「俺はお前を東山に招きたいが、来られるか」と尋ねた。その時弟子が、
「上れません」と云うと、禅師はその答えに直ちに断案を下した。
「それでは、お前の住家は未だ決まってはいないではないか」と。

誠に味わいの尽きない禅問答ではないか。弟子は未だ東に対する西という様な、対辞の境を住所としているのである。ところが禅師はそんな住所は、安住の場ではないのを訓そうとするのである。東西の対辞が無対辞の境に高まらないと、安らかな住家は得られまい。安心の中には東西の対立があるべきではあるまい。

もっともこの様な説明に禅の心を説けば、再び是非の二に逆戻りする恐れがあろう。人間は言葉の業《ごう》の故に、果しもなく無益などうどう廻りをする。いつ対辞の業から離れ得るのであろうか。私もこの辺で、筆を擱くべき時が来たように思う。（於病室）

〔一九六一年四月発表〕

本来清浄

「本来清浄」という言葉が経文にあるが誤解されやすい。それは、醜くなく清いという意味ではなく、「不垢不浄」の意なのである。浄濁の分別を入れる余地のないものである。それが本性であって、ただ垢のついていない清さの事ではない。だから清める要もなく、また垢つく怖れもない。「本来無一物何処にか塵埃を惹かんや」と云われる所以である。浄穢美醜の葛藤が起れば、本来清浄の面目は曇る。無明のために起る悲劇である。故にかかる差別は人為に過ぎない。「本来無一物」だから浄穢の二はない。丁度嬰児は本来清浄のままである。然るになまじ知慧分別を教わると、濁った行いがすぐ現われる。何より自他の別が、濁りを起す原因であろう。何かの事情でもとの清さを犯されることの少ない人は、一生純朴無邪気さの故に、人々から敬愛を受ける。かかる人の特色は、ほとんど「自我」を前に出す事がないので、人からだまされやすいが、別に怨みもせぬ。無心とは、ただ無意識という事ではない。心によって有無の波乱を起さぬことをいう。つまり執心することのないのを無心という。執着は有心である。無心は凡ゆる執心から自由になっている心のことである。故に無心は自在であり無碍である。これを無住心とも云う。無心と無住心とは同じ意である。

只麼《しも》という言葉は日本では今めったに使わぬが、禅録でも読めばしばしば現われてくる。そうしてこの言葉の中に重い内容をふくませてある。只麼は易しく云えば「ただ」という事だが、ただとは、人為的二元を加えぬ、うぶな様を指すのである。例えば、ただ見るとは、見る自分と、見られるものと一つになる事で、その間に何ものをも挿入しない事である。色眼鏡を用いたり、物指しを出したりして計れば、もうただ見るのではなくなる。ただ見るのは、目的も手段もなく、真裸で、ただ空手で受け取る事である。妙好人源左が死ぬ時、友達から安心して死ぬ道を問われた時、簡単に「ただ死ねばよいのだ」と答えたという。ものを作るにも、ただ作る事が肝心である。この場合、ただは決して無方針に、という事ではない。無方針なら、一方針で、ただではない。ただは心を空しくして、何の工作も加えずに作る事で、謂わば心が自由に入る事である。何の執着もない事である。坦々たる心で作る意である。「莫造作」と臨済が戒めるのは、ただの境地に帰れとの事である。仏法で云う「如」はそのままの意で、何にも障げられていない只麼の様を指すのである。物を見るのにも、「ただ見る」事が肝心である。うぶの心で見る事、物をうぶのままで受け取る事、自分の智慧などに引き入れて見ぬ事、自分と物とを二つに分けず、物に即して見る事、これを今様には直観を働かすと云う。直ちに見る事は、ただ見る事である。自分が主で審いてはいけない。物を被告にしてはいけない。審けば、自分と物との間に間隔を作る事になる。物が自らに入り、自分を物の中に没入させねばならぬ。見る眼と、見られる物とが一つに交わらねばならぬ。

　行いもただ行う時最も純である。功徳など予期してはいけない。恩などをきせてはいけぬ。行いはただの働きでなければならぬ。報いを求めては、ただの行いではなくなる。只麼に行うところがなければならぬ。ただとは、無の立場に帰ることと云ってもよい。否、立場なき立場に入る事である。或る立場を立てるなら、ただではない。主義主張等に縛られてはいけない。主義だとすぐ不自由の身に落ちる。ただとは素直な様に在る事と説明してもよい。この意味で「信」と近い。信とはただ受け取る事、純に受け入れる事である。ただには迷いはない。疑いはない。躇いはない。迷いは判《さば》くからで、自分を立てる事であって、ただではない。母の愛は地上における最も純な愛である。何故純か。ただ愛するからである。我を忘れて愛するからである。酬いなど求めて愛するのではない。また愛を求められて、始めて愛するのでもない。

母ヨトナ　声ヲ待タジナ　汝ガ母ハ

仏の慈悲とはこのただの愛の究竟なるものを意味する。我を棄てた無上の愛である。これが菩薩心である。他を救わんとする、衆生に安らいを贈ろうとする心の祈りである。故にこれを悲願と云う。悲はいつくしみであり、愛である。故に慈悲ともいう。済度の念は悲願ともいう。仏が大悲たる所以である。悲母観世音とは、よろずの世音に耳を傾ける母の愛を語る意味である。「悲しむ者は幸いなり」と聖書も云うが、それは悲しむ者を悲しむ者がいる事を告げるのである。「慰めらるべければなり」と言葉を添えてあるが、悲しみは神（仏）の慰めの中での悲しみを意味するからである。慰めを与えられぬ悲しみは許されておらぬ。悲しむから慰められるというより、慰められるから悲しむという方が、一層真実である。この真理を素直に受け取る事が「信」であり、この真理を悟ることが「覚」である。

ただの世界に二元はない。ただは不二を示すのである。「ただ見よ」とは、「不二で見よ」との事である。判かず分別せず、そのまま見る事である。ただ見、ただ行い、ただ信ぜよ、ただ受け取れ、これをおいて不二の妙境を見詰めることは出来ぬ。ただ見よとは、如において見る事である。如に徹する事である。如にのりうつる事である。故にこの境地を「真如」という。只麼の教えが宗教の教えであり、また仏法である所以である。

物を作る時、何かを狙ったり力んだりして作る間は二義的なものより出来ない。もっと坦々たる当り前の素直を心で作ることこそよい。仏教では、「無事にいよ」というが、これはとりも直さずただの心境に居れ、という事になる。ただ故、波風がない。それ故無難とも云う。これが平常心なのである。尋常であり、平穏であって、憎愛がない。例えば数多く同じものを作る場合、遂には技を忘れ、自らを忘れ、物をすら忘れるに至るであろう。ここでおのずから、ただ作る心境におちつく。数ものにしばしば大した美しさがあり、美しさが数多く作る事で生まれる。その不思議さが、これでその謎を解こう。

数もの安ものの、おのずからの功徳とでも云おうか。ここでは別に力んだり、狙ったりする騒がしさが消える。元来はただの飯盌《わん》や汁盌に過ぎなかった「井戸茶盌」が、何故無上の美をもつ茶盌として今日の賞讃を博しているか。それはただの境地で作られるものだからである。坦々として屈托なく、出来たものだからである。だから人間の罪がなく、誤りがない。これに比べると、味を狙い、美を追った「楽」は人間の罪業にまつわる。「井戸」に比べてその美しさが見劣りする所以である。何かに執心が残れば、直ちにそれだけ瀆《けが》れる。だから執心は誤りに導く。「ただ作れ」とは、罪にそまぬ境地に入ることである。もっともただという事が、一つの観念にでもなれば、ただでなくなる。禅で固定した「只麼禅」を警戒する所以である。ただにも住まないことこそ、ただである。だから仏法では、無住心を讃え、無住所を説くのである。無住とは、詮ずるに執心から離れ、自由を得ることである。

　美しき物とは、かかる自由が形で示されたものを云う。自在を去って美しさはない。この自在に入れば、執する美もなく、怖れる醜さもなくなる。かかる心境が仏心である。「仏心とは無住心なり」と慧海の「頓悟入道要門論」に書いてある。金剛経には「応《まさ》に住する所なくして、しかしてその心を生ずべし」と記してある。ただにいて生ずるおのずからの心は円融無碍で滞るところがない。「転所実によく幽なり」と歌われる所以である。只麼に徹すればなすこと、云うこと、作ること凡て無謬になる。只麼の道は無謬の道である。

〔一九六二年七月発表〕

仏書の文字（未定稿）——和讃と御文

浄土の一門は知よりも意よりも、もっと情に訴える宗教である。そうしてこの称名三昧の宗旨が至り尽した時真宗が生まれた。こんなにも情に潤う教えはまたとあるまい。その生活は報恩と感情と情嘆との念いに暮れる。誠に他力の一路の帰趣がここに見られる。人間の情もここに至れば無上の深さに触れる。その一向専修は澄み通った情が生む働きだと云えるであろう。幾許かの知もあり意も加わろうが、情があっての他力門である。これを欠けば親鸞の教えは縁をもたないであろう。よし禅家にあり得ても一向の門徒には成り難いであろう。

古来情はまた芸術の基と云われる。知の哲学や意の道徳に対して、誰も情の芸術を想うであろう。各々はかくあるべき必然さに保障されているのである。だが不思議でならないことがある。どうあっても解せないことがある。それほど真宗が情の宗教であり、それほど芸術が情のものであるなら、真宗ほど芸術に結びつきやすいものはないはずである。云わば真宗芸術が、あふれるほど現れてなければならない。弥陀に対する讃仰や、浄土に対する恋慕や、宗祖や善知識に対する敬念やそれ等はあり余るほど漲るのである。どうしてそれが芸術に甦って来ないわけがあろうか。だが不思議なのである。仏教に多くの流れがあろうが、最も芸術と縁が薄いのは真宗である。（日蓮宗もまたそうであるのは誰も知っているであろう。その寺院始め誠に風韻をもたない）。だがどうして情の真宗が、真宗の美術をもち得ないのであろうか。多少の文学はあろう、だが目に見える造形の世界において、真宗が寄与したものはいたく薄い。

同じ念仏門でも浄土宗は明らかなものをもとう。古くは浄相において、その曼陀羅において見事な絵画を見せた。特に日本で恵心僧都が出づるに及んで、画題に大きな伝統をすら生んだ。なかんずく来迎の相に目を見はらせるほどの美しさを示した。あの雲に駕して右に観音、左に勢至を従えて降り来る弥陀の像《すがた》。更に二十有五の菩薩を具して、来り迎う無量寿仏、さてはあの山越の弥陀の如く、浮かぶが如き幻像、何れも極楽浄土を契う念仏宗の芸華である。だがそれ等のものは凡て浄土宗に現れて、真宗には現れて来ない。臨終来迎の思想をも乗り切ってそれを捨て去ったためであろうか。もはや浄土の幻像を外に見守る要がないためであろうか、汚れたる心のうちに既に正定聚を信じ切るためか、何れにしても真宗に及んで、真宗芸術の興隆を見ない。何かそぐわぬ心がしてならぬ。凡ての中心であった阿弥陀仏の御影にしても真宗に至って更に深まった徴を見ない。祖師の御像においても、絵画に彫刻に、これこそはと呼び得るものを見ない。その建築においてもまた同じである。真言・天台・禅などの諸宗に比べて、うたた落莫たる感があるではないか。情の真宗に何故この不思議があるのであろう。解きかねる沙汰ではないか。私は多くの信者にこのことを尋ねた。しかし誰からも明らかな答えはない。それが民衆の宗教であるから、民衆に何の芸術を期待し得ようと或る人は云う。だが答えらしい答えとは思えぬ。民衆の中からあれほど優れた妙好人の数々をかつて出し今も出しつつある真宗ではないか。民衆の手にあの驚くべき民芸があることを知れば民間の宗教から民間の芸術が生まれないわけがない。だが事実はないのである。何か根本の理由が潜んでいよう。しかし私は今もなおそれを摑むことが出来ない。

或る人は来迎の如きまざまざとした幻像を形ある姿にもたないからに因ると云う。しかしあれほど五劫思惟の無碍光仏を心に描くではないか。第十八願の弥陀が何よりも目前に輝いているではないか。あれほど祖師を慕い、蓮師を崇める門徒である。どうして安城の御影や鏡の御影だけより残らぬのであろうか。何れの寺院にもその壁に祖師像はかかる、しかし私はまだ眼福に酔うた折を持たない。堂内には祖師の彫像はむしろ飾らぬのを慣例とさえする。私はわずか一つのよき例外を五箇山称名寺の御像に見ただけである。だがそれでは余りにも淋し過ぎる、聖人は絵伝で伝えられてはいるが、わずか初期のものだけで、歴史は末に拡げられない。あの民衆に交る版画だとて見るべきものは余りにも少ない。どうして真宗は芸術を山ほども削り出さないのか、その力が果してないのであろうか、怪訝に思えてならぬ。出来ぬわけがない。だが時宗だとて同じである。あの歓喜光寺に伝わる一遍上人の絵伝は、見事なものであるが、それは時宗でなくば生まなかった絵とは云えぬ。それ以来何の伝統が続いたであろうか。親鸞も一遍も蓮如も、その遺文や行実や信仰には輝くが、その輝きを芸術に開かない。誠に解しかねる出来事と云えよう。

時代が降るからであろうか、それでも鎌倉である。多くの仏像や絵巻や仏画が、依然として輝いていた時期である。禅宗の如きむしろその頃に美との結縁を深めたではないか。心霊において深さの極みに達したと思える真宗の一門から、どうして美しきものが輝き出なかったのであろうか。吾々に与えられた難解な問題である。しかし私をしてわずか慰めしめる一事がある。それは真宗が、否真宗のみが遺してくれた造本の美である。それこそは全く他宗の追随を許さないのである。

秘境五箇山に就いてのとりどりの噂は私の心をいたく誘った。折を得て訪ねたいと願いをいつも心に宿した。そこは国境を越えればもう白川郷である。むしろ白川と五箇山とは一つであると云う方が早い。それ故あの合掌造りの大きな農家が群がっている所である。さしも名高い遠山家の建物は山中随一のものではあろうが、それにも比ぶべきものが、五箇山にもあると云う。それにかかる家が群をなす壮観は、むしろ五箇山でのみ見られるのである。かかる山村の暮らしはどんなにか平野の生活と異るであろう、従って持ち物とても他に見られぬものが数々あろう。そこは「麦屋節」とその踊りとの本場である。だがそれ等にもましてもう一つ私の心をそそったものがある。赤尾道宗の寺が今も残って、自筆の二十一ヶ条やその師蓮如上人の御文が幾多、今も道場に残っているからである。聞けば道は城端より更に八里も奥地に入る。細尾の大峠をも越えねばならず、深い庄川の渓谷も遡らねばならぬ。誰もすぐ行き得るようなところではない。まして今は交通の便が鈍く、それに食料の事情が悪い。私がこの旅に恵まれたのは全く高坂貫昭、石黒連州両師の厚誼による。また棟方が福光に仮寓していたことにもよる。昭和二十一年五月二十七日城端別院に迎えられて一夜をおくった。ここが五箇山に入る最後の町なのである。

しかし五箇山に就いては更に筆を改めるとしよう。道宗に就いては一篇を書き起こすとしよう。私はこの旅で想いがけなくも二つのものを見た。一つは無類の美しいものであり、一つは忘れ難いものなのである。共に真宗のものであるから、短くここに記そう。

書物の美しさに心を惹かれる私にとって、かねがね目を見はらせる仏書があった。凡ての古版はほとんど間違いなく美しいし、五山版の如きも出色のものと云わねばならぬ。しかしその凡ては多かれ少かれ支那に範を受けたのであって、大和風なものを充分に求めるわけにゆかぬ。五山版に既に仮名交りの「夢中問答」があり、つづいて「和泥合水集」が出たが、それ等はわずかな先駆者に過ぎない。堂々と辞体から紙から綴りから、形から、大和風な独自の美を、書物界に創り出したのは、実に真宗であって、ほとんど全く蓮如上人の功績である。上人は長命な僧であって、特に文明、明応の頃に活躍せられた。そして法灯を実如に伝え、証如に渡した時、写本に版本に御文章の出版を見た。誠に他の宗派に類例をもたない仏書である。

これに二つの種類がある。一つは三帖の和讃で一つは御文である。何れも特殊な書体をもち、また片仮名交りであると云うことに特色がある。仮名交りの刊本は、それ以前にも多少は見られるが、しかし真宗ほどこれを多く用いたものはなく、またその片仮名の体に独特な風を示した。

歴史は和讃の方が早く、蓮如上人が文明五年越州吉崎在住の頃、出版されたのを嚆矢とする。もとより写本はそれ以前にも見られるが、刊本としてはこれが最も早い（西紀一四三七年である）。御文章の刊本はややおくれ、天文六年頃と云われるが、それは証如上人の時である。もとよりその基礎をなしたものは実如上人の流布せられた写本であって、誠に見事なものである、ほとんど版本に近いまでに型をなした。云うまでもなく濫觴は宗祖の仮名交文に在ろう。民衆を相手とした志による。

さて真宗における刊本は蓮如開板の和讃に始まる。正信偈と合せ四帖となした。

奥書に、

「右斯三帖和讃並正信偈四帖一部者、末代為興隆板木開之者也而已

文明五年癸巳三月日　　蓮如（花押）」

三帖は浄土、高僧、正像末の三和讃であって、親鸞上人の選択である。漢文あり和文ありそれも散文あり、詩歌があるが、もとより七五調四行一句の和讃が主部を占める。

ただ古版本だと云うなら、更に古いものもあろう、だが次の四つの点で極めて独自な性格をもつのである。第一は字の大きさである。第二は片仮名を多く用いてある。第三には句と句との間隔をつけてある。第四はその字体である。第五は本の大きさである。字は刊本としては大きさが一般のより大きい。誰にも読み易からしめるためであろうか、この意向は更に多くの片仮名の使用によって明らかである。民衆に愛されるためにはそれが必要である。漢字には好んで仮名を施しまた左訓も少なからず加えてある。何れも民衆的な性質を帯びる。第三に句読点の代りに、句と句との間に一字ほど間隔をおいて、大衆に読み易からしめてある。いわゆる分別書法である。これも真宗系書籍において特に目立つ様式と云えよう。しかしそれ等のことよりも更に目にうつるのは特殊な字体であって、今日慣用されているものと、かなり大きな違いが見える。シ、セマ、レ、ル、メ、モ、ユの如きそうであるが、これは古い形式で、大体鎌倉から室町頃の片仮名に見られる。しかしそれよりも更に漢字の正画がかなり自由にくずされる、一種独特の文字を生んでいることである。その書体も、在来の経文などと決して同一ではない。字形の特殊なものほとんど各頁に見出せるが、試みに高僧和讃の初めの方を例にとれば、鸞、樹、尊、喜、地の如き、一見不思議な画と体とを創み出したものであろう。誠に他の仏書

に見かけないところである。続いてこの本は折紙本や巻子本ではなく粘葉綴である。もとよりこの様式は他にもしばしば用いられ、大きさも、古文学書などに見られるものであるが、仏書としては、用い易くやや小型であって、寸法縦一七、八センチメートル、横約一二センチメートルである。紙数は「正信偈」一六、「浄土」六八、「高僧」六五、「正像末」六九附奥附、文字は厚き和紙の両面に刷ってある。

〔一九六九年八月発表〕

『妙好人　物種吉兵衛語録』序

読者よ、物種吉兵衛というのは、たいした信者なのである。私は何度この妙好人の言行録を繰り返して読んだことか。ほとんどそらんじるまでに至った。多くの読者も大方私のように、思わず己を忘れて頁を繰るであろう。こんな人が吾々とそう遠くない時代にいたのかと思うと、不思議な感じさえする。

信じ切った人は自在である。人であって人を越える。だから濁りの世に在りながらも澄み切ったものがある。悟り得た者には、匿されている真理はない。この吉兵衛にかかると、どんな問いも、即刻にすばらしい答えで返ってくる。彼には開かない扉はない。或いはその仏智を鏡にも譬え得ようか。その前に出ると、何もかもはっきりと映って了う。吉兵衛の言葉はその折の閃きなのである。それ故一言か二言で足りて了う。それは真理の髄の髄に触れている。彼を越えたものの智慧が彼の中に輝くのである。

もとより他力宗の門徒であるが、こうなると、まるで禅録でも読むような想いを受ける。一語で既に万語が尽されていて、鋭くまた深い。時としては激しいまでの言葉でも、裏には懇切な情がこもっているのである。受け取る者は涙を以て受け取るであろう。彼の言行には尽きぬ公案がある。

究竟なものがしかと握られている信者には、もう心の動揺がない。たとい動揺があったとて、そのままで静謐なのである。こうなると、如何なる苦しみが迫ろうと、心は無碍である。だから生死の中に在ってなおかつ生死を乗り越えて了う。「安心」の人の尊さを、信者吉兵衛で、しみじみと味わわされる。私共にとって、こんな優れた善知識はない。

だから私には妙好人録に親しむことが有難いのである。何度読むとも、それは泉にも等しく、汲んでも汲み尽すことが出来ぬ。汲み取る力が増すにつれて、いよいよ泉は湧き上ってくる。

吉兵衛は何も高僧ではなくまた学僧でもない。謂わば平凡な一在家に過ぎない。しかし深い仏の教えが低い民衆の中に、根強く入って、浄い信心として甦ってくるさまは、世にも驚くべきことではないか。有難いことに民衆は智僧たり得ずとも、篤信な者にはなれるのである。しかも信心にこそ宗教の究極があるとすると、妙好人の言説にこそ、宗教の哲理が結晶されているともいえよう。万巻の教理も、詮ずるにその信仰を条理づけるものに過ぎない。吉兵衛の言行録から、立派な一つの教学をさえ建てることが出来るであろう。

今やその言行録が新たな材料を加え、装いを改めて世に出るのである。誰よりもまっ先に私はその読者になりたい。こういう有難い本を熱意を込めて編纂してくれる楠君に感謝したい。同君の手で続いて幾多の妙好人録が上梓されるのを聞いて、人に会うごとにそれ等の本を勧めている。

昭和二十三年六月

柳　宗悦

〔一九七四年九月発表〕

附録

宗教と生活

一

宗教が何であるかに就いては、既にこの講座で色々の方から聞かれたことと思います。人間が他の生物と異るところは、自覚があることで、そのため考えることと、反省することが、その大きな特色であります。考えを働かすと、必然にこの世は何であるか、人生はどういう意味があるか、そういう問いがどうしても起って参ります。そうしてかかる反省は必然に自分の行為、自分の存在に対しての内省に及びます。これが人間の特長と致しますと、そういう自覚こそ最も人間らしさを示すものと云えましょう。道を求めることとそのことに、人間としての悲願があると云えましょう。

しかしただ思惟するとか考えるとかなら、或いは哲学、或いは科学で、充分満足することが出来ましょうが、問題が自分の生活、自分の存在に直接関係して参るとこの自覚は宗教へと転じないわけにゆきません。実に宗教は、己れ自らに対する問いに発するからであります。その問い、その追求が、深刻であればあるほど宗教の世界に深く入ってゆきます。

第一は自分の不完全さ、弱さ、醜さへの反省が起ります。これを真面目に考えれば「如何にして救われるか」がどうしても切実な問題となりましょう。これは人間としての本来の求めであって、この求めがあればこそ始めて人間らしき人間と云えると思われます。それ故この求めは人間そのものの本性で、この求めで始めて人間の生活が、本当の生活に入るとも云えましょう。

それで宗教と生活、即ち宗教とわが生活とは切っても切り離すことの出来ぬ間柄と云えましょう。

特に原始人におきましてはこの人間の小ささ哀れさを、切実に示すものは自然の厳しい現象でありました。天変地異は人間に恐れを抱かせました。死は恐怖や悲哀を起させました。そうして人間の争闘は無情を想わせました。人間の存在の果無さを想うにつけても、大自然の力をひしひしと感じました。凡て原始時代の宗教は、恐れと畏敬の念を伴いました。これはあながち遠い過去の時代においてのみではなく、いわゆる未開民の中では、今日でも恐怖の宗教とでも申すものが存続しております。

それ故人力を越えた大自然は、活きたまざまざとした霊の活動でありました。そうしてこの力に対する恐れは、人間の過ちに対する罰の念を伴いました。「天罰」という言葉はよくそれを示します。

素朴な人々は、この天罰に恐怖を抱きました。原始民のいわゆる「タブー」即ち禁制の風習はそれを示すものであります。新時代の人々はこれ等の「タブー」を信じませんし、進んでそれを軽蔑さえ致しますが、しかしこのタブーを持つことは、その民族の生活を真面目にさせました。たとえ恐怖を伴うことが、愛の宗教と比べ、初期の形であるとしましても、何か畏敬するものを目前に持つことは、生活を厳粛なものにさせます。タブーを持たぬ近代人の、陥りやすいだらしのない享楽的な生活と、どっちが果して人間らしいのでありましょうか。吾々は原始的なタブーを持たなくともよいのですが、しかしこれに代って生活を真面目にさす何ものかを持たねばなりますまい。

私はかつて台湾の高砂族の或る蕃社を訪れたことがありますが、そこには協同生活をする訓練所がありました。その建物の中央の柱に、巨大な神躰が彫ってあって、それには一指をも触れることが許されず、この畏敬が、その訓練所を神聖なものにしているのであります。多くの方々は蕃人などと呼んで蔑みますが、どうしてその生活は極めて道徳的で、年長者に対する礼儀、協同生活における秩序などよく保たれております。しかも訓練は中々厳しいものでありますが、凡ての未婚の青年達は何年かこの修養所で訓練を受けねばなりません。彼等の道徳がよく守られるのは、例の犯すべからざる神躰に対するタブー禁制が、それを可能にさせているのであります。それは宗教的感情としては、粗野と評されもしましょうが、しかし何か真実なもののあることを否むわけにゆきません。

私はかつて台湾の蕃地を管督していた人から親しく聞きましたが、蕃人は決して嘘を云うことを知らないと申します。実に驚くべきことではないでしょうか。嘘言に充ちた文明人は、これをどう見るでありましょう。嘘をつかず、嘘を知らぬ彼等の生活を、支えているのはタブーへの畏敬によると思われます。それが彼等の生活にみだらな行いを許しません。大体、原始民の生活は、ほとんど一切が宗教と関係するものでありまして、従って、信仰的行事は甚だ多く、日々が極めて密に見えざる霊魂と関係しているのであります。その表現たる原始芸術がいつもまざまざとした様態を示すのは、そのためと云えましょう。

しかし原始宗教の大きな欠点は、その反面に柔和な心が乏しく、ために生活は殺伐の風をまぬかれません。死への不安はたえず彼等の生活をおびやかします。また病気への恐怖も大きく、これがため種々なる呪術が行われました。これで安心しようと欲するのであります。しかしこれが迷信を伴うのは必然であります。様々な不合理が行われ、奇蹟への期待はいつも大きいのであります。この弊害は、今も存する種々な迷信的行為の中に見られます。

しかし迷信という言葉は、時としては余り安価に用いられると思います。合理主義者が加える霊的な世界への否定は、いつも正しく深いとのみは云えないでありましょう。何故なら合理的たること、必ずしも最も深い理解とは云えぬからであります。人間の論理的理智に、明らかに一つの限界があるとしますと、そこにのみ人生観を托すわけにゆきません。それ故宗教は、合理主義に満足出来ないところに、その場所を持っているとも云えるのであります。

合理は迷信以上でありますが、いつも信心以上だとは申されません。合理が至上なものでないとすると、科学だけでは解決出来ない様々な問題が現れます。吾々の理知はその性質上、どうしても二元的でありますから、この二元的見方では歯のたたない問題にぶつかると、それは全く力を失います。

それで「絶対なるもの」に当面する時、私達は宗教の世界に入らざるを得なくなります。なぜなら宗教は、後にも述べます通り、相対的ならざるもの、即ち二元的ならざる世界、即ち一の世界を求める時に、要請せられるものだからであります。

それでこれを簡単に申せば、宗教とは吾々の生活を一者に結びつけるものであります。この一者をキリスト教では人格化して神と呼びました。神とは絶対なる者を意味します。ほとんど凡ての宗教が神の存在を説くのは、絶対なるものを求めて止まぬ人間の心の現れとも云えましょう。

もっとも仏教では神、特に創造者としての神という観念を立てません。何故なら創造者は、被造者を予想し、これがまた二元的見方に落ちるからであります。それ故人間とは別個に神を立てることを致しません。仏教で「如」または「真如」或いは「不二」とか「即」とかいう字を用いますのは、真に無上なるものを追うためと云えましょう。それで仏教の方は生活の真ただ中に、かかる不二なるものを認め、そこに永遠の平和、安泰を見つめているのであります。

二を越えて不二に即する時に人間の救いがあります、しかし救いは小さな自分の力に依るのではないので、我を越えた力による救いと云えましょう。ここから愛の教え慈悲の教えと吾々の内省は深まります。畏れの宗教から愛の宗教へ、これが歴史的発展でありました。しかし愛の要素の乏しい畏れの宗教が不充分である如く、愛の教えに畏れが伴わないとこれまた浅いものに陥るでありましょう。

救済は個人の生活の帰趣であります。しかし同時に、人間は多くの者も、共に救われたいという希いを抱きます。これを仏教流な表現で申せば「衆生済度の願」であります。仏教に「菩薩」という言葉がありますが、かかる済度の悲願を生命にする者を指すのであります。道は遠いと致しましても、共々にかかる悲願を抱いて、少しずつでも世を浄くし深くしたいと思います。

二

前にも述べました通り、宗教は無上なる世界、不二の世界を求めることに、その特色があります。なぜかかるものを求めざるを得ないのでしょうか。それは吾々の生活が、余りにも二元的なものに悩まされ、それが吾々の心に絶えず不安、不満、悲哀、苦痛を与えるからであります。或る意味では活きることは苦しみであるとも申されましょう。それで何とかしてかかる不安から遁れて、或いは不安を克服して、心に平和や幸福をもたらそうと希います。

人生にまつわる不安には色々あります。釈迦は、最初老病死の三つの問題に逢着して、その謎を解くためにその宗教的生活の第一歩を踏み出したと申しますが、人間には老いの悲しみや、病いの苦しさや、終りには死がどうあっても迫ります。特に病いや死は、しばしば老いをすら待たずに参ります。明日も分らぬのが人間の運命であります。それ等はいつも苦しさや悲しさを以て人間をおびやかしております。それ故かかる不幸への不安から、どうして遁れることが出来るか。孔夫子は「晨《あした》に道を聞けば、夕べに死すとも可なり」と申しました。いつ死すとも、安らかに死ねるのは、道を悟り得るが故であります。それでこれ等の問題を解くために、その鍵を握らねばなりません。これが宗教の要請される所以であります。それ故、もし何等の宗教的要求をも起さぬ人があったとするなら、その人は真実な問題を持たない人と云えましょう。それ故、かかる人は人間らしくない冷たさを持ち、また誠実さを欠きまた深さを持たぬ人と云えましょう。

それで宗教的性質の人の特色は、自己反省の強いことであります。ここに自己反省と申しますのは、自己の不完全さに対する自覚であります。考えもまた行いも、如何に矛盾に充ち、濁りを持ち、瀆れに染まったものであるかを反省することに、宗教的生活の第一歩があります。この自覚こそは、生活の方向をもまた内容をも更えるものであります。「あの人はがらりと変った」など、よく云いますが、宗教的生活に入るとは、或る意味で生まれ変わることであります。キリストの言葉にも「汝曹、生まれ変らずば」というような表現がありますが、自己の不完全さ未熟さの反省こそ、その生活を一変せしめます。

さて、人間としてその反省の中で、何が一番深刻なものかと申しますと、それは自己の罪に対する卒直な承認ということであります。人間の生活には妬《ねた》みや嫉《そね》みや罵りや怒りや争いや様々な行いが伴います。或いはきたない慾や、不純な愛や、色々と暗い影がさします。それは結局自分を不安にし、社会をも不幸にする原因であって、個人の間の殺戮とか国家の間の戦争とかは、それが高じた姿であって、人類は今以てこの不幸から脱却することが出来ません。

しかし何がこれ等の不幸の元でありましょうか。それは全く、自我に対する執着に依るのであります。これを利己的な慾望と呼んでよいでありましょう。一切の人間社会の不幸は利己心に基くものと云えましょう。

それ故、宗教上の根本問題は我とは何かということに帰ります。そうして「我」というからには我に非ざる他人に対立するものであるのは自明であります。つまり自他の二に分かれ、その二が相対し、これが抗争の形を常に取るに至ります。何故なら「我」を立てることは「他」を排すること、嫌うことを必然に招くからであります。妬みも罵りも忿りも、凡て自他の二の間に行われる争闘であります。争闘は不安をかもし不幸を来します。そうしてそれは凡て自己への執着が、原因であります。

それで宗教的生活とは、如何にして自己への執着から離れることが出来るか、その修行であるとも云えましょう。つまり吾々の生活から利己的要素を除き去ることを意味します。それには如何に自己への執着がもろもろの瀆れの因であるかの深い自覚がなければなりません。つまり我執こそは何にもまして大きな罪であり、この罪が一切の人間の不幸の原因だという反省がなければなりません。それ故罪の自覚こそは宗教心の根底をなします。

そうして罪の自覚とは、己れの小を、己れの不完全さを卒直に承認することであります。この時、今まで相対していた自他の二は、全く違った関係に入るでありましょう。自分が相対の位置にあるのではなく、最も底下の位置にあるとの反省であります。仏教では、これを「凡夫」とも申します。これを下品の者、下輩の者、下根の輩《やから》とも申します。そうしてこの反省は、人間に謙譲の徳を求めます。へり下る心、謙遜の態度を求めて止みません。それ故宗教心とは謙遜の心とも云ってよく、宗教的生活とは、へりくだる心の生活を送ることとも云えましょう。

親鸞上人は自らを「愚禿」と呼ばれました。愚かにして俗な僧侶という意味であります。凡ての念仏宗が、「出離の縁なし」という言葉を繰り返し用いますのは、「救われる値打ちのないほど罪深い我である」との意味でありまして、実に、これがあって、生活が始めて宗教的となるのであります。

それで昔からの聖者達が吾々に教える訓しは、利己心を棄てろということであります。昔、ある人が空也上人に、如何にして安心の生活を得られるかと尋ねましたら、ただ一言「棄ててこそ」と答えたと申します。無量の教えがこの言葉の中にあると思われます。キリストが「己れを得るものは失い、失う者は得ん」という意味を述べられたのも同じ意で、人間の大安心は実に自己の小に対する反省を契機とするのであります。罪への自覚なくして、救いへの自覚は得られません。無限の否定なくして無限の肯定は現れません。才市という信者がおりましたが、お説教の時坊さんが聴聞者に向って、この中で地獄に行く者がおるが誰かと申されると、才市はまっ先に手を上げました。次には「極楽行きの者がいるが誰か」とのこと、才市はまた真先に手を上げました。面白い話だと思います。救いへの歓喜は、罪への慚愧なくしては現れません。宗教はこの機微を人々に教えるものであります。この不思議な世界に入ると、自他の二は消え失せます。

昔ペルシャに若い僧がありました、神の国とは何であるかが分らず大変煩悶致しました。それで或る日教えを乞いに師の門を叩きました。内から声があって、「誰か」と問われましたので「私です」と答えましたら、言下に「入ってはならぬ」としかられました。さて、この答えに迷ったのは若い僧で、何故入っていけぬのか、その事を考えぬいて一ヶ年更に彷徨の旅をつづけましたが、或る時ふと悟る所があって、再び師の門を叩きました。前と同じように室の中から声があって「誰か」と聞かれました。その時若い僧は「ここにいますのは貴方です」と答えました。その時嬉しそうな声があって「入ってよろしい」と云われました。師が訓して云うには、「神の国には私と貴方との区別はないのだ」と。自他不二となって、吾々の生活は宗教的なものとなりぬくのであります。それ故、争いはもはや起り得ようがありません。これを「大安心」と申します。信仰の生活は幸福の生活であります。

それ故仏教では始めから、自他の区別の如きは妄想に過ぎず、空なものだと説くのであります。吾々が躓くのは、凡てを自他の二に分けて見るからによります。こういう分別は、元来はその存在を持たないもので、人間の勝手な作為によると分れば、何か心に明るくなるものがありましょう。元来自他不二であったということが分れば、もう自にあって自に囚われずに終ります。こういう生活をこそ宗教的生活と呼ぶのであります。

三

さて、前二回は、やや理論めいたことを申しましたから、こん度は、もっと具体的な例を引いて、宗教的生活の特色をお話したく思います。私は東洋人であり日本人でありますから、実例を手近かな仏教から選びたく思います。

徳川時代に慈雲尊者という偉い坊さんがありました。大徳でしかも学僧で、梵語の大家でありました。かつて若い頃叡山で修行致しましたが、賢い人であったと見えて、若いのに拘らず大いに学問が進み、遂に「起信論」の講義を許されるまでに至りました。それで悦びを母に知らせ、まもなく一度帰省したいということを手紙に書きました。ところがさぞ母が悦ぶだろうと思いきや、まもなく手ごわい返事が参りました。「お前は叡山に何をしに行ったのか、人間を作るためで、学問を誇るために行ったのではない。人間が出来るまでは、決して家に帰ってくれるな」という言葉であります。母として見れば実は嬉しくて、一日も早く、出世した子供を見たいでありましょうが、しかし両大事なのは吾が子が立派な坊さんとなることであります。それには心の修行が第一で、それにいそしまぬ限りは、叡山での暮らしは意味がないわけであります。慈雲はこの限りもない母の真意に打たれ、更に発奮して、僧としての修行に深く入ったと申します。偉大な僧侶の背後には、母の慈愛がどんなにしばしば、かくれているでありましょう。

足利時代のことでありますが、越中の五箇山の奥に赤尾という淋しい村があり、そこに、道宗という信者がおりました。深く蓮如上人に帰依した人であります。その人の信心は界隈でも評判であったと見え、或る坊さんが道宗の信心をためそうとしました。或る日のこと道宗が草刈をしておりますところを、急に後から行って蹴とばしました。道宗は前にのべってころびましたが、何も云わずまた草を刈り出しました。坊さんは再び蹴とばしました。道宗はまた倒れましたが、何も云いません。それで坊さんは不思議に思って、何故怒らぬのかと尋ねましたら、道宗が答えて云うには「いやいや、私は前世から罪深い者でありますから、少しでもこうやって罰を受けますなら、罪の重荷がそれだけ軽くなるかと思われ、怒りますどころか、お礼を申したいのです」と答えました。前にも申しました通り、宗教心は、罪への自覚に依ります。この自覚は無限の謙遜へと人を誘います。この時忿怒が感謝に変わるとは、不思議と云えば不思議でありますが、ここが宗教的生活の深さとも云えましょう。聖書に「右の頬を打たれたら左の頬をむけよ」という言葉があります。普通の人は馬鹿な言葉と評し、不合理な教えだと簡単に見過ごしがちでありますが、しかし宗教的生活に入ると、それがちっとも無理ではなくなると思います。

同じような話でありますが、今から百年ほど前、泉州堺の近くに吉兵衛という信者がおりました、或る日、理不尽に、見知らぬ人から罵られました。ところが吉兵衛はちっとも腹を立てません、側にいた友達が「どうしてお前は忿《いか》らぬ」のかと申しますと、答えて云うには「いや凡夫のこと故、腹も立つのだが、実は根を切ってもらっているので、実って来ぬのだ」と答えました。この「根を切る」という言い方に無量の味わいがあると思います。忿りの根、つまり自我の根を切ることが、凡ての争い、凡ての苦しみを絶って、平和を得る所以になります。それ故この根を切ると、怒るということも消えてゆきます。宗教は生活を根本的に変更せしめます。

或る日のこと、一人の信心深いお婆さんの家に、真夜中に盗人が入りました。ふと目を覚ますと、盗賊が枕元に立っております。やがてお婆さんは起き上って、盗人にお礼を述べ始めました。「今夜は貴方のお蔭で、有難い善知識に会わしてもろうた。この現世のことにさえ貴方のように夜もねずに働いておられる方があるのに、私の様に来世のことまで、気にしている身が、安閑と寝ているとは、実にすまぬことであります。ようこそ私のために御意見に来て下された」と云って厚く礼を述べ、やがて御仏壇の前にすわって、お勤めをし、お念仏を称え始めました。賊はこの様子を見て、驚いて立ち去ったと申します。

同じような話でありますが、今から二、三十年ほど前に因幡に源左という妙好人が住んでおりました。妙好人と申すのは、謂わば篤信な浄い心の信者を意味します。源左は百姓で畑に大豆を植えておりました。ところが或る日畑に行って見ますと見知らぬ馬子が、馬を畑に入れて豆を食べさせております。これを見た源左は声をかけました。「その辺の豆は赤くやけているで、もっと向うのよい豆を喰べさせて下され」と。馬子はこの私のない声に感じ入って立ち去ったと申します。

源左には不平の生活というものがなくなりました。それ故、どんな事情をも、素直に有難く受け取りました。或る時過って二階の梯子段から落ちて怪我をしました。人々が起してやると、「有難いことだ有難いことだ、梯子段から落ちても、こんなに痛いのに、地獄に落ちたらどんなに苦しいことか。その地獄行の私を、落さぬように守って下さる仏さまがあるとは、有難いことだ有難いことだ」と。怪我するにつれても法味を悦んでいる身でありました。

或る時源左の家に畸形の牛が生まれました。双子の牛で胴体が一つで、足が八本ありました。その時たまたま村のお坊さんが見え、「源左や、惜しこ《ママ》とをしたな、満足に生まれていたら、庭の片隅で百両のお金がもうかったのになあ」と。御承知の通り一匹の牛が生まれることは、貧乏な農家を潤うす大きな財源でありました。然るに源左は、答えて申しました。「仏様のお蔭でなあ、有難いことでござんす」と申します。お坊さんは「片輪の牛が生まれて何が仏さんのお蔭かいなあ」と問い返しますと、源左は、「手が四本あろうと、足が四本あろうと、家内中何人あっても、腹を一つにして暮らせよとの仏さんの御意見でございますがや、有難いことでござんす、決して御案じ下さいますな、ようこそようこそ」と云って感謝しております。こうなりますと、どんな逆境も、また生活への恩寵として甦って参ります。ここが信心の生活の不思議な力と申されましょう。それで宗教的生活と云うことは、どんな場合でも仏と離れておらぬ生活との意味になります。支那の禅宗の本に次のような物語りがあります。

昔、一人のお婆さんが仏さんと一緒に住んでおりました。余り毎日顔を合せるので、何とか一度その顔を見ないようにしてみたいと思い、仏さんが近づいてくると、そっぽを向きました。ところが驚いたことには、どっちを向いても、向くところに仏さんが現れます。東をむけば東の方から、西をむけば西の方から現れます。仕方がないので、十の指で自分の眼をふさいだと云います。ところがどうでしょう、その十の指の中にまた仏が現れたという話なのであります。

梁の時代にいた傅大士という人に有名な偈即ち詩があります。「夜な夜な仏を抱いて眠り、朝な朝な仏と共に起きる」という句から始まって、仏と自分と少しも離れられない問柄を歌い、終りの句を次の様に結びました。「仏の去処を識らんと欲せば、ただこの語声これなり」と。その意味は、吾々が仏はどこにいるのかと、その在り家を探そうとすると、「どこにいるのか」というその声が、即ち仏の在り家だというのであります。実にこの真理を報らせることが宗教の使命だとも云えましょう。

つまり真実な問いは、直ちに真実な答えを宿していると云えましょう、問いの中に答えがもうあるのだと申してもよいのであります。昔ペルシャの詩人が神の言葉として「汝がアラーよ」と呼ぶ声は、「私がここにいるというその声なのだ」と申しました。

中世紀にいましたエックハルトという偉い坊さんの書きのこした言葉に、「神を逃れようとするその出口は、神の御胸に入るその入口である」と。これは信心を得た者のみが、体得する真理と申されましょう。

四

これは宗教と生活に関する終りの話しでありますから、もう少しつっこんでその本質について語りたく思います。

何も宗教ばかりとは云えませんが、去来、宗教への道は、二つあって、専ら自らの力で自己を深く掘り下げて行く道を自力道と申し、自分の力を越えたものに一切をゆだねてゆく道を他力道と申します。昔からの譬えをかりれば、自分の足で陸路を歩くのは、自力道で、帆に風を孕ませて港に行くのを他力道と云えましょう。それは人々の性格や境遇によって生ずる立場の相違で、何れが優るとか劣るとか云うことはなく、丁度山に登るようなもので、右側から登る道もあり、左側からのもあって、二つに分れはしますが、至り尽せば、同じ嶺で、ただ異るのは途中の光景に過ぎません。ただ自力道の方は知の道、他力道の方は、情の道と、大づかみに云うことは出来ましょう。それで自力道の方では、思惟の二元性が大きな問題となり、この束縛からの脱却が修行の目的であります。自他、生死、善悪、長短、高低、それ等一切の二元的桎梏を、如何にして克服するか、それに工夫を集めます。他力道の方は、それを己れの行いにあて、二元を罪という言葉に置きかえて、その救いを希います。道の様態は異りますが、しかしそれは同じものを表裏から見つめているに過ぎません。

それで自力道にしろ他力道にしろ、その嶺に達する時、何が果されるのでしょうか。これをかいつまんで云えば、一切の執着から離れて、心の自在を得るということに帰します。自らがあっても自らに縛られず、悲しみがあっても悲しみに落ちず、悦びがあっても悦びに溺れない生活を体験することであります。

近ごろ、「自由」とか「平和」とかいう言葉が、人々の口に筆に繰り返されますが、しかし宗教的自由、宗教的平和をおいて真の自由や平和はないと思います。例えば自由と申しますと、すぐ自個の自由という風に考え、従って他人から周囲から拘束されないものという義に解し、ややもすると勝手気ままを意味したり致しますが、宗教的自由は何よりも先ず「自己」から自由になること、自己にまつわる一切の執着から自由になることであります。勝手気ままに振る舞うことほど不自由に陥ることはないと云えましょう。それ故、他から掣肘を受けて、これを掣肘と感ずるのは、自分がまだ自由になっていないためとも云えましょう。真の自由は自他の二に妨げられぬものを指します。

同じく平和を人々はよく云々致しますが、武器による平和、征御による平和、釣衡による平和の如き、真の平和とは申されません。そんな力による平和を棄ててこそ、真の平和がありましょう。かかる平和は何よりも執着からの解放を求めます。それ故ここでも利己心からの自由のみが平和を結びます。

仏法に「無碍」という言葉があります。「さわりなし」ということで、どんな周囲の事情も、さわりとならない心の自由を意味します。これを「自在」とも申します。宗教は生活の中にこの「自在」を具現する力なのであります。

日本では春にでもなりますと、白衣の装束をつけて諸国を遍歴して歩く者の姿を見られるでしょう。特に四国の八十八ヶ所の遍路は、昔から有名であります。その順礼者は、いつも丸い編笠を冠っておりますが、そこにはいつも左の四行の句が、十文字風に書きつけてあります。

本来東西なく、
何処にか南北あらん。
迷うが故に三界は城、
悟るが故に十方は空なり

という句でありますが、その意味は、「人間に二元的な迷いがある間は、どこもかも塞がって了うが、一旦悟りを開くと、四方八方が、からりと晴れて了う。人間は東西とか南北とかを分けるが、元来はそんな区別はなく、これは人間の作為した妄想に過ぎない。本来どこにそんな区別があろう」と云うのであります。

宗教の教えは、全くこの四行の詩の心に尽きると云えましょう。自他の二を分けたり、生死の二を対比させたりするので、不安や争闘や苦悶が起ります。そんな対立が消え去ると、生にいて生の不安なく、死に際し死の悲哀なしということになりましょう。

それですから前にも申しました通り、宗教の理念は「不二」の世界、二ならざる世界をしかと握ることにあります。「不二」は文字の示す如く、二ならずで、これをキリスト教哲学ではThe One「一者」とも申します。またThe Whole「全」とも申します。仏法では、未だ二に分れぬ本来のもの故、これを「不生」とも申します。仏法は「如」、「真如」、「如来」などと申し、好んで「如」の字を用いますが、如はこの場合、「如し」ではなく、「そのまま」という意味であります。つまり未だものが二つに分別されない元のままの姿ということであります。分別されたものには、必ずその間に争いが起ります。然るに分れないそのままの境地においては争う二がありません。それ故これを寂静とも形容致しますし、またこの永遠の静けさに入ることを涅槃に入るとも申します。禅定を修するとは、この未分、不生の境地に入ることであります。またこの不二に帰ることを成仏すると申します。

しかし神とか仏とかいう考えは、そういうものが吾々とは別に独在すると考えるべきではありますまい。もしそうならまた二元に落ちる考えとなりましょう。それ故親鸞上人は「煩悩を断ぜずして涅槃に住す」と云われました。煩悩と涅槃とは決して同じではありませんが、しかも離れたものではなく、煩悩に即して涅槃に入るとの意がなければなりません。こういう境地に入ると、煩悩にあって煩悩に縛られず、涅槃に入って涅槃に沈まずという趣きがありましょう。支那の詩に、河に月が影を映すが、その流れに月は流されないと歌ってあります。「水急にして月流れず」というこの句は、よくその消息を伝えたものと思います。こういう心境に住すれば、死もまた彼をなやます力がありませぬ。

昔、庄松という信者が、旅先で病気をして、あぶなくなったので、友達が心配し、ようやく家につれ戻して、「さあ、家に帰ったから安心して養生をしてくれ」と申しますと、庄松は「どこにいても、いる所が極楽の次の間じゃ」と答えたと申します。大安心を得た者に対し、死も彼をおびやかす力ではなくなります。

前にも引用しましたが、因幡の源左が八十九歳の高齢に達して病床にあった時、彼の友人直次もまた同じく病床にありました。しかし直次は死が近づくにつれ、不安になり、どうしたら安心して死ねるか、それを源左に聞きにやりました。源左はいとも簡単に「ただ死にさえすればよい」と答えたと云います。実にこれ以上簡単に明瞭にまた深遠に宗教心を端的に示した句も稀だと思います。考えますと、吾々が安らかに死ねないのは、「ただ死ねる」安心の境地を知らないがためでありましょう。宗教とは死の問題を解決する唯一の道を吾々に教えるものであります。それ故、吾々の生活を正常な安泰なものに帰す最も本然な道と云わねばなりません。

昔、妙心寺の関山禅師を或る僧が訪ねました、「何しに来た」と問われるので、「生死の問題をうかがいに参りました」と告げますと、禅師は言下に、「わしの所に生死はないのだ、早く帰るがよい」と云って帰されたと申します。自他、生死、善悪、これ等のものが二つに分れている間、宗教の国には住んでいないと云ってよいでありましょう。

ここで死というような問題を、真に解決するものは、独り宗教であるということが出来ます。この死の問題の解決こそ、やがてまた生の問題の解決でもあります。かく考えますと、宗教の問題は、凡ての問題のうち、最も根本的なもの、最も本質的なものと云えましょう。

終りに来世の問題に就いても申し述ぶべきでありますが、それは時間の延長の上に見出すべきでなく、即今の現下の時間の内においてのみ、解決さるべきことを示唆してこの話を終りたく思います。

〔全集版において一九五一、二年執筆と推定されている放送原稿〕

〔私の宗教〕

放送局からかつて「私の宗教」という題で、語ってくれまいかという注文を受けた。それがわずか五分という短い時間に限られていたので、ほんのかいつまんだ話より出来なかった。ところが思いがけなくも方々から手紙をもらって悦ばれた。局の人からも「自分は貴方にお希いしてよかった」という便りをわざわざくれた。或る雑誌社からもその折の草稿をくれと頼まれたが、自分ではつまらぬ話に過ぎぬとより思われなかったので、それもどこかに紛失して了った。

しかし考えるとよい題をもらったものと思う。注文でも受けぬと、考え直すこともしなかったかも知れず、またそれに就いて何か書く機縁もなかったかと思われる。少し前置きが長くてまた大げさですまぬが、五分の話では自分として心もとないので、せめて十分位にして再び話をする気になり、改めて筆を執った次第である。

凡ての若い人はそうであると云えるが、私も若い頃は、考えが反動的であった。何でも古いものは駄目で、新しいものでなければいけないように思われた。特に私が少年から青年に至る頃は、明治年間であって、ひとえに新しさを追った時代である。そういう時世に育った子であるから、何でも伝統的なものは古くさくて力がないように思えた。そのせいで儒教なども面白くなかった。もう過去の教えで、棄ててもよいように思われた。同じように仏教にも魅力がなかった。実際仏教自身にも活々した勢いが欠けていたであろうが、何しても弊害の方が目について、これも何れは過ぎ去る宗教だとより思われなかった。それ故、心を惹いたのはキリスト教である。とても斬新でまた活々していて、大いに魅力があった。それには二つの理由があった。一つは論語でも中庸でも漢文だし、また仏典も同じくむずかしい漢文である。それ故読むのがとても厄介である。これに比べると聖書は和文であるからずっと読みやすい。（もっとも聖書の日本訳は決して解りやすいものではない。中々意味がとりにくいものがある。しかし漢文よりも新し味があり、また何となくしゃれている句調があった）。それに主な新約聖書は比較的うすいし、かつそれが更に幾つかに分れているから、読み易かった。これが漢学の素養のない青年には有難かった。

　しかしもう一つその当時キリスト教が若い青年を惹きつけたのは、実際際立った指導者がいたからに依る。植村正久とか内村鑑三とか海老名弾正とかその他有名な説教者がいた。今から思ってもそれ等の先駆者達は中々えらかったと思う。私は個人的にはその中で内村鑑三氏に一番傾倒した。激しく鋭いところがあったので青年には魅惑があった。

　それで中学生の時にキリスト教を学び始め、中々熱心に読書したり説教を聞きに行ったりした。中で私が熟読したものはトルストイであった。大概の本は読んだ。そうして高等科に入る頃、色々のキリスト教思想の中で、神秘思想に段々心を惹かれるようになった。これは恐らく聖フランチェスコ伝を読んでからかと思う。そうして自ら中世紀の信仰に就いて知りたいという気持ちを強めさせた。中学時代に知ったものは新教である。ところが旧教を知らねば駄目だということが分って、自ら読む本も違って来た。（私は今でもこの旧教という言葉が嫌いで、これは当然「公教」と一般に云い改めるべきだと思う）。

　ここで短く述べて置きたいが、一方では科学にも心を惹かれた。誰でも経験したことかも知れぬが進化論は私の心を動揺させた。しかしヘッケル等の唯物論はどうも感心せず、ドゥリーシュの生気論などに深いもののあるのを感じた。私の最初の著書は「科学と人生」と題した如く、この人生を科学の立場から解き得ないものかと考えた。メチニコフの人生観を省みたり、一転して心霊現象の研究に心を惹かれたりしたのは、自然科学と精神科学との調和を求めようとした趣旨からでもあった。それで物と心との二面を結合する科学は心理学だとの結論に達して、私は大学ではわざわざ心理学を専攻したのである。ところが三ヶ年大学で学んでいる最中、心理学は中途半ぱな学問だとより思われなくなった。私は不肖の学生であったかも知れぬが、卒業論文は「心理学は純粋科学たり得るか」という題で、答えは否定的であった。つまり心理学は学問らしい学問ではあり得ないという主張に終った。当然の帰結として私は心理学をあっさり放棄した。

私は急にまた熱情を以て宗教哲学に進んだ。宗教を究めずば、何も人生のことは分らぬと思われた。さきにも述べたように、ここで宗教というのは主としてキリスト教であり、しかも公教がその主軸であった。段々キリスト教のことが分かるにつれて、個人主義的な色彩の濃い新教には満足出来なくなった。また書かれた本からしても、中世紀時代のものが圧倒的な深みを示した。中で神秘思想が異常な魅力を以て私に迫った。古くは聖アウグスティヌス、降ってエックハルトの如き思索者は私の心を離さなかった。私の書架は漸次神秘思想に関する書籍で充満するに至った。

しかしここで一転期が来た。転期と云うよりも、もっと必然な推移、なりゆきと云った方がよいかも知れぬ。神秘思想への憧憬は必然に東洋思想を見直さしめる機縁になった。今までは単に古くさい死んだ習慣的な思想に過ぎぬと棄て去った東洋の思想、なかんずく道教と仏教とが、新しい魅惑を私の心に呼び醒ました。省るとこの世界こそ神秘思想の王国ではなかったのか。私は何という廻り道をしたのか。それに気がついて、私はむさぼるようにそれを学び始めた。私の宗教に関する最初の著書『宗教とその真理』は、その頃学び得た真理の記録なのである。

時代の環境は争えないものであって、私の新しい心は、新しい宗教たるキリスト教に向かわしめたが、しかし同時に受け承いだ血もまた争えないものであって、私は必然に東洋の宗教に帰って来たのである。そうして何となくここで心郷に住む想いを感じた。私は何もここで仏教がキリスト教よりも優っているというようなことを云っているのではなく、東洋人たる私が、伝統的に東洋の心を育てた仏教に、自ら親しさを感じると云うのである。考えるとキリスト教の方は思想的な借物のように覚え、仏教の方は運命的な持ち物のように覚える。日本人は日本人であるということをどうすることも出来ない。そこには長く遠い東洋の血が入り、性格が根を下ろしているのである。私はいわゆる新時代に育った者であって、キリスト教に新しさを感じはしたが、段々年齢が加わり、思想が熟するにつれて、運命的な東洋の性格に帰り、仏教の方が一段と身についたものに感ずるに至ったのは、必然な成りゆきと云うより仕方がない。それで日本人としては、この仏教の思想を更に育て深めることに、与えられた自然な使命があることを省みるに至ったのである。

しかしこのことは何もキリスト教は不必要だとか他人のものだとか云う意味ではない。そこからも多くの滋養を取って仏教を更に育てる方がよい。大体東西の両洋に就いて、比較的公平に両面を見得るのは、日本人の特権ではないであろうか。例を私個人にとっても、血を東洋に受け、学を西洋に習い、更にこの知識で東洋を省るような経過を取って来たのである。日本人は多かれ少なかれ両洋的である。食物も既にそうだし、建築もそうなら、衣服も和洋を兼ねているし、思想もまたそうなのである。これを悪くとれば二重生活で、どちらにも徹しない恨みはあるが、しかしそのお蔭で両洋のことをまがりなりにも味わえるのである。西洋人にこのことは中々困難である。東洋との接触が漸次頻繁になって来て、昔よりずっと東洋のことを解するに至ったであろうが、言語、風俗を会得するのは容易ではない。こういう事情の中で、日本人は恐らく世界の何処の国よりも、東西両面を見得る位置にあるのである。明治、大正、昭和の歳月はこういう特異な文化を築き上げたのである。これは日本が保有する独特な立場で、世界史の上に全く斬新な出来事ではないであろうか。私は十二分にこの特権を活かしたい。

大体西洋人に仏教の理解は困難なのに違いない。最近大乗仏教への注意がようやく高まって来たが、これが多くの人々の思想の血となり肉となるまでには相当の時間がかかるであろう。特に漢文か和文が読めぬと経典を充分解するわけにゆかぬので、中々関門が開かれないのである。しかし人類の立場から見ると、真に珠玉のような美しく尊い思想の数々が仏教で育ったのであるから、西洋人がそれを知らずに終るのは、誠に勿躰ないことだと思われる。しかも誰もが気附くように、キリスト教で熟しなかった幾多の思想が、仏教の教理や信仰に見出せるから、それを西洋人に知らせることは、非常に意義のあることであろう。丁度仏教よりもキリスト教の方で余計発達した面が色々あるから、それを仏教徒が学ぶべきなのと同じ関係にある。私の考えでは将来、キリスト教を排斥して仏教を建てるとか、仏教を謗ってキリスト教を賞めるとかするような態度は、卒業されてよい。信仰のことであるから、それを徹するために、その何れかを選ぶのは当然かも知れぬが、しかしそのことが他を否認する意味になると、不必要な争闘が起る。人類はその争闘の犠牲となるような愚かさに落ちてはならぬ。梅は梅たることでよいが、桜を謗ったりそれを否定したりしたら愚かであろう。両方あって少しも差し支えない。また両方が両方を認め合って、自然を美しくする方がよい。

大体信仰のことは個人の性格や境遇に深い因縁をもつのであるから、凡ての人が同一の宗教を持たねばならぬという法式は成り立たない。何か身近く感ずるものに、親しさを覚えてよく、またそれが当然である。人間は余りにも長く宗派間の無益な争闘を続けた。自分の信仰には厳しく、他人のそれには寛かでよい。もしこれが出来たなら人間の思想はもっと大きな進歩を見せたであろう。丁度世界に多くの国々があり、各々が各々の存在を認め合って始めて国際的平和が保てるのと同じである。戦争は自分の国だけがえらいとか、自分の国だけが利益を得ようとか云う時に勃発するのである。戦争は利己的でない場合はほとんどあるまい。

話が大分それたが、要するに私は東洋人であるので、東洋で最も深まった仏教思想に運命的に一番親しさを覚え、そこに心の故郷を感じるに至ったのは、当り前な平凡な事実であって、とりたてやかましく主張するほどのことではない。しかし必然であるだけ、無理がなく、従ってよい根拠を得ているものと云えるであろう。

キリスト教を信ずるのは必ずや何か故あってのことで、異変なくしては、そこに入る機縁がないであろう。東洋人が仏教を故郷に感じるのとは意味が違う。前にも述べたようにそこには何か運命的な血の流れを感じるのである。キリスト教の場合は、もっと思想的である。これを特点とも云えるが、血に交る方は理窟のない自然さが勝ってくる。つまり身についたものなのである。私は東洋人として仏教に何となく有難さを覚えるのである。くつろぎを感じるのである。こういうと理知的でないように響くが、宗教はもともと理知的なものに終るべきではあるまい。私がキリスト教の中では公教の方にずっと心を惹かれるのは、そこに何か理知以上の教えがあるからに依る。新教が私に不満足に想われるのは、倫理的な合理的な面が強く、従って宗教的情操が乏しいからである。倫理と宗教とは次元を異にするものがあろう。

一言で仏教とは云うが、そこに様々な流れがあることは誰も知る通りである。その中でどれが私の心を一番惹きつけているか。仏教の流派も色々あるが、重要なものが四つあると云えよう。一つは秘義的なもので、密教がこれを代表する。日本では真言宗である。第二は哲学的なもので、三論や法相もあるが、天台、華厳の両宗はその代表的なものである。賢首大師の華厳哲学の如きは優にアリストテレス、アクイヌス、カント等の綜合哲学に匹敵するものである。第三は行為的な面のかつもので、禅宗がこれを代表する。禅宗にも色々あるが、碧巌録によって示されている禅の如きその最も顕著なものである。第四は信心的なもので念仏宗がこれを背負う。なかんずく日本で発達を見た浄土宗、真宗、時宗の三者がその典型的なものである。その各々のものは、各々の深さにおいて、驚嘆に値するものである。もしもそれが充分に祖述せられたら、各々のものは世界の宗教思想史に大きな貢献を示すであろう。西洋への紹介が未だ非常に不充分なのが甚だ惜しい。これ等の多くの流れのうち、何れが多く心に訴えるかは、全く個人の性格や、心の要求や、境遇の如何に依るであろう。何れにしても大した世界である。

最初私は多く禅籍を読んだ。それには鈴木大拙先生のような上等な指南者がおられたことにも依る。(私は学習院の高等科で、同先生から英語を教わり、西田幾多郎先生からドイツ語を教わった。両先生が多くの著書を著わされるようになったのは、私がそこを卒業して後のことであった）。私は熱心に禅籍をあさった。宗門の者でないにしては、私の蒐集もかなりの質と量とに達した。（これ等の凡ては不日、松ヶ岡文庫に寄贈したい所存である）。私の思想はその恩恵を受けること浅からざるものがある。大体禅は支那において異常な発展を遂げ、西洋ではほとんど見られない宗教の一境地を示した。これが日本文化の各面に及ぼした影響が深いことは言うをまたない。禅の偉大な点は、絶対なるものを考えぬいて、これを平常の行いの上に即せしめた点にあるとも云える。だから悟入の者は日々の暮らしが自在で無碍である。こういう点では禅僧は大したものであった。しかし神会は「知衆妙之門」と云ったというが、禅は極めて知的で、愚かな者の近寄り難い世界である。明晰で透徹した頭の持ち主でなくば容易にその幽境を窺い見ることが出来ぬ。自力門と呼ばれているだけに、並々ならぬ力量を要する。だからそういう力のない者には、閉ざされた世界だとも云える。下根の者をも抱擁するわけにゆかぬ。禅が少数の選ばれた禅僧の禅に帰すのは、やむを得ない結果である。それは一般大衆のものには成り難いのである。偶々偉い居士も出るが、「碧巌」の如き書は民衆の書となることは出来ない。たとえ「宗門第一書」と呼ばれたとて、極めて難解な本であることは定評である。

ここで自力の聖道に堪え得ない者のために念仏の一門が建立せられた。専ら民衆のため、それも下根の者のために用意せられた宗門である。禅と甚だ趣きが異なる。ここでは知を待つのではなく、却って不知に帰ることを勧める。智者法然は愚痴の法然たらんことを求め、親鸞は自らを愚禿と呼んだ。ここでは知ではなくして情が、仏に至る道である。そうして絶対自主の道ではなく、絶対他主の道が宣べられ、ただ念仏称名という易行のみが求められているのである。その称名すらも自らの力に依るなと教える。ここで仏教の深さが僧侶の他に、居士へと入った。念仏門に見られる数々の妙好人は、この教えの偽りでないことを告げる。ここに民衆の仏教が確立せられた。

民芸の運動に携っている私は、如何にして平凡な民衆が、世にも優れた民器を作り得るかに驚きを感じた。美の世界にも他力の一門があることを告げる。この不思議は私をして念仏の宗旨に想いを注がしめた。そうしてこの一門が最も深まったのは日本においてであることを知り、改めて法然親鸞一遍の教えの深さを仰ぐに至った。

〔全集版において一九五五年ころ執筆と推定されている未完原稿〕

柳宗悦（やなぎ・むねよし）

1889年生、1961年歿。民芸研究家・宗教思想家。東京帝国大学文科大学哲学科卒業。雑誌『白樺』創刊に参画。「民芸」という言葉を造り民芸運動を提唱。調査収集と各種の展覧会開催を推進。1936年東京駒場に日本民芸館を設立。

他力の自由　浄土門仏教論集成

刊　行　2016年11月
著　者　柳　宗悦
刊行者　清藤　洋
刊行所　書肆心水

135-0016 東京都江東区東陽 6-2-27-1308
www.shoshi-shinsui.com
電話 03-6677-0101

ISBN978-4-906917-61-7 C0015

乱丁落丁本は恐縮ですが刊行所宛ご送付下さい
送料刊行所負担にて早急にお取り替え致します

朝鮮の美　沖縄の美　柳宗悦セレクション　A5上製　二八八頁　本体五二〇〇円＋税

仏教美学の提唱　柳宗悦セレクション　A5上製　三二〇頁　本体五二〇〇円＋税

柳宗悦宗教思想集成　「一」の探究　柳宗悦著　A5上製　四三二頁　本体七二〇〇円＋税

現代意訳　華厳経　新装版　原田霊道訳著　A5上製　三〇四頁　本体六四〇〇円＋税

現代意訳　大般涅槃経　原田霊道訳著　A5上製　三〇四頁　本体六四〇〇円＋税

維摩経入門釈義　加藤咄堂著　A5上製　三五二頁　本体六九〇〇円＋税

死生観　史的諸相と武士道の立場　加藤咄堂著　島薗進解説　A5上製　二八八頁　本体三三〇〇円＋税

味読精読　菜根譚　前集（処世交際の道）　加藤咄堂著　A5上製　三八四頁　本体三三〇〇円＋税

味読精読　菜根譚　後集（閑居田園の楽）　加藤咄堂著　A5上製　二二四頁　本体二二〇〇円＋税

味読精読　十七条憲法　加藤咄堂著　A5上製　一六〇頁　本体二三〇〇円＋税

清沢満之入門　絶対他力とは何か　暁烏敏・清沢満之著　A5上製　三八四頁　本体六九〇〇円＋税

仏教哲学の根本問題　大活字11ポイント版　宇井伯寿著　A5上製　二八八頁　本体五四〇〇円＋税

仏教経典史　大活字11ポイント版　宇井伯寿著　A5上製　二八八頁　本体六三〇〇円＋税

東洋の論理　空と因明　宇井伯寿著（竜樹・陳那・商羯羅塞縛弥著）　A5上製　三二〇頁　本体五九〇〇円＋税

仏教思潮論　仏法僧三宝の構造による仏教思想史　宇井伯寿著　A5上製　三五二頁　本体六三〇〇円＋税

禅者列伝　僧侶と武士、栄西から西郷隆盛まで　宇井伯寿著　A5上製　二八八頁　本体六三〇〇円＋税

華厳哲学小論攷　仏教の根本難問への哲学的アプローチ　土田杏村著　A5上製　一六〇頁　本体二七〇〇円＋税

仏　陀　その生涯、教理、教団　H・オルデンベルク著　木村泰賢・景山哲雄訳　A5上製　三八四頁　本体六五〇〇円＋税

仏教統一論　第一編大綱論全文　第二編原理論序論　第三編仏陀論序論　村上専精著　A5上製　三五二頁　本体五七〇〇円＋税

綜合日本仏教史　橋川正著　A5上製　三八四頁　本体六八〇〇円＋税

日本仏教文化史入門　辻善之助著　A5上製　二八八頁　本体六四〇〇円＋税

和辻哲郎仏教哲学読本1・2
1　A5上製　三八四頁　本体四七〇〇円＋税
2　A5上製　三八四頁　本体五七〇〇円＋税